아프리카의 미래를 읽다

남아공 특파원의 심층 분석

나남
nanam

김성진

순천매산고와 서울대 영문과를 졸업하고, KDI 국제정책대학원에서 MBA 과정을 졸업했다. 연합뉴스에 1998년 입사해 국제뉴스부, 사회부, 북한부(민족뉴스부), 영문경제뉴스부, 산업부 등을 거쳐 연합뉴스 기자협회 지회장, 노조위원장을 각각 역임했다. 연합뉴스TV에 파견돼 3년간 총괄데스크를 했다. 2013년 미국 국제전략문제연구소(CSIS) 방문연구원으로 1년간 연수했다. 2020~2023년 남아프리카공화국 요하네스버그 특파원으로 일했다. 귀국해 디지털뉴스부장 겸 디지털콘텐츠파트 부국장을 지냈다. 콘텐츠융합실 근무를 거쳐 현재 우분투추진단 우분투콘텐츠팀장이다.

나남신서 2182

아프리카의 미래를 읽다

남아공 특파원의 심층 분석

2024년 10월 30일 초판 발행
2024년 10월 30일 초판 1쇄

지은이   김성진
발행자   趙相浩
발행처   ㈜나남
주소   10881 경기도 파주시 회동길 193
대표전화 (031) 955-4601
FAX   (031) 955-4555
등록   제 1-71호(1979.5.12)
홈페이지 http://www.nanam.net
전자우편 post@nanam.net

ISBN   978-89-300-4182-9
          978-89-300-8655-4 (세트)

이 책은 방일영문화재단의 지원을 받아 저술·출판되었습니다.

나남신서 2182

아프리카의 미래를 읽다

남아공 특파원의 심층 분석

김성진 지음

나남
nanam

Understanding Africa's Future

Deep Analysis by a Special Correspondent

by

Kim, Sung Jin

nanam

추천의 글

김회권 숭실대 교목실장·기독교학대학원장

《아프리카의 미래를 읽다》는 2020~2023년 팬데믹 기간 동안에 아프리카 남아공 특파원을 지낸 중견 언론인의 아프리카 심층 보고서이다. 총 4부로 구성된 이 책은 처음부터 끝까지 언론인의 관찰, 심층 분석, 그리고 전망 형식으로 전개된다. 1부 '기회의 땅, 아프리카'는 서론이다. 아프리카와 대한민국의 관계 중심으로 저자가 직접 다녀 보고 관찰하고 목격한 취재록이다. 저자가 주재하며 관할한 아프리카 40여 개국에서 지금 일어나고 있는 일, 각 나라의 현안과 쟁점들, 우리나라와의 외교 통상관계에 대한 분석과 전망을 담았다. 아프리카는 우리나라 주류 언론이 거의 다루지 않는 나라다. 그런데 저자는 격오지 전문탐사 보도 언론인의 자리에서 아프리카를 아주 친숙한 대륙으로 보이게 만든다.

30만여 년 전 호모 사피엔스가 출현하여 아프로아시아 육괴(아프리카와 아시아가 합쳐진 고대륙)를 지나 전 세계로 퍼져 나갔던 인류종의 발생지로 간주되는 아프리카 여러 나라의 문화, 외교통상, 자연 등에 대한 저자의 소개와 분석은 역동적이고 계몽적이다. 이 책은 한국에 알려진 아프리카의 친숙한 이미지를 훨씬 심도 있고 풍요롭게 한다. 예를 들면, 11~15세기에 짐바브웨(당시 인구 2만 명의 도시)에 꽃핀 문화에

5

대한 언급이 대표적이다. 막연하게 고온 다습한 대구의 더운 날씨를 대프리카 날씨라고 말하는 관행을 부드럽게 교정해 주기도 한다. 아프리카의 고온기후는 열대 사바나 건조기후이기에 대구 날씨보다 훨씬 쾌적하다는 점을 잘 지적한다.

2, 3, 4부는 각각 남아공의 역사, 남아공의 위대한 정치적·학문적·문화적 성취, 정치·경제적 미래를 다룬다. 그중에서도 코로나 팬데믹 기간의 대륙별 의료 격차 및 남아공의 의료 빈곤, 우리나라와의 외교관계라는 관점에서 본 남아공의 현재와 미래를 다루는 부분은 계몽적이다. 만델라Nelson Mandela의 유산을 성찰하는 데 방점을 찍는 저자는 여기서 넬슨 만델라와 데즈먼드 투투Desmond Tutu 주교의 아파르트헤이트(흑백차별정책) 극복과 민주화 과정을 자세히 심층 분석하고 해설한다.

저자는 남아공 민주화의 성취와 과제를 균형 있게 다룬다. 남아공은 아직도 희망과 절망, 탄식이 혼종되어 있다는 것이다. 아프리카 민족회의 출신이자 만델라의 정치적 후계자인 주마Jacob Zuma 대통령이 부패혐의로 감옥에 간 것과 그를 단죄해 감옥에 보낸 주마의 후임 대통령이 부패에 연루되었다는 언급은 남아공 민주화가 얼마나 요원한지 보여 준다. 저자는 남아공 민주화는 우리나라 민주화와 유사한 궤적을 그리지만 우리나라의 민주화 절차의 전진이나 성취에는 못 미친다고 본다. 하지만 남아공 사람들이 느끼는 주관적 행복감, 음악과 춤, 문학과 과학, 외교적 위상과 미래 전망 등에서는 결코 우리나라나 다른 아시아 여러 나라들과 견주어도 뒤질 것이 없다고 판단한다. 여기서도 저자의 균형 잡힌 언론인의 안목이 잘 돋보인다.

6

우리는 저자의 남아공 심층 분석과 해설을 통해 아프리카 특유의 하쿠나 마타나(유유자적 정신) 영성과 아프리카적 휴머니즘 정서이자 공동체적 영성 우분투가 극도로 서구화된 우리나라를 살릴 지혜가 될 수도 있다는 행복한 희망을 갖게 된다. 우리는 지구 생존 동물 3분의 2를 품어 주는 아프리카를 원시적 자연으로 남겨 주신 하나님께 감사하며 이 책을 쓴 저자에게 사의를 표한다.

전체적으로 세 부류의 사람들에게 먼저 이 책의 일독을 권한다.

첫째, 아프리카에 가려고 하는 관광객, 단기선교 및 장기선교 헌신자, 아프리카에 파견될 외교통상 공무원, 아프리카 무역인, 아프리카 상주 해외주재원, 언론사 특파원들에게 이 책의 필독을 권한다. 확실히 이 책은 아프리카에 대한 지식과 정보취득 욕구에 충실히 응답하는 저널리즘 문학이다. 문학적 기예가 돋보이는 저자의 저널리스트적 글쓰기가 잘 드러난다. 중간중간에 질문을 던지고 대답을 유도하는 글쓰기 방식은 지루함을 없애 준다. 전체적으로 문체가 간결하고 글발이 힘 있게 전진한다.

둘째, 세계의 미래에 대한 걱정과 염려를 가진 현자들에게 일독을 권한다. 아프리카의 민낯, 고통, 그리고 희망을 동시에 보여 주는 이 책은 일찍이 1991년에 출간된 김용옥과 김우중의 대담집 《대화》에 실려 있는 〈현토기행〉을 생각나게 한다. 〈현토기행〉 이래로 아프리카를 이토록 책임감 있고 따뜻한 눈으로 관찰하고 분석한 책은 없었던 것으로 알고 있다. 한 가지 다른 점은 김용옥과 김우중이 세스나기를 타고 아프리카 대륙 하늘을 종횡무진하면서 아프리카를 광폭으로 관찰하고 원격으로 조망했다면, 김성진의 아프리카 보고서는 근접 관찰하면서 발로 쓴 기사들의 묶음이라는 점이다.

아프리카는 서구의 관점에서 보면 후진국일지 몰라도 서구화된 인류가 상실한 영성과 정신자산을 보존하는 유일한 대륙이다. 핵이 없는 대륙이자 하나님이 지으신 동물들의 3분의 2와 공존하는 자비로운 사람들이 사는 대륙이다. 아프리카는 세렝게티 대평원과 보츠와나 광야를 거쳐 물을 찾으러 수천 킬로미터를 가로지르는 코끼리들의 보금자리이다. 서구의 다국적 기업들의 경제침략, 중국의 아프리카 지배전략의 일환으로 추구되는 일대일로 구축에 무방비로 노출된 듯 보이는 아프리카에는 탐욕적 서구인들의 삶을 경계하고 질타하는 위대한 음악과 문학이 분천噴泉처럼 샘솟는다. 아프리카는 서구화를 교조적으로 옹호하는 우리를 각성케 하는 대륙이다.

마지막으로, 국제관계의 정의와 평화를 열망하는 청년 독자들에게 일독을 권한다. 이 책을 다 읽고 나면 장 지글러가 쓴《왜 세계의 절반은 굶주리는가?》에 나오는 부르키나파소의 상카라 대통령과 그를 암살한 미국 CIA, 그 배후에 있는 미국 다국적 곡물기업들의 만행을 생각하게 된다. 아프리카에 빈번하게 찾아오는 기후재난, 기근, 그리고 부족전쟁, 영토분쟁 등 대부분의 아프리카 재난이 아프리카에서 기원한 것이 아니라, 18세기부터 시작된 서구의 아프리카 식민지화 원죄와 무관하지 않다. 놀랍게도 우리는 이 책을 읽고 동물들의 보금자리가 되어주며 비서구화의 길에 머무는 아프리카에 감사하며 미안해하는 마음을 멈출 수 없는 자신을 발견할 것이다.

차 례

추천의 글 (김회권 숭실대 교목실장 · 기독교학대학원장)   5
프롤로그: 아프리카의 희망을 찾아   13

1부 기회의 땅, 아프리카

테슬라는 남아공에서 나왔다?   31
아프리카 자유무역지대는 한국에 호기   33
아프리카의 쿠데타와 한국의 외교 · 사업 전망   38
한-아프리카 정상회의와 자원 협력 확대   41
아프리카 'K-라이스벨트' 14개국으로 확대   50
남아공에서 '스마트 원조'의 희망을 보다   52
드넓은 대지 일구는 여성 농부의 꿈   55
동아프리카 경제가 아시아로 향하다   60
아프리카에 투자할 수 있을까?   66
남아공 외교와 아프리카 방식   69
남아공과 중국의 특별한 파트너십   72
남아공은 원전 블루오션일까?   73
광활한 자동차 시장을 질주하다   74
폭동에도 도요타가 떠나지 않는 이유   75
현대차의 팬데믹 마케팅 전략   77
전기차 미개척지 아프리카   81
자동차 제조 허브, 프리토리아   83
모잠비크 가스전과 한국 에너지 안보   84
아프리카와 함께 성장하는 길   87

2부 역동하는 아프리카 속으로

아프리카와 자연친화적 생활   94

야생 동물의 왕국에 가다   95

가장 빠르지만 달리지 않는 치타   99

예술가들의 영감의 산 킬리만자로   103

남아공에서 인류의 뿌리를 찾다   106

찬란한 문명의 발상지   110

남아공에서 '베들레헴 별'을 보다   111

새로운 도전정신을 키우는 땅   114

이역만리를 건넌 오누이의 우애   117

흥겨운 리듬의 대륙   119

아프리카 작가의 황금시대가 열리다   122

와일드한 사람들, 신나는 나라   124

오늘의 공기는 '보통'   129

햇빛 보기 힘든 이상기후   131

케냐, 홍수와 가뭄의 이중고   132

기후변화에 대응하는 우리의 자세   137

탈탄소와 개발의 균형을 찾다   140

흑백 넘어 한류로 하나 되다   143

K-팝의 열정과 다양성에 빠지다   146

신명나는 인종화합의 사물놀이 마당   149

여성들의 연대의 장, 에스와티니 갈대댄스축제   150

70대 교포 의사가 전하는 사랑의 빛   154

아프리카 이웃을 위해 무료병원을 열다   157

3부 남아공과 아프리카 민주주의

남아공 토착백인 역사의 산실, 보어트레커기념관   161
남아공 민주화 상징 만델라의 집무실을 가다   166
만델라 타계 후 '무지개'는 끊어졌나?   173
남아공 인권운동 상징, 투투 대주교의 선종   178
빗속에도 이어진 추모의 물결   180
소나무관과 흰 카네이션 한 다발   182
흑백화합의 발자취를 기리다   184
갈 길 먼 남아공 '자유의 날'   185
남아공 전직 대통령 수감, 한국 따라 하기?   188
라마포사도 부패 논란 휘말려   192
역사적 첫 흑백 연정의 길   194
말을 담는 그릇의 중요성   197
남아공에도 '광주'가 있다   199
흑백차별을 옹호한 백인 신학   203
아프리카의 고질적 부족주의   204
'흑인 생명도 소중하다BLM 운동'의 파장   206
영국 불법이민자를 아프리카 르완다로?   208

4부 아프리카 코로나 리포트

팬데믹 전야 남아공에 도착하다   215
코로나19를 극복하는 특파원 생활   218
코로나 시대의 단상   221
아프리카를 향한 창이 되다   224
비행기 끊긴 공항과 갈 길 잃은 사람들   226
나만 쓸 수 있는 기사를 구상하다   228
아프리카 대륙에서 찾은 키워드   230
범죄사회의 그늘   239
위험사회의 두 얼굴   241
아이들이 춤추면서 그대로 죽었다   242
성탄절은 '8월의 크리스마스'?   245
모기 그리고 말라리아   246
아프리카를 쉽게 갖다 붙이지 말자   249
남아공 병원 체험기   250
골프 천국의 조건   254
순환단전에서 살아남기   257
에티오피아는 한국의 기적을 배우고 싶다   263
에티오피아 부녀의 대 이은 한반도 인연   267
남아공을 배우며 한층 선명해지는 시선   271
아프리카에서 만난 한국 원격의료   273
남아프리카가 오미크론 발원지?   275
희망의 콩쿠르로 새해를 열다   277

에필로그   279
미주   281

아프리카의 희망을 찾아

남아프리카공화국(이하 남아공) 하면 떠오르는 것은 무엇인가? 넬슨 만델라(1918~2013년)를 아는 사람이라면 당연히 그를 위인으로 꼽을 것이다. 거기다 만델라가 싸웠던 아파르트헤이트를 거론하면 한 걸음 더 나간 것이다. 만델라는 남아공 자유 투쟁의 사자였다. 그런 남아공과 아프리카를 더 알고 싶지 않은가.

이 책은 국내 유일의 사하라 이남 아프리카 주재 특파원으로서 3년간 (2020년 2월~2023년 1월) 보고 느낀 것을 정리했다. 저자는 남아공 요하네스버그 주재 〈연합뉴스〉 특파원으로 생활했다. 대한민국 특파원으로서 남아공을 중심으로 가장 많은 나라 40여 개국을 커버했다. 이 책은 팬데믹 시기에 한국 특파원으로서 남아공을 중심으로 보고 느낀 아프리카의 단상을 기사 중심으로 정리한 것이다. 많은 특파원이 있지만 팬데믹 때 아프리카에서 생활하면서 그 실상을 기록하고 책으로 내는 경우는 당대에 전무후무하리라 생각한다.

또한 책 전체를 관통하는 것은 2024년을 맞아 남아공 자유투사 만델라 집권 30주년을 돌아보며 결산하는 것이다. 나아가 2024년은 한-아프리카 정상회의가 처음으로 열린 해이다. 남아공은 문민정부 시대 이후 한국과 민주화 역사가 비슷하다. 물론 흑인 민주화 정권이 지난 한 세대를 쭉 집권했다는 점에서 보수와 진보 정권이 서로 교체하며 집권한 한국과 다르다. 남아공 민주주의의 취약점을 보여 준다고도 할 수 있다. 다만 민주적 제도화는 한국이 앞서 있지만 민주주의 만족도와 생활의 행복감까지 그런지는 좀 더 살펴봐야 할 것이다.

팬데믹은 사회적 균열을 드러내 보였다. 국내뿐만 아니라 국가 간 빈부 양극화의 현주소를 적나라하게 보여 주었다. 그 단적인 예가 처음에 아프리카 대륙에서 백신을 제대로 공급받지 못한 것이다. 팬데믹 동안 한국이 사회의 불공정한 단면을 보여 주었듯이, 남아공도 지난 한 세대 집권한 흑인 민주화 정권의 민낯을 그대로 보여 주었다. 이는 꿈과 좌절의 역사이다. 또 희망의 역사이기도 하다. 특파원으로서 팬데믹의 한가운데를 지나며 3년간 그 태풍의 눈에도 있어 봤고, 남아공 폭동도 현지에서 지켜보았다. 수백 명이 사망한 2021년 7월 폭동 당시 남아공 항구도시 더반에 있던 LG전자 공장이 불타 수백억 원의 피해를 보기도 했다.

흘러간 과거가 그렇듯 엔데믹 시대에는 지난 팬데믹도 별것 아니었다는 생각이 들 수 있다. 사람은 기억의 동물인 동시에 망각의 동물이기도 하다. 하지만 당시 팬데믹은 저마다 생사를 가를 수 있는 최대 이슈였다. 여느 때 특파원이라면 들여다보지 못할 남아공 사회의 심연을 가늠해 볼 기회이기도 했다. 팬데믹 특파원 생활은 위기이자 생애 한 번 올까 말까 한 특별하고 소중한 시간이었다.

과거에 미국 워싱턴 DC에서 1년간 연수한 적이 있지만, 남아공만큼 강렬한 추억은 남지 않았다. 당초 워싱턴 특파원으로 가려 했지만 뜻대로 되지 않았다. 인생이란 원래 뜻대로 되기 어렵다고 하지 않는가. 그럼에도 남아공에서 색다른 특파원 생활을 할 수 있었다. 《신약성경》에서 사도 바울은 당시 세상의 중심인 로마를 거쳐 땅끝까지 가겠다는 소망을 피력한다. 나 또한 스스로 개인적 의미를 부여한다면 세계 정치의 중심인 워싱턴 연수를 거쳐 특파원 생활을 땅끝 남아공에서 하게 되었다.

흥미롭게도 미국과 남아공은 차선 운행의 좌우만 다를 뿐이지 비슷한 면도 상당하다. 아프리카에 대한 기존 통념과 달리 아프리카에는 미국과 마찬가지로 큰 쇼핑몰도 버젓이 자리하고 있다. 남아공 요하네스버그에는 아프리카에서 가장 큰 쇼핑 몰인 '몰 오브 아프리카'가 있다. 또 미국만큼은 아니지만 마트의 제품도 다양하다. 남아공은 치안 불안과 전력난 등 악재가 있지만 그래도 살 만한 곳이라고 얘기할 수 있다. 한마디로 고위험·고수익high risk, high return 투자와 같은 것이 남아공 생활이다.

돌이켜 보면, 아프리카는 가슴 뛰는 뭔가가 있다. 원시 수렵·목축과 농경생활이 인류 역사 가운데 3분의 2 이상을 너끈히 차지하는 점을 감안할 때 우리 유전자 속에 박힌 아스라한 원초적 본능이 바로 아프리카로 말미암아 약동해 그런 것 아닐까. 다채로운 아프리카의 원색미는 바로 그것이다. 로버트 프로스트Robert Frost의 〈가지 않은 길The Road Not Taken〉처럼 특파원으로서 나는 남들이 좀처럼 가지 않은 그 길로 갔다.

한국에 돌아와 단골 빵집에 가서 남아공에서 3년간 살았다고 했더니 어땠냐고 물었다. "글쎄요"라며 잠깐 뜸을 들이다 한 교민 시인이 희망봉Cape of Good Hope에 올라 쓴 구절을 인용해 주었다. 내 기억이 바르다면,

남아공의 쌍무지개가 떠오른 광경. '무지개 나라'라고 불리는 남아공은
다채로운 문화와 아름다운 자연 경관, 미래의 희망이 가득한 역동적인 국가다.

"희망봉에 서니 내 키만큼 희망이 자랐다"라는 것이다.

그랬다. 남아공은 내게 '희망'이다. 남아공 하면 먼저 떠오르는 곳이
바로 케이프타운Cape Town의 희망봉이다.[1] 땅끝에 있는 희망봉은 삶의 끝
자락이나 가장자리에 처한 이들이 다시금 삶을 돌아보고 일어설 수 있는
힘을 얻는 곳이다. 돌이켜 보면, 팬데믹이 우리에게 땅끝과 같은 지점이
아니었을까. 땅끝에서 희망이 시작된다. 그래서 희망봉이 있다고 나는
생각한다. 오갈 데 없이 땅끝에 서 본 자, 그 희망의 대표적 인물이 바로
오랜 기다림으로 고난을 이겨 낸 만델라이다.

그가 타계한 지 10여 년이 지나고 남아공에서 사상 첫 흑인 민주정권
이 들어선 지 한 세대가 흘렀다. 아직도 남아공 사회의 개선은 더디기만
하지만, 희망은 모든 절망적 상황에서 비로소 진가를 발휘한다. 남아공
은 땅끝의 나라다. 남아공과 무지개, 특히 쌍무지개가 푸른 잔디밭 위로
솟아오른 광경은 잊을 수 없는 아름다운 장면이다. 남아공의 어려운 상

황에서도 무지개는 또 하나 희망의 상징이다. 《구약성경》에서 무지개는 다시는 세상을 물로 심판하지 않겠다는 창조주의 언약의 상징이다. 물론 만델라는 희망뿐만 아니라 신념을 갖고 27년의 옥중생활을 견디며 미래를 준비했다.

만델라와 함께 또 기억할 인물이 바로 데즈먼드 투투 대주교이다.[2] 민주화 이후 '진실과 화해 위원회'를 이끌며 인종 탄압의 과거사를 조명하고 용서와 화합에 힘쓴 투투 대주교는 만델라 사후 남아공의 정신적 지주 역할을 했다. 그는 우분투^{Ubuntu} 정신을 강조하기도 했다. 우분투는 '네가 있기에 내가 있다'는 공동체 의식이다. 나는 우분투를 '우리는 함께 분투한다'로 풀이했다. 이 정신은 개인 간에 함께 싸우는 동료 의식을 뜻하는 말이지만 국가 간 협력 관계에도 적용할 수 있다. 이역만 리 떨어진 남아공과 우리가 무슨 관계냐고 되물을 수도 있겠지만, 그곳도 사람 사는 곳이고 한국도 같은 사람 사는 곳이다. 남아공이 있기에 한국도 있다. 그런 점에서 이 책은 만델라와 투투 대주교로 보는 남아공과 대한민국에 관한 이야기이기도 하다.

민주주의 역사로 보면 흑인 위주로 반反흑백차별정책의 민주화 정권을 구축한 지 어언 30년이 흘렀다. 하지만 남아공은 개발도상국 경제의 이례적 저성장과 강력범죄 때문에 수도와 전기 등 기본 서비스가 아직도 제대로 이루어지지 않고 있다. 〈하버드 그로스 잡$^{Harvard Growth Lab}$ 리포트〉 (2023년 11월)에서 이를 잘 지적하고 있다. 아직도 흑인정권이 타운십 (집단 주거지)의 흑인들을 포용하지 못하는 것이 단적인 예다.

그러나 민주주의 역사는 전진과 후퇴의 변주곡이다. 우리 민주화 역사도 역시 그러했다.

아프리카는 사랑이다. 바로 사람에 대한 사랑이다. 다른 무엇보다 사람이 남는다. 인류 시원의 대륙의 사람들, 이들과 따뜻한 관계를 형성하고 이해하며 모듬살이를 하는 것은 바로 인류 공동체를 구현하는 것이다. 우정이 남는다. 남아공에서 사귀었던 좋은 사람들, 친구이자 형제 같은 아티를 비롯해 여러 남아공 사람들을 떠올릴 때마다 미소 짓게 된다. 같은 동네 이웃이던 아티는 귀국 후에도 때때로 직접 전화를 걸어 보고 싶다면서 아프리카에 언제 다시 오느냐고 묻곤 한다. 그 덕분에 아프리카는 내 가슴 한편에 여전히 따뜻하게 자리 잡고 있다.

한국에 돌아와서도 CNN 등에서 〈아프리카 보이스 African Voice〉 같은 관련 프로그램을 방송하면 유심히 한 번 더 보게 된다. 책을 쓰면서 남아공을 비롯한 아프리카의 추억을 되살리는 것은 또 다른 즐거움이었다. 한번은 파리 특파원 출신 후배와 밥을 먹으면서 남아공 와인을 다시 떠올렸다. 무엇보다 한 나라가, 그곳 사람이 아직도 마음에 남아 있는 것은 그곳에 바로 아프리카의 형제, 친구, 가족이라 할 만한 사람들이 살고 있기 때문이다. 또 1년이 지나도 반갑게 전화를 주고받으며 인사할 수 있는 것이 바로 떨어져 있어도 함께하는 사랑의 원리이다.

우리가 함께한 추억을 회고하며 함께 즐거워할 수 있는 그것이 또, 따로 있더라도 함께하는 삶이다. 사랑하는 사람이 있다면 아무리 멀리 떨어져 있어도 언젠가는 다시 그곳에 갈 수 있다. 나를 반겨 주고 환영해 주는 사람이 있다면 말이다. 그렇기에 지리나 환경보다 우선하는 것은 사람이다. 결국 사람이 먼저다. 아프리카 사람들은 사람이 우선임을 우리에게 알려 주는 존재들이다. 원초적·근원적 관계로의 부름이 바로 이들이 가리키는 것들이다. 역사와 경제, 문화도 좋지만, 그 맥락 안에서 사람을 이해할 필요가 있다. 그리고 그것을 넘어서는 뭔가가 있다. 그것은 사람 간의 유대요, 우정이다.

최근 TV 여행 프로그램에서 방송인 기안84가 마다가스카르에 가서 한 상갓집의 공동체적 장례 추모 의식을 치르는 것을 보면서 우리나라가 예전에 지녔던 마을 공동체성을 떠올렸다. 현재의 나는 조상과 연결돼 있으며 또 주변 사람들은 같은 후손이다. 성경에서는 우리가 다 첫 사람 아담의 후손이라고 한다.

나는 아프리카 대륙에 가 있을 때 바로 이곳이 아득한 그 옛날 제 1세계였다고 생각했다. 그런 측면에서 원조 제1번지 대륙의 특파원으로 있었다는 것은 크나큰 특권이 아닐 수 없다.

실제로 유발 하라리의 책《사피엔스》에 따르면, 약 250만 년 전 아프리카에서 인류가 진화해 석기를 사용했다. 좀 더 구체적으로 당시 인류는 동부 아프리카의 오스트랄로피테쿠스에서 진화했다. 200만 년 전 인류가 아프리카에서 유라시아로 퍼지고 다양한 인간 종의 진화가 이루어졌다. 30만 년 전 아프리카에서 오늘날의 주인공 호모 사피엔스가 진화했다. 7만 년 전 인지혁명으로 스토리텔링의 등장과 함께 역사가 시작되었다. 사피엔스는 아프리카에서 퍼져 나갔다. 사피엔스는 아프리카에 살던 유인원의 후손이다.

하라리는 책에서 인지혁명 이전의 인간 종은 모두가 아프로아시아 육괴에서 살았다고 말한다.[3] 그에 따르면, 사피엔스는 수렵·채집생활로 몸을 훨씬 많이 기민하게 쓰고 다양한 식단에 기반한 필수 영양소를 섭취한 덕분에 현대인보다 건강한 삶을 즐겼다고 한다. 오늘날 우리도 사피엔스적 생활을 하면 어떨까. 그 단초는 아프리카에서 찾을 수 있을지도 모른다.

아프리카의 시원성에 관한 또 다른 대목이 있다.

고고학적 연구에 따르면, 50만 년 전 남아프리카에서 지구인들은 최초로 날카롭게 깎은 돌을 나뭇가지에 묶어 창끝spearhead을 만들어 냈고, 40만 년 전에는 목재를 마찰시켜 불을 지피는 방법을 개발했다. 27만 년 전 중앙아프리카에서는 나무에 고정된 도끼가 발명되었으며, 14만 년 전 북아프리카의 오늘날 모로코 지역에서는 짐승의 힘줄 등에 끼우는 장식용 구슬bead이 만들어졌다. 지금껏 발견된 최초의 화살촉은 7만 년 전 남아프리카로 소급된다.[4]

여름밤 혼자 걷다가 반딧불이 떼를 만난 시인이 "삶이 이렇게 아름답던가"라고 읊었던 대목을 아프리카에서도 느낄 수 있다. 아프리카에서만 볼 수 있는 파스텔톤 황혼녘 노을을 바라보며 말이다. 한국에서 살면서 이처럼 노을을 많이 보았을까. 어렸을 때 시골에서 노을을 바라보고 여행 갔을 때 바다로 지는 낙조를 감상한 적이 있지만, 노을을 거의 매일 접하면서 감상할 수 있는 것은 남아공 생활의 독특한 매력 중 하나였다. 또 동네 바로 앞에 동물·자연보호구역이 있어서 얼룩말과 와일드비스트(누)가 한가로이 풀을 뜯고 있는 모습을 주택 단지 정문만 나서면 볼 수 있는 것도 한국에서는 도저히 누릴 수 없는 아프리카 생활의 호사였다.

남아공의 아침은 새소리와 함께 열린다. 정말 다양한 새소리를 들을 수 있다. 서울보다 훨씬 더 많은 종류의 새를 볼 수 있다. 남아공에서는 새를 보고 관찰할 수 있는 시설을 쉽게 찾을 수 있다. 좀 떨어져서 새를 살펴보는 것이 의외로 재미있다는 점을 알게 되었다. 현재 내가 사는 집 주변에서 흔히 볼 수 있는 새는 참새와 종달새, 까치 정도이다. 산에서는 어쩌다가 딱따구리도 목격할 수 있다.

돌이켜 보니 남아공에서 생활이 결코 헛되지 않았음을 한국 와서 새삼 느낀다. 어디서나 안전을 조심하는 버릇이 들었는데 한국에서 안전 운전을 하거나 예상치 못한 위험에 대비하는 데 도움을 준다. 또 사람을 바라보는 폭이 훨씬 넓어졌다. 남아공 특파원 생활을 하기 전보다 더 관대하게 인간을 대하는 여유가 조금은 생긴 것 같다.

오세훈 서울시장도 한 대학언론과 유튜브 인터뷰에서 비슷한 말을 한 적이 있다. 자신이 시장을 그만두었을 때 KOICA 협력 프로그램에 참여해 르완다 현지 시청에서 고문 역할로 자원봉사를 한 6개월이 정말 보람 있었다고 했다. 한국에서 당연하게 누리던 것들이 사실 소중한 것이었음을 느끼고, 현지에서 사업 기회도 살피며 도전하는 삶을 살게 되었다는 것이다. 그는 젊은이들에게 'high risk, high return'이라고 했다. 결단을 내리고 좀 불편한 삶, 위험이 있는 삶을 택했을 때 그만큼 보상도 크다는 것이다. 내가 생각하던 바와 딱 일치하는 대목이었다.

이 책은 먼저 특파원 시절 쓴 기사를 바탕으로 취재 뒷이야기와 배경 등을 총동원했다. 현지 특파원 출신으로서 특장을 최대한 살리고자 했다. 아무래도 당시 생생한 기사만큼 현장성을 보장해 주는 방식은 찾기 어렵고 무엇보다 특파원 경험에서 우러나온 내용이기 때문이다. 최근 엔데믹 시대에 아프리카 여행 프로그램이 유튜버 등을 통해 많이 소개되고 있다. 아프리카에 대한 이해를 넓힌다는 측면에서 고무적인 일이다. 이 책은 아프리카에서 실제로 살면서 나온 얘기를 위주로 구성했다는 점에서 차별성을 갖는다. 단순히 여행하는 것과 현지에서 사는 것은 다른 차원이기 때문에 그러한 흥미를 보강해 주는 데 기여하고 싶은 마음이다.

남아공을 통해 한국을 보고 다시 한국을 통해 남아공을 보면서 상호 이해를 촉진했다. 이는 우리 인식의 지평을 넓히고 아프리카와 친구가 되기 위함이다. 기존 아프리카 관련 책이나 TV 프로그램은 아프리카를 피동적으로 묘사하기 일쑤였다. 그러나 아프리카는 주체적으로 현실과 맞닥뜨리고 있다. 아프리카 입장에서 세상을 보는 것은 우리의 세계관 지평을 넓혀 줄 것이다.

책은 또 아프리카에 대한 고정관념이나 편견을 깨뜨리고 있는 그대로 바라볼 필요성을 얘기했다. 남아공 하면 지지리도 못사는, 트럼프의 말처럼, 거지 소굴을 떠올리는 것을 이제 배격할 필요가 있다. 실제로 남아공에서는 미국에서도 쉽게 누리기 어려운 승마 등의 고급 과외 교육을 자녀에게 시킬 수 있다. 골프나 테니스 하기도 참 좋은 환경이다.

남아공의 장점과 단점을 둘 다 잘 아는 것이 중요하다. 그 후 종합적 판단이 가능하다. 이 책은 단순히 남아공에 갔더니 죽도록 고생만 했다는 식이 아니다. 주재원들끼리 남아공의 좋은 점을 알리는 데 주저하면서 '이 좋은 곳을 우리끼리만 알자'는 식으로 농담 반 진담 반으로 얘기하는 것을 들은 적이 있다. 이 책은 이처럼 몇몇 사람만이 알고 있는 남아공의 진면목을 널리 알리고자 했다.

현실적으로도 우선 아프리카가 기회의 땅임을 인식할 필요가 있다.

아프리카의 경제적 매력은 풍부한 핵심 광물 자원, 값싼 노동력, 미래의 구매력 등으로 요약할 수 있다. 이러한 아프리카의 잠재력은 미국과 중국으로 하여금 아프리카를 반드시 포용해야 하는 파트너로 인식하게 만든다. 특히, 전 세계 30%의 희토류 금속과 관련된 핵심 광물 자원이 아프리카 대륙에 매장되어 있어, 미중 전략경쟁 속 전략 자원의 가치는 더욱 커질 전망이다.[5]

아울러 무라카미 하루키가 최신작 《도시와 그 불확실한 벽》에서 의식과 무의식을 오가는 작품을 썼듯이 남아공과 한국을 오가며 의식의 흐름을 좇아가는 글쓰기를 지향했다. 남아공과 한국 사이에, 아프리카와 한국 사이에 보이지 않는 벽이 있다. 그러나 배우 류승룡의 얘기처럼 "벽에 부딪혀도 계속 파 보면 그 벽이 생각보다 얇을 수 있다." 이 책이 한국과 남아공, 한국과 아프리카가 벽을 넘어 만나는 한 통로가 되기를 소망한다.

2024년 10월

김성진

1부

기회의 땅,
아프리카

아프리카는 어마어마하게 큰 대륙이다. 세계 1, 2, 3위 경제 규모인 미국, 중국에 유럽을 모두 합쳐도 아프리카 대륙보다 그 넓이가 작다. 아프리카가 얼마나 너른 땅인지 알 수 있다. 따라서 아프리카는 기회의 땅이다. 어제오늘 나온 얘기가 아니다. 10여 년 전에 대대적인 아프리카 붐이 일었다. 아프리카가 미래의 땅이자 마지막 남은 시장이라는 내용이었다. 당시만 해도 나이지리아, 케냐, 에티오피아를 비롯해 아프리카 성장세가 만만치 않았다. 그러나 그 붐은 얼마 가지 않았다.

최근에 미국 시장의 탈중국 현상이 가시화되면서 아프리카가 다시 서구에 기회의 땅으로 부각되고 있다. 〈포린 어페어스〉 최신호가 이를 예고했다. 이번 아프리카 붐 예고는 맥락이 좀 다르다. 바로 미중 신냉전 구도가 점차 가시화되는 상황에서 나온 것이다. 중국 다음으로 인도가 될 것이라고 하지만 〈포린 어페어스〉 필자는 좀 달리 본다. 인도의 가능성은 출생률이 낮고 중국과 마찬가지로 고령화 인구가 늘어난 데 따른 착시 현상이라는 것이다. 순수 절정기 노동력이 충분히 늘고 있지 않다는 것이 인도의 약점이다.

반면 아프리카는 출생률 증가가 단연 압도적이다. 2023년 지구촌 신생아의 3분의 1을 아프리카가 차지했다. 아프리카는 젊은 층을 품은 마지막 항구이다.[1] 유엔 등에 따르면 전 세계 평균 나이는 30.4세로, 지구촌 젊은 층의 중심에 아프리카(평균 나이 19.7세)가 있다. 이는 한두 해 사이에 바뀔 수 있는 것이 아니다. 절정기 노동력도 그만큼 증가하고 있다. 이에 따라 아프리카가 중국의 성장률 반만 따라가도 엄청난 경제성장을 보일 것이라는 예측이다. 심지어 방글라데시의 반만 따라가도 아프리카는 획기적 성장세를 구가할 수 있다는 것이 저자의 전망이다.

물론 최근 수단과 에티오피아 내전에서 보듯이 전쟁과 부정부패 등 아프리카가 성장하는 데 발목을 잡는 요인들을 극복해야 한다. 저자는 한국, 일본,

대만 등 지도자들이 자신의 가문과 출신지역만 앞세우지 않는 정책을 폈듯이 아프리카 국가들도 전국적 마인드를 가진 지도자들이 출현해야 한다고 본다. 결국 리더십이 중요한 요체로 등장한다.

아프리카의 성장 잠재력은 이미 충분하다. 우리도 이에 미리 대비해야 한다. 아프리카 언어와 문화를 익히고 아프리카인들과 함께 일할 인력을 양성해야 한다. 글로벌 톱10에 진입한 국가의 품격을 길러 아프리카를 품고 함께 동반 성장해야 한다.

아프리카는 석탄·천연가스·원유 등 3대 화석연료를 모두 보유한 '자원의 보고'로 손꼽힌다. 전 세계 광물 매장량의 30% 이상이 아프리카 대륙에 있다. 산업용 광물의 90% 이상을 해외에 의존하는 한국 기업엔 매력적인 곳이다.

더구나 2021년 아프리카대륙자유무역지대AfCFTA 출범 이후 인구 14억 명 규모의 거대한 소비 시장으로 존재감이 커지고 있다. AfCFTA의 국내총생산GDP은 3조 4,000억 달러(약 4,666조 5,000억 원)다. 한국 기업들이 잇달아 아프리카 문을 두드리는 이유다.[2]

특히 한국은 저성장과 고령화에 이어 출산율도 OECD 최저를 기록하며 여러 장애물에 직면해 있다. 한국은 아프리카와 함께 가야 한다. 중국에 기대어 IMF 위기를 빠져나온 것으로 족하다. 이제 새로운 성장판 아프리카를 바라보아야 한다. 14억 인구 아프리카의 발전 경로는 중국과 다르고 또 달라야 한다는 것이 저자의 주장이다.

단적으로 환경을 고려한 녹색성장을 추구해야 한다. 다행히 아프리카의 자연은 바람, 햇빛, 수력 등 재생에너지 발전에 유리한 여건을 갖추었다. 〈포린어페어스〉 필자는 세계은행에 준하는 아프리카판 '그린은행' 설립을 제언한다. 귀담아 들을 대목이다. 중국은 세계 태양광 시장을 주름잡고 있다. 그에 대한 서구의 반발이 심하다. 남아도는 중국 태양광 패널을 아프리카에 설치해 에너지를 조달하는 것도 괜찮은 아이디어다.

아프리카는 중위연령(인구를 한 줄로 나란히 세웠을 때 가운데 오는 나이)이 18세로 1960년대 한국과 같은 수준이다. 아프리카는 세계에서 가장 젊은 대륙이다. 남아공 케이프타운 현지 한인 선교사에 따르면, 한국이 출산율 0.6을 기록한 것과 달리 남아공은 학교마다 아이들이 넘쳐나 2부제 수업을 한다고 한다.

물론 남아공도 고령화에 대응하고 있다. 남아공에 살았을 때 집주인 로비 할아버지네가 우리 가족에게 자신들이 살던 집을 내주고 이사 간 곳이 신설된 실버타운이었다. 직접 가 보지는 않았지만 은퇴자들이 사는 대단위 주택단지라고 들었다. 로비 할아버지와 지지 할머니는 무릎이 아파 더 이상 2층 계단을 오르락내리락하기 어려워서 집을 옮긴 것이라고 했다.

특파원 생활을 하는 동안 운전하며 길거리를 가다가 '이제 편안하게 노후를 즐기며 살라'는 은퇴자들을 겨냥한 광고를 자주 보았다. 남아공도 고령층에게 실버타운을 제공하면서 노후에 은퇴자금을 쓰도록 유도하는 것이다. 남아공은 아직 고령화 사회에 진입했다고 볼 수 없지만, 백인층과 일부 부유한 흑인층을 중심으로 노인들이 실버타운에 본격적으로 입주하는 단계로 보인다.

한국 사회도 고령화가 빠르게 진행되면서 실버타운 얘기가 많이 나온다. 저자가 사는 곳과 가까운 경기 고양시 삼송 등지에 시니어타운이 시범적으로 들어선다고 한다. 한 60대가 실버타운에 들어갔다가 너무 어르신들만 보여 다시 나왔다는 얘기도 들린다. 이 사례로 보면 실버타운에서 고령자들은 편리한 생활을 누릴 수 있지만, 노년·장년·청년과 어린이를 아우르는 다양한 연령대의 생활 공동체가 더 자연스러운 것이라 할 수 있겠다.

아프리카에 대한 맥킨지 컨설팅사의 분석도 일맥상통하다. 특히 아프리카 대륙이 성장 잠재력을 키우려면 역내 교역을 활성화해야 한다고 주문한다. AfCFTA가 그 예다. 맥킨지는 정보통신기술ICT, 디지털, 인적 자원 개발, 제조업, 도시 인프라 확충 개선 등이 아프리카의 발전에 필요하다고 조언했다. 바로 한국 정부와 기업들이 강점을 가진 분야다. 우리는 충분히 아프리카 대륙과 윈윈win-win할 수 있다.

최근 우리나라 농림축산식품부(이하 농식품부)와 농촌진흥청이 진출해 가나에서 케냐까지 다수확 한국산 벼 종자를 아프리카에 심는 'K-라이스벨트'를 구축한 것도 주목된다. 현대건설 출신의 32년 차 해외영업 베테랑 권오식 보국에너텍 부회장은 우리나라 해외건설의 수주 다변화를 촉구하면서 아프리카 공략을 주문했다. 아프리카는 풍부한 자원을 스스로 개발할 수 없는 나라가 많기 때문이라고 했다.

예를 들면 모잠비크는 가스, 가봉은 석유 자원이 많아요. 이런 나라들은 자원을 담보로 금융 지원을 하는 방식으로 개발할 수 있습니다. 아프리카가 지금 개발하려는 의지가 엄청나게 강하고 일본이나 중국보다 한국을 굉장히 선호하고 있어요.[3]

한국은 사우디아라비아 등 중동 건설의 경험과 저력이 있지만, 그간 해외 진출의 시야와 활동 반경이 아시아 정도로 너무 협소했다. 진정한 글로벌 중추국가의 시험대는 바로 대한민국이 아프리카에서 어떤 활약을 펼치느냐에 달려 있다. 최근 우리나라가 아프리카에 2년간 8조 원을 지원하기로 했다. 잘한 일이다. 참고로 중국은 3년간 67조 원 지원을 약속했다. 중국이 대국이지만 얼마나 아프리카에 공을 들이는지 보여 주는 대목이다.

이제라도 우리는 아프리카와 도약과 번영의 춤을 추기 위해 움직여야 한다. 아프리카 관련 CNN 프로그램 등을 보면 아프리카의 기업가 정신 entrepreneurship이 곳곳에서 발현되는 것을 알 수 있다. 그렇다. 조금만 눈을 들어 보면 분명 아프리카는 잠재력의 땅이요 기회의 땅이다. 무엇보다 사람들이 있다. 막대한 사업의 기회가 여기에 있다.[4]

아프리카는 21세기에 내전과 분쟁 감소, 정치적 안정, 인구성장과 모바일산업 발전, 빠른 경제성장, 핵심 광물, 신흥시장 등으로 투자 및 교역 파트너로 부상하고 있다. 또한, 유엔 안보리 15개 비상임이사국에 아프리카 3개국이 참여하는 등 국제사회에서 역할이 확대되고 있다. 이러한 아프리카의 전략적 가치 부상은 미중 패권 경쟁과 러시아, 인도 등 주요 강대국의 대對아프리카 진출 전략 확대로 이어져 아프리카는 지정학적으로 중요한 지역으로 떠올랐다.

대한민국의 2030 세계박람회 유치 실패 과정에서 드러난 아프리카 국가의 중요성은 아프리카에 대한 우리의 전략적 대응이 필요함을 말해 준다. 최근 다음과 같은 이유로 아프리카와의 협력이 필요하다.

첫째, 아프리카와의 협력을 통해 자원을 확보하고 글로벌 공급망을 다변화하며 아프리카 신흥시장에 진출할 수 있다. 2021년 아프리카대륙자유무역지대AfCFTA의 전면 이행으로 인구 14억 명, GDP 3조 4,000억 달러 규모의 단일시장이 열렸다. 둘째, 아프리카와의 긴밀한 협력 관계 구축은 국제무대에서의 외교적 영향력을 확대하고, 글로벌 중추국가로서 목표를 달성하는 데 필수 조건이다. 셋째, 아프리카 청소년층의 한류 확산과 관심 증대로 사회문화적 교류를 기반으로 한 외교, 안보 등 다양한 분야에서 긍정적 협력 관계를 조성할 수 있다.

테슬라는 남아공에서 나왔다?

남아공 하면 일론 머스크Elon Musk와 테슬라Tesla를 연결하지 않을 수 없다. 일명 '테슬람'(테슬라 팬을 이슬람교 신자에 빗댄 신조어)의 기원이 남아공이라니 무슨 뚱딴지같은 소리냐고 할 수 있다. 그러나 잘 따져 보면 머스크는 남아공에서 자라났음을 기억할 것이다. 그런 그의 사고의 근간이 아프리카의 야생성에 있다고 하면 지나친 비약일까.

이런 측면에서 남아공의 와일드한 드라이브 문화를 한번 들여다볼 필요가 있다. 머스크의 혁신 전략은 남아공에서 그 씨앗이 뿌려졌다고 볼 수 있다. 남아공에는 극단적 양극화의 폐해가 있긴 하지만 기본적으로 그 와일드함이 살아 있기 때문이다. 유럽 문명과 아프리카 문명의 조합이 새로움을 잉태하는 토양이 되지 않았을까 추측해 본다.

2024년 1월 전년부터 장안의 화제가 된 테슬라 모델 Y를 시승하기 위해 여의도 테슬라 전시장을 찾아갔다. 상담한 한 직원이 '일론 회장님'이라고 친근하게 퍼스트네임을 부르는 게 신선했다. "인풋은 에러다"(차 안 여기저기에 인테리어 하는 것은 실수라는 뜻)라는 회장님의 자동차 철학을 소개하기도 했다. 차를 팔기 위한 것일 수 있지만 최고경영자CEO의 철학을 내면화하고 존중한다는 느낌을 받았다. 그런 그에게 내가 "일론 회장의 출생지 남아공을 다녀왔다"고 얘기하니 더 관심을 갖는 듯했다.

머스크가 남아공 수도 프리토리아Pretoria에서 다닌 초등학교까지 보고 온 나는 나름대로 그에 대해 한마디 할 수 있지 않을까.

잘 알려져 있다시피 그는 세계 최고의 부자다. 세계 최고 갑부를 배출한 곳이 바로 남아공이다. 머스크는 유년기를 전부 남아공에서 보냈다. 그의 영향력은 최근 이스라엘-팔레스타인 전쟁 중에 네타냐후 이스라엘 총리와 이스라엘 피습 상황을 둘러본 데서 드러난다. 그는 러시아-우크라이나 전쟁에서도 두각을 나타냈다. 그가 운용하는 위성 인터넷 서비스 스타링크Starlink는 우크라이나군의 인터넷과 전력망이 끊긴 와중에도 러시아에 맞서 드론 작전 등을 수행하는 데 결정적 역할을 했다. 그는 미중 무역전쟁 중에도 버젓이 중국 상하이에서 기가팩토리Gigafactory를 운영하고 있다. 자신의 중국 사업에 대해 당당히 할 말을 하는 기업가다. 그런가 하면 그는 자녀를 여러 명 두었고 막내아들 이름은 알파벳 X로 지었다. X는 옛 트위터가 바꾼 이름이기도 하다.

이런 독특한 사고를 하는 그의 성장 배경이 궁금하지 않을 수 없다. 그는 어릴 적부터 천재적 기억력을 보였다. 그러나 아버지로부터 정서적 학대를 당했다고 한다. 그가 다닌 요하네스버그 브라이언스톤고등학교 근처를 나는 차로 지나가기도 했다. 이곳에서 그는 왕따를 당해 프리토리아의 정통 기숙사학교 보이스하이스쿨로 전학을 갔다. 이후 대학은 캐나다를 거쳐 미국 펜실베이니아대학으로 진학했다. 바로 이런 성장 배경 때문인지 그는 남아공에 대해 잘 말하지 않는다.

과연 그가 남아공에 계속 머물렀다면 오늘날의 머스크가 될 수 있었을까. 거꾸로 남아공을 빼곤 그의 오늘날도 있기 어려웠다고 말할 수 있다. 화성에까지 가기 위해 로켓을 발사하는 세계 최고의 기업인을 배출한 남아공은 혁신의 나라인가. 최근 남아공 홍보 영상에 현지 흑인 젊은 이들을 내세우며 혁신의 주인공들이라고 소개하는 장면이 눈길을 끌었다. 남아공이 혁신의 나라인가를 별개로 치더라도 머스크가 남아공에서 자란 것이 그의 오늘날 혁신성에 영향을 주지 않았을까 추측해 본다. 바로 남아공의 와일드함과 혁신 마인드가 역시 자본주의 첨단을 달리는 미국적 토양에서 꽃피지 않았을까.

남아공을 비롯한 아프리카에서 배울 것은 단지 경제적 기회와 개척자적 마인드만이 아니다. 바로 '우분투' 정신이다. 네가 있어 내가 있다는 공동체 정신이 그 어느 때보다 대한민국에 절실히 필요하다. 1인당 국민소득 목표를 3만 5,000달러에서 4만 달러로 올리자는 경제지 구호대로 우리가 소득 수준을 높인다면 과연 더 행복해질 수 있을까? 그사이 우리는 과연 안전한 생활을 하고, 인간다운 삶을 누릴까? 자녀를 안심하고 키우며, 거리에 마음 놓고 나다닐 수 있을까? 우리는 이러한 근본적 질문을 아프리카를 통해 던져야 한다.

아프리카 자유무역지대는 한국에 호기

"아프리카대륙자유무역지대AfCFTA로 인해 아프리카는 거대 단일시장이 되는 만큼 한국 기업들에게는 제조업과 디지털 교역에서 좋은 기회가 될 것입니다."

2021년 1월 세계 최대 자유무역지대로 공식 출범한 AfCFTA의 초대 사무총장인 왐켈레 메네Wamkele Mene는 최근 한국 언론으로는 처음으로 〈연합뉴스〉와 가진 서면 인터뷰에서 이같이 밝혔다. AfCFTA는 GDP 3조 4,000억 달러에 달하는 거대한 경제블록이다. 아프리카 54개국이 가입한 AfCFTA는 세계무역기구WTO 출범 후 최대 규모의 자유무역지

대다. 서아프리카 가나의 수도 아크라에 사무국을 두고 있으며, 메네 사무총장은 남아공 통상산업부 본부장 출신이다.

메네 사무총장은 인터뷰에서 아프리카 시장이 자유무역으로 하나가 되는 과정에 있다면서 "AfCFTA는 한국 기업이 아프리카의 경제 전환에 참여할 수 있도록 새로운 개발 기회를 창출했다"라고 말했다. 그러면서 우선 한국 기업은 아프리카 제조업 투자를 늘림으로써 상품 교역에서 공급망 능력을 향상할 수 있다고 제시했다. 현재 아프리카는 글로벌 산업 체인에서 중요한 원자재 공급에 그쳐 아직 불리한 여건에 있다는 것이다.

그는 "아프리카가 저임금과 풍부한 천연자원, 교역에 편리한 경유 위치, 거대한 소비 시장 등의 장점을 갖고 있다"고 소개했다. 이 때문에 아프리카는 저임금 및 자원집약적 제조업의 중심이 될 수 있다면서 한국 기업들은 산업 부가가치를 증대하기 위해 아프리카 제조업 투자를 고려할 수 있다고 말했다.

앞서 대한무역투자진흥공사KOTRA 주최 웨비나(웹사이트상 세미나)에서도 그는 AfCFTA 소속 한 회원국에 투자하면 다른 아프리카 나라들에도 동등한 조건으로 수출할 수 있다고 제시한 바 있다. 또 "디지털 교역에서 아프리카 각국이 서비스 무역 플랫폼 구축에 박차를 가하는 만큼 한국 기업이 투자할 수 있다"고 제안했다. 현재 대부분의 아프리카 나라들은 디지털 교역 부문을 열정적으로 개발하려 한다면서 "디지털 무역 부문은 아프리카 나라들이 포용 성장을 증진하는 데 대단히 중요하다"고 덧붙였다.

구체적으로 디지털 무역은 모든 교역 관련 당사자들의 중간 비용을 줄여 주어서 가장 저개발된 아프리카 국가들이 글로벌 가치 체인에 통

2024년 6월 서울에서 열린 한-아프리카 정상회의에서 왐켈레 메네 AfCFTA 사무총장이
아프리카를 대표해서 인사말을 하고 있다.(《연합뉴스》 자료사진)

합되는 데 도움을 준다. 더구나 디지털 교역은 아프리카 중소기업들이
국경 너머 교역에 참여할 수 있도록 해 준다. 메네 사무총장은 "한국 기
업들은 물류비용을 더 낮추기 위한 도로·철도·ICT 등 연결 인프라
Connectivity Infrastructure 건설에도 참여할 수 있다"고 말했다.

아프리카 산업의 중장기 발전 방향과 관련해서는, 농가공과 자동차
에 우선 집중해 특히 여성과 젊은 층의 일자리를 창출하고 경제를 성장
시키는 것이라고 설명했다. 그는 아프리카 자유무역지대를 위해 첫걸
음을 뗐지만, 경제 전환이 하룻밤 사이에 이루어질 수 있다는 환상은 갖
고 있지 않다고 말했다. 그러면서 54개 국가 경제권과 8개 지역경제공
동체로 구성된 아프리카 대륙의 단계적 관세 인하와 원산지 규정을 조
정하는 것이 당면 과제라고 말했다.

아프리카 자유무역지대는 1단계로 상품 교역, 2단계로 지식재산권·투자·경쟁 정책 등으로 나뉜다. 지금은 1단계를 넘어 다양한 분야로 확장하고 있다. 그는 AfCFTA의 장점으로 "제조업과 서비스업에서 단일한 교역과 투자 규칙을 위한 새 플랫폼을 만들어 투자자들에게 유익을 줄 것"이라고 강조했다. 또 대륙 내 공정무역을 위해 특히 덤핑 방지를 최우선으로 하고, 식량안보·재정 등과 관련한 일부 민감 품목은 7% 관세를 상당 기간 유지하는 등 보호 장치도 갖추고 있다고 덧붙였다.

메네 사무총장은 2023년 7월 방한해 산업부의 안덕근 당시 통상교섭본부장(현 산업통상자원부 장관)과 면담하기도 했다. 안 본부장은 이 자리에서 한국 기업의 아프리카 시장 참여 기회를 확대하기 위해 우리 정부가 아프리카 국가와 상호 협력을 활성화하는 경제동반자협정EPA, 무역투자촉진프레임워크TIPF 등 다양한 통상 협력을 추진 중이라고 설명했다.

최근 자동차, 에너지, 플랜트, 소비재 등 분야에서 한-아프리카 경제 협력이 확대되고 있다. 산업통상자원부(이하 산업부)는 "우리나라 전체 교역에서 2%에 불과한 한-아프리카 교역을 끌어올리기 위해 AfCFTA를 활용할 방안을 모색하고, EPA와 TIPF 추진, 수출기업 애로 파악 등을 통해 적극적으로 지원할 것"이라고 밝혔다.

실제로 한국 기업 진출도 하나둘씩 늘고 있다. 국내 인공지능AI 통합 보안 솔루션 전문기업이 에티오피아 정부 보안사업을 수주하여 아프리카에서 출입통제 바이오인증 시장을 공략하고 있다.[5]

포스코인터내셔널도 세계 2위 규모의 탄자니아 흑연광산 개발에 참여하는 계약을 체결했다. 흑연은 2차전지용 음극재의 핵심 소재다. 산업부는 중국에 97% 의존하는 천연흑연의 수입 의존도를 낮출 수 있다고 평가한다. 2026년부터 3만 t씩 탄자니아 광산에서 수입할 흑연은 중형 전기자동차^{EV} 기준 126만 대에 들어가는 양이다.[6]

메네 사무총장은 다른 자리에서 한-아프리카 간 기술협력의 필요성도 강조했다. 한-아프리카 자유무역협정 Korea-Africa FTA 체결 등 긴밀하고 상호 호혜적인 파트너십 구축이 중요하다고 언급했다. 그는 또 양자 간 원산지증명서 Certificate of Origin 적용의 필요성을 설명하고, 이를 통해 관세 혜택 등 실질적 성과를 창출할 수 있으리라고 기대했다. 메네 사무총장은 한국의 수출입은행, 중소기업은행, 전국경제인연합회, 무역협회, 대한상공회의소 등 주요 기관과 아프리카수출입은행, 아프리카개발은행 등이 긴밀히 협력해 한-아프리카 경제 협력에 필요한 자금·재정 출자를 위한 합동 기금 Joint fund in finance 출범을 고려할 수 있다는 의견도 제시했다.

그는 아프리카 역내 국가 간 경제발전 및 산업화 격차 등의 장애요인을 극복하기 위한 방안으로 조정기금 및 자동차 산업 기금 조성, 범아프리카 지불 결제시스템 구축, 디지털 무역의 중요성을 강조했다. 그가 보기에 한국은 다른 지역에 비해 아프리카에 투자를 적게 하고 있다. 메네 사무총장은 "현대자동차는 아프리카에 생산 시설이 없는데 새로 지을 수 있다. 삼성전자는 오직 이집트와 남아공에만 공장이 있는데 이를 더 늘릴 수도 있다"고 말했다.

아프리카에 얼마나 많은 한국 외교관이 파견돼 있는지도 돌이켜 볼 일이다. 중국은 아프리카에 만 개의 공장이 있다는데 한국 공장은 얼마나 있는지도 말이다.

아프리카의 쿠데타와 한국의 외교·사업 전망

아프리카의 쿠데타를 바라보며 역사의 진보를 다시 생각한다. 특히 서아프리카의 쿠데타 바람은 최근 니제르와 가봉까지 휩쓸었다. 가봉까지 하면 8번째 쿠데타다. 서아프리카는 그런 점에서 과거로 회귀한 듯한 모습을 보이고 있다.

암울한 현실이다. 이는 현지 정치 엘리트의 민주주의 제도화 실패의 결과물이라는 분석이 나온다.7 물론 더 큰 의미에서는 아프리카 대륙 전체에서 민주주의 불안정성을 노출시킨 것일 수 있다. 그렇지만 아프리카에서 민주주의는 진통 속에서도 전진하고 있다고 볼 만한 다른 모습들도 있다.

아프리카의 진통 이면에는 혹시 땅에서 유리된 난민, 유민들이 있지는 않을까 생각해 본다. 나이지리아의 북부 지역 실패와 보코하람(나이지리아의 이슬람 극단주의 테러 조직) 준동도 그런 맥락에서 검토해 볼 필요가 있다. 과도한 수탈 구조에서 비롯돼 땅을 잃고 떠도는 사람들이 많을수록 그 사회는 불안하다. 마찬가지로 한국도 자영업자가 수백만 명이다. 자영업자의 소득 수준이 가장 하락했다는 2023년 통계 자료는 우리 사회가 불안사회로 이미 진입했음을 보여 주는 증좌가 아닐까 싶다. 영화 〈극한직업〉에서 "니가 소상공인을 모르나 본데 우린 다 목숨 걸고 해"라는 고 반장(류승룡 분)의 절규가 예사롭게 들리지 않는다.

홍진욱 대사(전 2030 부산세계박람회 아프리카 교섭 정부대표)는 2023년 11월 저자와 만나 부산 엑스포 유치를 위해 아프리카의 약 10개국을 돌았다고 말했다. 홍 대사는 앞서 외교부 아중동 국장을 하고 이집트

대사로 부임한 이후 엑스포 유치 활동에 나섰다. 그는 니제르의 경우 한번 들러서 군사 정부 관료들의 지지를 얻었는데, 그사이 또 쿠데타가 일어났다고 아쉬워했다. 이어 에티오피아 위에 있는 에리트레아에 간 경험도 들려주었다. 그는 아프리카의 북한이라 불리는 에리트레아가 예상보다 통제가 심하지 않았다고 말했다. 심지어 한국 선교사가 주었다는 노래방 기기에서 한국 찬송가가 흘러나오기도 했다는 것이다. 그곳이 북한과 같다는 것은 서구 언론의 고정관념이나 편견일 수 있다고 지적했다. 역시 현지를 가봐야 한다. 바깥의 시각만 가지고는 한계가 있는 것이다.

그는 아울러 부산 엑스포 유치 여부와 상관없이 한국이 아프리카 나라들에 관심을 지속적으로 갖지 않을까 봐 우려하기도 했다. 진정성 있고 일관성 있는 대아프리카 외교만이 그들의 마음을 얻을 수 있다는 취지다.

부산 엑스포 유치는 결과적으로 실패했다. 경쟁국인 사우디아라비아의 리야드는 투표에 참가한 전체 165개국 가운데 119개국(72%)의 지지를 받았다. 부산은 29개국(18%)에 그쳤다. 여기에는 사우디가 오일머니를 앞세워 개도국으로부터 몰표를 얻은 덕분이라는 분석이 나왔다. 개도국의 대다수는 물론 아프리카에 있다. 아프리카는 사우디 등 중동과도 가깝다. 북아프리카와 중동을 묶어 아예 메나MENA로 부르기도 한다. 한국은 부산 엑스포 유치에 막판까지 민관 협력으로 열심을 냈지만 역부족이었다. 아프리카 국가들의 천문학적 부채를 오일머니로 해결해 주겠다는 사우디의 제안이 경제개발 경험을 공유하겠다는 한국의 제안보다 당장 더 솔깃했을 수 있다.

아프리카에 대한 유치전은 하루아침에 이룰 수 없다. 아프리카는 벼락치기 구애가 잘 통하지 않는다. 지속적으로 관심을 갖고 씨를 뿌려야 나중에 열매를 맺을 수 있는 대륙이다. 한국 총리가 한번 훑고 가거나 대기업 총수가 방문한다고 해서 쉽게 우리에게 표를 주리라고 단정하면 안 된다. 부산 유치전에서 희망고문에 가까운 홍보전을 했으나 대패한 것은 외교와 해외 정보전을 펼칠 국가정보원의 내홍에 따른 실패라는 지적도 나왔다.[8]

어찌 보면 엑스포 유치 실패를 반면교사 삼아야 한다. 마침 한덕수 총리도 엑스포 유치전을 통해 확보한 외교적 자산을 그냥 유실하지 않겠다는 각오를 밝혔다. 불행 중 잘된 일이다. 우리가 더 낮은 자세로 아프리카에 다가설 때 한국이 단지 표만 얻으려고 한 것이 아님을 이해하고 마음으로부터 돕는 친구가 돼 줄 것이다.

이는 남북 대치 상황에서도 우리에게 크나큰 안보 우군이 아닐 수 없다. 이제라도 장기적 전략을 갖고 아프리카에 접근해야 한다. 엑스포는 그다음에라도 유치할 수 있다. 글로벌 중견국가로서 비전을 갖고 피원조국에서 원조국으로 개도국 돕기에 앞장설 때 대한민국의 국운이 창창하게 열릴 것이라고 확신한다. 다른 나라를 열심히 돕는 올바른 나라를 그 누가 또한 돕지 않겠는가.

2024년 6월에는 아프리카 48개국이 참석하는 한-아프리카 정상회의가 열렸다. 한국이 아프리카를 상대로 개최하는 다자 정상회의로는 역대 최초였다. 모처럼 우리나라의 경제와 외교 지평을 아프리카로 넓힐 절호의 기회였다. 마침 민관이 힘을 합쳐 대비한 것은 잘하는 일이다. 한국과 아프리카의 교류는 민간에만 맡겨 놓아서 될 일이 아니다.

한국과 아프리카 대륙 간 물리적 거리를 감안할 때 정부가 지속적 관심을 갖고 민간 교류를 후원하는 것이 필요하다.

다음은 아제이 방가Ajay Banga 세계은행 총재가 한국에 조언한 내용이다.[9] 한국 기업은 아프리카에서 새로운 사업 기회를 창출할 수 있다. 전력, 헬스케어, 교육사업 등 아프리카 국가들이 대부분 뒤처진 분야가 한국 기업에는 블루오션이 될 수 있다는 것이다. 그는 "아프리카에서는 6억 명이 전기를 전혀 공급받지 못한다"면서 "신재생 에너지, 스마트그리드 등이 큰 기회가 될 것이다"라고 말했다. 방가 총재는 다양한 경험과 기술력을 겸비한 한국 기업이 개도국의 성장에 기여할 수 있다고 했다. 그는 "개도국은 금융자본과 인적 자본, 기술력이 필요한데 한국의 은행과 기업은 훌륭한 인적 자본과 기술을 갖추고 있다"면서 "대기업뿐만 아니라 중소기업도 개도국 성장에 매우 유용하다"고 했다. 우리의 진정한 성장동력을 어디서 찾아야 할지 명쾌하게 제시한 조언이다.

한-아프리카 정상회의와 자원 협력 확대

2024년 6월에 서울에서 열린 '한-아프리카 정상회의'는 우선 양측 간 자원 협력에 방점을 찍었다. 우리나라와 아프리카 48개국 정상과 4개 국제기구 대표는 한-아프리카 공동선언에서 '핵심광물대화'를 발족하기로 합의했다. 윤석열 대통령도 "아프리카 주요국과 '핵심 광물 파트너십'을 구축하고 가치를 공유하는 협의체인 핵심광물안보파트너십MSP을 통해서 상호 호혜적인 자원 협력이 확대되길 바란다"고 말했다.[10]

2024년 6월에 서울에서 열린 한–아프리카 정상회의는 우리나라가 최초로 아프리카를 상대로
개최하는 다자 정상회의로, 아프리카 48개국 정상이 참석한 뜻깊은 자리였다. (《연합뉴스》 자료사진)

최근 미중 패권경쟁 등 지정학적 리스크로 글로벌 공급망의 불확실성
이 커지면서 아프리카의 역할이 크게 주목받고 있는 것이다.

아프리카 6개국과의 수교로 시작된 한–아프리카 협력은 올해로 63년
째를 맞았다. 거대한 잠재력에도 불구하고 한국의 교역과 투자에서 아프
리카가 차지하는 비중은 1~2% 수준이다. 이 때문에 윤 대통령은 "우선
교역과 투자를 획기적으로 늘려 한국과 아프리카의 경제적 거리를 좁혀
야 한다"고 제언했다. 기업들이 원활히 교역과 투자 활동에 나설 수 있도
록 경제동반자협정EPA, 무역투자촉진프레임워크TIPF를 체결해 제도적
기반부터 다지자는 것이다. 윤 대통령은 아울러 기후변화 해결을 위한
원전, 태양광, 수소 같은 무탄소에너지CFE로의 전환에서 시공 능력과 운

영 노하우를 보유한 한국 기업과 아프리카 간 협력 확대도 기대했다.

이번 정상회의에서 한국은 상호 교역과 투자 확대 기반 구축을 위해 아프리카 국가 중 처음으로 탄자니아와 EPA 협상 개시를 선언했다. 그리고 가나, 말라위, 코트디부아르, 짐바브웨, 시에라리온 등 8개국과는 TIPF를 체결했다.

탄자니아, 마다가스카르와 핵심 광물 양해각서MOU를 체결했다. '한-아프리카 핵심광물대화'가 출범한 것은 전기차, 배터리, 신재생에너지 같은 미래 산업 발전에 쓰이는 광물 자원을 겨냥한 것으로 평가된다. 인프라·농업·보건 분야의 MOU도 각각 체결되었다. 정부는 2030년까지 140억 달러(약 18조 8,000억 원)의 수출금융을 통해 한국 기업의 아프리카 진출을 적극 지원하고 대외경제협력기금EDCF을 포함한 공적개발원조ODA도 100억 달러까지 늘리기로 했다.[11]

이웃 일본은 아프리카와 다자 협력 역사가 30년이 넘는다. 1993년 도쿄아프리카개발국제회의TICAD를 시작으로 꾸준히 아프리카와 일본에서 만남을 지속하고 있다. 지속적으로 진행되는 TICAD는 우리나라의 아프리카 외교, 특히 이번 한-아프리카 정상외교에 시사하는 바가 있다. TICAD는 시간이 흐를수록 일본과 아프리카 정책의 단단한 중심축 역할을 하고 있다. TICAD라는 지속성 있는 플랫폼을 통해 일본 외교는 아프리카 외교에 대한 방향을 공유하고 지속한다. 통일된 큰 틀에서 그러나 다양한 분야에서 아프리카와 일본의 약속이 이루어지고, 그 다양한 약속이 실현되고 검증되며, 새로운 단계로 발전한다. 아프리카

외교를 선거가 지나면 바뀌는 외교 방향 혹은 정치가 아니라 지속적인 외교의 정당성으로 구현한다.[12]

한편 중국은 2000년부터 3년마다 중국-아프리카협력포럼[FOCAC]을 개최하고 올해 9번째를 맞았다. 미국은 2014년 정상회담 이후 2022년 8년 만에 미국-아프리카 정상회의를 열었다. 러시아는 2019년과 2023년 러시아-아프리카 정상회의를 개최했다. 인도는 2023년 1월 아시아와 아프리카의 개도국이 참여하는 글로벌사우스정상회의[VOGSS]를 주최하고 아프리카 48개국을 초청했다.[13]

세계는 아프리카를 놓고 각축 중이다. 유럽연합[EU]은 오랜 관계와 지리적 이점을 기반으로 아프리카 무역의 26%를 차지하는 최대 파트너다. 중국은 대규모 원조를 앞세워 2030년까지 유럽을 제치겠다는 목표로 대對아프리카 수출을 키워가고 있다.[14]

우리는 이제 첫발을 뗐다고 할 수 있다. 아프리카는 5대양 6대주 가운데 아시아 다음으로 큰 대륙이다. 광대한 아프리카에 단지 광물만으로 접근해선 안 된다. 그 역사와 문화를 알아야 진짜 친구가 될 수 있다. 친구끼리는 나눌 수 있다. 광물은 저절로 따라올 것이다. 아프리카 나라들과 한국은 동병상련의 피식민지 역사를 공유하고 있다. 과거 식민지배 국가였던 일본, 중국, 미국 등과 비교할 때 이 점이 우리의 장점이다. 정서적으로 훨씬 더 어필할 수 있는 면이 큰 것이다.

다만 어느 신문 칼럼에서 얘기했듯이 탄자니아처럼 정치적으로 안정된 나라를 중심으로 접점을 넓히는 것이 현실적이다. 아울러 민간 기업 현대, 롯데 등이 아프리카 사업을 확장할 때 우리의 시야 또한 넓어질 것이다. 한국철도공사, 한국도로공사도 사업을 추진 중이다. 농업의 경우

가나에서부터 라이스벨트(벼농사 재배지)로 이어지는 협력 분야가 있다. 아프리카는 정말 우리에게 미래의 땅이다. 가슴을 뛰게 하는 곳이다.

김명희 KOTRA 아프리카 본부장은 "우리 기업들은 아프리카 대륙에 무조건 와서 최소한 현지에 시장이 형성돼 있는지라도 알아봐야 한다"면서 "백문이 불여일견이라고 기업들이 아프리카에 와 보면 생각이 달라질 것"이라고 말했다. 김 본부장은 2022년 12월 초 〈연합뉴스〉와 인터뷰에서 이같이 말했다. 그는 KOTRA 60년 역사상 첫 여성 지역 본부장이다. 그는 "아프리카는 우리 기업도 살고 경제개발이 절실한 현지인도 살리는 윈윈의 장소"라고 소개했다. 그러면서 중국이나 유럽 기업들과 비교해 한국 기업은 현지에 기술적 노하우를 잘 전수하고 한국 초청 행사를 워낙 조직적으로 잘해서 방문하는 아프리카인을 친한파로 만드는 장점을 갖고 있다고 평가했다.

그는 일례로 과거 자신이 근무하던 북아프리카 알제리 수도 알제에서 복합화력발전소 6기 신설 공사 입찰 중 5개를 한국 업체들이 따내면서 중국 업체를 제쳤다고 전했다. 그는 "대륙 내 자유무역협정 AfCFTA까지 이미 발효한 아프리카는 블랙다이아몬드라는 신흥 흑인 중산층이 두꺼워지고 있다. 미래의 세계 최대 시장으로서 제조업 현지 진출도 유망하다"면서 "지난 팬데믹 시기 공급망 혼란을 겪은 한국 기업들이 앞으로 자원 등 공급망 다변화 차원에서라도 충분히 도전해 볼 만한 기회의 땅"이라고 강조했다. 한국 기업 단독으로는 아직 아프리카 경험이 일천한 만큼 유럽 기업 등과 협업해 사업을 시작하는 것도 좋다고 덧붙였다.

한국은 최근 일본과 사이가 나쁘지 않고 재외국민 위기 시 상호 구조 협력까지 추진하는 만큼 아프리카 진출도 함께 모색할 수 있다. 실제로 해외 취재 시 일본 기자들의 도움을 받은 경우도 종종 있다. 아무래도 나라 밖에 나가 보면 같은 동북아 국가 중에서도 일본 출신과 서로 얘기하기가 편할 때가 있다.

과거 특파원으로 있을 때 남아공 외에 다른 아프리카 나라들은 그리 많이 돌지 못했다. 특히 빅토리아폭포가 있는 짐바브웨나 바오밥나무의 나라 마다가스카르를 못 간 것이 많이 아쉽다. 한국에 들어와 보니 사실상 코로나19(신종 코로나바이러스 감염증) 유행이 끝난 엔데믹 시대에 여행 프로그램이 봇물같이 쏟아지고 있었다. 그 가운데 아프리카를 여행하는 TV 프로그램이나 유튜브 영상을 보면 '아, 내가 갔어야 했는데…'라는 아쉬운 마음이 든다.

아프리카 나라들을 50개국 이상 돈 일본 NHK 방송 특파원은 그런 면에서 대단하다. 팬데믹 이전부터 활발히 다녔다고 했지만, 마땅히 존경할 만하다. 그는 3년 근무를 하고 또 연장한 상태였다. 러시아-우크라이나 전쟁이 터지자 현장으로 가기도 했다. 관할 지역을 아프리카에만 한정하지 않았다. 사실 그는 워싱턴 특파원까지 이미 거친 베테랑이었다. 나중에는 NHK 영어방송 앵커까지 하는 걸 봤다. 가족은 도쿄에 있고 남아공 현지에서는 홀로 생활했다. 대단한 자기 관리가 아닐 수 없다. 남아프리카 말라위의 경우 전직 현지 교민 회장의 얘기를 들어 보면 일본의 NGO 진출이 활발하다고 한다.

그러나 일본 사람이 아무리 살갑게 대해도 동포처럼 가까이하기에 한계는 분명히 있다. 일본 사람끼리 어울리고 한국 사람을 끼워 줄 때 겉으로는 환영하는 듯해도 결정적일 때 거리를 둘 수 있다. 거꾸로 일본 사람이 한국 사람들을 대할 때 비슷한 소외감을 느낄 수 있다. 그래서 동포가 다른 것이다. 한국인끼리는 해외에서 사기를 잘 친다고 해서 잘 믿지 못하는 풍조가 있는 것이 사실이다. 하지만 결국 동포만큼 이해하고 살갑게 대해 주는 사이도 없다. 상대를 잘 분별해서 현지 교민들과 동포애를 나누는 것이 바람직하다.

한-아프리카 정상회의 이후 한국 기업들의 수주 소식도 들려온다. 현대자동차그룹의 소프트웨어 전문 계열사 현대오토에버가 아프리카 신흥국의 대형 치안시스템 구축사업을 잇달아 수주했다.[15] ICT 업계에 따르면 현대오토에버는 2024년 6월 앙골라와 890억 원 규모의 치안 강화 사업 계약을 체결했다. 현대오토에버는 이번 계약을 통해 앙골라 수도 루안다와 인근 지역에 치안 인프라를 구축한다.

한국의 '112 치안종합상황실'과 유사한 시스템을 루안다에 구축하며 CCTV, 광통신망을 포함한 기반 설비와 지방 경찰청 상황실 5개소 등을 설치할 예정이다. 앙골라에서 약 2년으로 예상되는 사업이 마무리되면 범죄와 관련한 유기적 신고 체계가 갖춰지면서 치안 여건이 개선될 것으로 회사는 기대했다. 아프리카 남서부 앙골라는 석유, 가스, 다이아몬드, 철광석 등 천연자원이 풍부하고 2017년 민주 선거를 통해 집권한 주앙 로렌수 대통령이 경제발전 정책과 인프라 정비 작업에 속도를 내고 있다.

앞서 현대오토에버는 2023년 9월 1,054억 원 규모의 모잠비크 공공 안전관리시스템 구축사업을 수주했다. 2025년까지 이어질 사업에는 범죄 예방과 재난 관리를 위한 국가통합관제센터 및 지역관제센터 설립, 공공안전관리시스템 및 CCTV 관제시스템 구축 등이 포함된다.

아프리카 남동부에 있는 모잠비크는 천연가스, 흑연 등 자원을 바탕으로 경제가 꾸준히 성장하고 있다. 이로써 지난 1년 사이 현대오토에 버가 모잠비크, 앙골라로부터 각각 수주한 치안시스템 구축사업의 누적 금액은 1,944억 원에 달한다. 두 사업은 모두 ODA의 일환인 EDCF 유상 차관으로 진행된다.

과거 남아공에서 도로 속도감시 카메라 설치사업을 교민이 수주해 막대한 수익을 거뒀다고 한다. K-치안 기술과 노하우가 남아프리카에 이식되는 것도 흥미로운 부분이다. 특파원으로 있을 때 남아공의 한 경찰 관련 TV 프로그램에서 전산 시스템을 업데이트하는 데 한국 것으로 했다는 얘기가 나왔다. IT 부문에서 남아공이 한국의 실력을 인정하는 것이라고 풀이했다.

마침 한-아프리카 정상회의를 계기로 국내 기업들의 아프리카 인프라 투자도 활기를 띠고 있다. 한국철도공사(코레일)는 2024년 9월 10일 탄자니아철도공사와 중앙선표준궤프로젝트SGR 운영·유지보수, 철도연수센터 건립, 협궤철도MGR 개량 등 탄자니아 철도 인프라 개발사업의 참여 방안, 기술지원 등 주요 사안에 대해 심도 있게 논의했다. 코레일은 앞서 2024년 7월 탄자니아 현지에서 '한-탄 철도공사 간 상호협력을 위한 업무협약'을 체결하는 등 아프리카 철도 인프라 개발에 힘쓰고 있다.

신동빈 롯데그룹 회장은 2024년 10월 초 롯데웰푸드(옛 롯데제과)의 초콜릿 제품 원료를 수입하는 아프리카 가나 협력사 방문을 위해 출국했다.[16] 롯데제품 가나초콜릿은 가나에서 코코아 전량을 수입해 만든다. 롯데가 1964년 일본에서 먼저 선보인 가나초콜릿은 2024년 60주년을 맞았다. 2025년에는 한국 출시 50주년을 맞는다. 신 회장의 아프리카 방문은 글로벌 식품사업 확대를 위한 해외 현장 경영의 하나이다. 신 회장은 가나 정부에 초콜릿 원료인 코코아 묘목 13만 그루를 기증하기도 했다.

그런가 하면 LG전자와 한화오션은 아프리카 물류 네트워크 개발 사업을 위해 앙골라 현지 점검에 나섰다. 포스코는 탄자니아, 남아공 등에서 광물사업을 하고 있다. 한-아프리카 정상회의는 포괄적 경제협력의 기틀을 마련했다는 데 의미가 크다. 손승우 한국지식재산연구원장에 따르면 한국은 세계 최고의 지식재산IP 시스템을 보유한 국가다. 공적개발원조ODA를 아프리카에 제공할 때 우리의 특허 심사 시스템과 교육 노하우 전수가 안성맞춤이다. 우리의 아프리카 ODA는 교통·보건·농업 등을 망라하지만, 그동안 아프리카 IP 분야 지원은 우간다 태양광 스마트제어 곡물 건조기 개발, 에티오피아 양봉 기술 현대화 등 적정기술 개발과 차드 건망고, 가나 벌꿀 브랜드 개발과 같은 단발성에 머물렀다. 이제 한-아프리카 협력을 IP 인프라와 같은 근본적 지원으로 전환해야 한다.[17]

외교부는 10월 25일 '한-아프리카 정상회의'의 후속 조치 이행을 위한 '범정부 경제협력 TF'를 공식 발족했다고 밝혔다. TF 단장인 정병원 차관보 주재로 이날 열린 제 1차 전체회의에는 외교부·기재부·산업부·국토부·관세청·포스코인터내셔널·대우건설 관계자가 참석해 경제 분야 사업의 이행 상황을 점검하고 향후 계획을 논의했다. TF는 교역 및 투자·에너지팀, 핵심광물팀, 개발금융팀, 인프라팀으로 구성됐다. 주기적으로 팀별 혹은 전체 회의를 열어 후속 조치 이행 상황을 점검할 예정이다.

이번 회의에는 아프리카에서 활동 중인 포스코인터내셔널, 대우건설 등 우리 기업을 초청하여 민관협력 방안을 모색했다. 포스코인터내셔널은 탄자니아 마헹게 흑연광산에 지분투자를 통해 핵심광물 공급망 다변화를 모색하고 있으며, 대우건설은 나이지리아, 리비아, 모잠비크 등 아프리카에서 수백 건의 사업을 수행해 오고 있다고 그간 활동을 설명했다. 특히 이들은 우리 기업들이 아프리카에서 안정적으로 활동하고, 수주 경쟁력을 확보할 수 있도록 정부의 지속적 관심과 지원을 요청했다.[18]

아프리카 'K-라이스벨트' 14개국으로 확대

아프리카가 복합적 농업 위기를 겪고 있는 것은 사실이다. 세계 다른 곳처럼 기후변화로 극심한 가뭄과 홍수가 빈발한다. 토양은 척박하고, 간단한 농기계나 농사지을 종자나 비료조차 구하기 힘들다. 수많은 아이가 영양실조에 시달리는 장면과 14억 6,000만 명의 아프리카 인구가 2050년에는 23억 명까지 늘어난다는 전망치가 겹친다. 인류의 발상지 아프리카는 분명 심각한 식량안보 위기 속에 빠져 있다.[19]

한국은 아프리카 농업 위기를 해소하는 데 한몫하기로 했다. 한-아프리카 정상회의를 계기로 마다가스카르, 말라위, 앙골라, 짐바브웨 등 4개국이 MOU를 체결함으로써 K-라이스벨트 참여국이 14개국으로 확대되었다. 농식품부에 따르면 지난해 시작한 K-라이스벨트 사업은 쌀 생산 부족으로 어려움을 겪는 아프리카 국가에 벼 종자 생산단지를 조성하고 수확량이 높은 벼 종자를 생산해 농가에 보급하는 ODA 사업이다. 사업 첫해 아프리카 6개국에서 고품질 다수확 벼 종자 2,321t을 수확하는 성과를 거두었다. 이는 당초 목표인 2,040t을 웃돈다.

농식품부는 오는 2027년부터 벼 종자를 연간 1만 t 생산해 아프리카 대륙 인구 3,000만 명에게 안정적으로 식량을 공급하겠다는 목표를 제시했다. 현재 사업 참여국은 가나, 감비아 등 10개국으로 늘었다. 안드리 라조엘리나 마다가스카르 대통령은 "한국은 K-라이스벨트로 아프리카의 식량안보에 기여하고 있다"고 평가하며 "마다가스카르도 이번 MOU 체결을 통해 쌀 생산성을 높이고 쌀 종자 보급과 영농인 역량을 강화하는 데 노력할 것"이라고 말했다. 농식품부는 코모로와는 농업 분야 정보 교류와 민관협력을 강화하기 위한 MOU를 맺었다. 또 이 자리에서 아프리카 벼 유전자원 수탁식도 진행되었다.

권재한 농촌진흥청장에 따르면, 대한민국의 K-라이스벨트 사업은 한국 정부가 아프리카 7개국에 그들의 주식인 쌀 생산의 모든 노하우를 전수하는 사업이다. 농촌진흥청뿐만 아니라 농식품부, 농어촌공사, 농촌경제연구원의 전문성을 하나로 결집하여 검은 대륙 아프리카에 녹색혁명의 씨앗을 심고 있다. 성공적으로 이루어진다면 2028년경에는 매년 3,000만 명의 인구가 기아에서 벗어날 것이라고 한다.

K-라이스벨트에 앞서 한국인 육종학자가 나이지리아 카사바 품종 개선에 혁혁한 역할을 했다. 일찍이 K-농업의 선구자 역할을 한 한상기 박사(91세)가 그 주인공이다. 그는 교수직과 옥스퍼드대 유학을 선택하는 대신 아프리카로 가서 내병성 카사바 품종 개량에 성공해 아프리카 최초의 한국인 추장으로 추대된 인물이다. 그는 아프리카 기근 해소에 일익을 담당했다.

진정한 한류는 K-팝, 그 이상이라고 생각한다. 아프리카의 생활 개선과 민주주의 발전에 기여할 때 대한민국의 진정한 한류가 인정받는 것이 아닐까.

남아공에서 '스마트 원조'의 희망을 보다

세계에서 가장 가난한 대륙 아프리카. 그곳에 국제사회 원조가 시작된 지는 수십 년이 됐지만, 밑 빠진 독에 물 붓기라는 식으로 지원에 대한 피로도 크다. 다른 한편으로 원조받는 아프리카의 자존심을 건드리지 말아야 한다. 최근 이탈리아가 8,000여 억 원의 아프리카 대륙 지원책을 일방적으로 발표하자 아프리카 나라들이 '우리가 거지냐?'며 발끈했다고 한다. 아프리카가 비록 다른 대륙에 비해 국민소득이 낮다고 해도 이제 일방적 시혜성 원조는 잘 통하지 않음을 여실히 보여 준 사례이다.

마침 남아공에서 한국의 아프리카 원조에 대한 희망을 보여 주는 현장이 있다. 2021년 8월 남아공 음푸말랑가주 부흘레영농학교에 한국 정부가 소규모 무상원조로 지원하는 트럭과 지게차 등 1억 원 상당 농기자재 5점이 전달되었다. 주남아공 한국대사관에서 마련한 이 자리는 여느 기증식과 달리 오전 11시에 시작해 점심시간을 훌쩍 넘기면서 무려 3시간 가까이 진행되었다. 보통 20~30분 사진 찍고 판에 박은 축사와 답사로 이어진 요식 행사가 아니라 연사로 나선 여러 명이 저마다 열변을 토한 것이 인상적이었다.

니코 말루레케영농학교 CEO는 농기자재 지원에 대해 "고기 잡는 법을 가르쳐 주는 게 가장 좋은 도움"이라고 말했다. 이스라엘 마실레 이사도 요즘 시대에는 손으로만 농사지을 수 없는 법이라면서 농기자재 지원이 절실하다고 말했다. 여성 농부의 꿈을 안고 학교에 입학한 지 2주 되었다는 은카미실레 크솔리 마카바네(34세) 역시 농기자재가 일하는 데 정말 많은 도움이 될 것이라고 감사했다.

2021년 8월 남아공 음푸말랑가주 부흘레영농학교에 한국 정부를 대신해
주남아공 한국대사관이 트럭과 지게차 등 1억 원 상당 농기자재 5점을 전달했다.

2000년 설립된 부흘레영농학교는 이 해에 성년기를 맞은 셈이다. 마침 한국의 트럭 등 지원으로 농산물 판매 본격 확대 등 독립에 걸맞은 수단을 갖게 되었다고 학교 관계자들은 평가했다. 박철주 당시 대사는 대사관에서 일방적으로 지원 품목을 결정한 것이 아니라 부흘레영농학교에서 원하는 것을 지원해 주었다고 말했다.

똑똑한 원조, 스마트 원조는 상대방이 가려워하는 부분을 긁어 주는 것이라는 점을 알게 해 주는 사례이다. 그래야 원조를 받는 사람도 주인 의식ownership을 갖고 일할 수 있다. 부흘레영농학교는 180ha(1.8km²) 부지 위에서 소, 양, 돼지 등을 키우며 2021년 콩 200t과 배추 수천 포기를 수확했다. 마침 이날이 파종일이라 학생 대표만 참석하고 나머지 학생들은 행사장 바로 앞에서 일하느라 여념이 없었다. 7,000명 이상의 교육생을 배출한 부흘레영농학교는 학생들을 6개월 과정으로 기숙사에서 숙식시키며 농장에서 실습 위주로 가르친다. 멀리 동아프리카 케냐에서도 이곳을 찾는다고 한다.

학교의 교육 시스템 가운데 가장 눈에 띄는 것은 졸업생들에게 지속적으로 멘토 역할을 해 주는 점이다. 시장 접근을 도와주고 특히 금융 지원과 연결해 2~3년 후 수익과 고용을 한꺼번에 창출하는 상업농으로 자립하도록 했다. 실제로 이 자리에는 스탠더드뱅크, 토지은행 관계자가 참석했다. 스탠더드뱅크 관계자는 "세계 나라마다 컬처 culture(문화)가 있지만 가장 좋은 것은 애그리컬처 agriculture(농업)"라면서 1만 랜드(79만 원)를 즉석에서 기부했다. 학교가 위치한 지역도시 델마스의 시장도 와서 비료 30포대를 기증하며 힘을 보탰다.

9학년(중학교 3학년)까지 관장하는 기초교육부와 교육부 당국자가 와서 교육과정에서 학생의 농업 인식을 바꾸겠다고 했다. 농업토지개혁지방개발부 실무 자리로 가장 높은 사무차관급은 이참에 한국과 농업협력 MOU를 곧 마무리 짓겠다고 해서 박수를 받았다. 거기에다 스와지족 왕족 음시카 응고마네, 프리토리아 주재 외교관 가운데 20년 훌쩍 넘게 주재해 외교단장을 맡고 있는 베네 음포코 콩고민주공화국 대사와 브릴레네 치충게 범아프리카식량안보 대사까지 참석해 자리를 빛냈다.

콩고민주공화국 대사는 21년 전 미국 농업기업 몬산토로부터 부지를 농업학교로 쓰도록 기증받아 산파 역할을 했다. 치충게 식량안보 대사는 여성 상업농으로 수도 프리토리아 동부에 자신의 농장을 갖고 있다면서 이번에 소 10마리를 기증하고 학교가 더 잘하면 추가로 기증하겠다는 통 큰 기부를 약속했다. 2020년 '원 One 아프리카 농업 혁신상'을 받은 그는 당초 영국에서 약학 박사학위까지 받았으나 농업에 뛰어

들어 여성 상업농으로서 롤 모델이 되었다. 이들은 한결같이 말만이 아닌 실제 '헌신committment'을 강조했다.

한 가지 눈여겨볼 것은 영농학교 학생들은 모두 토지에 대한 접근권이 있다는 것이다. 니코 말루레케영농학교 CEO에 따르면, 1996년부터 백인들이 과거 무단으로 점유한 토지를 흑인에게 불하했는데 농사짓는 기술이나 지식 없이 토지만 주었더니 상당수가 실패했다면서 훈련과 교육의 중요성을 강조했다. 아이 하나를 키우려면 온 마을이 필요하듯이 아프리카에서 농부 한 명을 제대로 키우려면 학교와 지역사회, 금융권뿐만 아니라 외교관까지 전 방위적 지원이 필요하다는 점을 이번 기증식은 잘 보여 주었다.

드넓은 대지 일구는 여성 농부의 꿈

아프리카인들이 단지 수동적으로 도움만 받는 거라고 생각하면 오산이다. 여기 주체적으로 삶을 개척해 가는 여성 농부도 있다.

남아공은 한국의 추석에 해당하는 '헤리티지데이Heritage Day'라는 휴일(9월 24일)이 있다. 일종의 민족 유산일이라고 할 수 있다. 남아공의 다양한 민족 유산을 기려 흑인들이 전통 의상을 입고 백인들은 집에서 쇠고기, 양고기 등 브라이braai(바비큐)를 해 먹는 날이기도 하다.

2021년 헤리티지데이 연휴에 프리토리아 동부 지역에서 '엘 파소'라는 상업형 농장을 운영하는 여성 농부 브릴레네 치충게 대사의 농장 부지를 방문했다. 414ha(4.14km²)의 광활한 대지 위에서 소와 닭, 토마

토, 채소 등을 재배하는 치충게 대사는 범아프리카 식량안보 대사였다. 부모는 남아공과 짐바브웨 계통이다. 영국에서 약학 박사학위를 받았지만, 남아공에서 당당한 상업농으로 활발히 활동하고 있다. 과거 백인들이 소유했던 이 유서 깊은 농장 부지는 그가 2010년에 사들였다.

그는 흑인 여성으로서 이 농장의 네 번째 주인이 돼 과거 이곳에 살던 백인들을 대거 초대해 대접할 정도로 역사적 전환을 이뤘다. 집에는 만년의 넬슨 만델라 전 남아공 대통령을 비롯해 영국의 토니 블레어·존 메이저 전 총리, 미국의 빌 클린턴·조지 W. 부시·버락 오바마 전 대통령과 찍은 사진들이 걸려 있었다. 또 잠비아 국부로 최근 타계한 케네스 카운다 초대 대통령, 에스와티니 국왕 음스와티 3세, 우후루 케냐타 케냐 대통령 등 전·현직 아프리카 지도자들의 사진이 즐비했다. 최근에 방문한 스와지족 왕족 음시카 응고마네 등의 영상도 있었다. 유명 인사로서 폭넓은 대외 행보를 하고 있다는 방증이다.

집 안은 사슴보다 훨씬 큰 쿠두의 벽걸이용 박제를 비롯해 암사자, 아프리카 검은 소, 토끼 등의 박제를 장식해 아프리카 분위기를 물씬 풍겼다. 외부의 침입에 대비해 총기도 소지하고 있었다.

농장에서는 소 344마리를 방목식으로 키웠는데, 유명 인사들뿐만 아니라 학생들도 많이 찾아왔다. 학생들이 쇠똥을 보고 코를 움켜쥐고 피하면 치충게 대사는 "그건 풀로 된 거야"라며 들어 보여 준다고 했다. 또 자신이 트랙터를 탄 모습으로 나타나면 학생들도 여성 농부가 얼마나 멋진지 감탄하면서 농업에 관심을 갖는다고 했다. 실제로 그가 찍은 영상에는 학생들이 농장을 방문하고 농업을 새롭게 보게 되었다면서 농부를 자신의 커리어(전문직업)로 하겠다는 포부를 밝히는 장면이 나왔다.

범아프리카 식량안보 대사로서 남아공에서 광활한 농장을 운영하는
브릴레네 치충게는 주체적으로 삶을 개척하는 여성 상업농의 롤 모델이다.

이날 치충게 대사 농장 방문의 하이라이트는 뜻밖에 대마초 재배 비닐하우스였다. 비닐하우스에 들어갈 때 반도체 공장 방문처럼 두 번이나 머릿수건, 신발 비닐 커버, 비닐장갑 등을 갈아 끼었다. 단일화되고 순도 높은 대마초를 복제하기 때문에 외부인의 오염 물질이 들어가면 안 된다고 했다. 관리인 숀은 의약용과 스트레스 관리제로 대마초가 곧 남아공에서도 합법화될 것이라면서 호주에 수출을 준비하고 있다고 했다.

경상북도도 2020년 안동 임하·풍산면 일원 34만여㎡를 규제자유특구로 지정하고 대마를 활용한 의료용 제품 개발에 착수했다. 2024년 4월에는 안동에 대마를 활용한 친환경 소재산업 지원센터가 준공되었다. 대마 줄기를 섬유, 자동차 등 더 다양한 산업에 활용할 수 있도록 친환경 소재 부품 개발, 시험분석, 기술 지원 등을 수행한다.

한편 대마초는 잎이 아닌 꽃을 말려서 활용한다. 변화하는 일조량과 상관없이 낮 12시간, 밤 12시간을 꼭 맞춰 줘야 꽃이 피며 암꽃만 재배해야 한다고 했다. 때문에 대마초 재배 비닐하우스 내부는 영화관처럼 깜깜하게 덮고 전등을 140여 개 달아서 조명을 조절하는 모습을 보여주었다. 일정한 온도를 유지해야 하는 만큼 전기 소모가 많아 자체 발전기 2기를 갖추는 등 자본집약적이기도 했다.

이미 이곳은 하버드대, 옥스퍼드대 등과 공동 연구를 진행할 정도로 첨단 농업 차원에 접근해 있었다. 방문 며칠 전 남아공에서 최초로 대마초 아카데미가 문을 열었고, 대마초 소비가 곧 합법화된다고 했다. 하지만 아직은 치충게 대사 농장처럼 보건당국의 허가를 받아 라이선스가 있는 16곳에서만 재배가 제한적으로 가능하다. 마약 이미지가 강했던 대마초를 합법적으로 재배하고 의료용 등으로 쓰는 점이 새롭게 다가왔다.

식량안보 대사인 치충게 대사는 한국과도 협업 의사를 밝히면서 자신의 농장 투어와 같은 남아공 농업 관광의 중요성도 일깨웠다. 그는 이날 식량안보는 바로 배를 채우는 것이라면서 남아공판 추석인 헤리티지데이를 맞아 한국 대사 내외와 교민들에게 잡채와 김치를 비롯해 여러 한국 음식을 선보였다.

아프리카는 받는 것만이 아니라 우리에게 줄 것도 갖고 있다. 아프리카는 기후변화가 밀, 쌀, 감자 등 글로벌 주식의 작황에 악영향을 미쳐 충분히 구할 수 없을 때 식탁에 오를 곡물을 다양화하는 데 도움을 줄 수 있다. 아프리카에서 들여올 수 있는 대표적 곡물은 수수, 테프(에티오피아 원산의 벼과 곡물), 포니오(서아프리카 지역 곡물) 등이다.

이들은 현지의 어려운 재배 농부들을 돕고 우리의 식탁을 더 풍성하게 할 미래 식량으로 주목된다는 분석이 뉴욕의 현직 셰프로부터 나왔다.[20] 테프 같은 경우 단백질, 섬유질, 철분, 칼슘 등 필수 영양소가 풍부하고 특히 글루텐이 없어 글루텐 알레르기 환자도 안심하고 섭취할 수 있다. 또 건조하고 척박한 환경에서도 잘 자라기 때문에 물 부족 문제가 심각한 지역에서도 재배가 가능하다. 슈퍼푸드로 떠오른 퀴노아 같은 작물이 아프리카산 곡물 중에도 있다는 얘기다.

동아프리카 경제가 아시아로 향하다

"아프리카 대륙 동부가 떨어져 나가 서남아시아 쪽으로 붙는 중국발 지각변동이 일어나고 있다."

중국을 비롯한 아시아로 세계 경제의 무게중심이 쏠리면서 동아프리카가 바다 건너 서남아시아 쪽으로 접근하고 있다는 일종의 '경제적 판구조론' 주장이 제기되었다. 큰 아프리카 대륙 중에서도 특히 동아프리카는 아시아와 긴밀한 경제적 연결 구조를 갖고 있다. 판구조론에 따르면, 약 5,500만 년 전 인도판이 아프리카 남부와 남극대륙 부근에서 떨어져 나와 유라시아대륙과 결합했다. 이와 유사하게 이제 경제적 측면에서 동아프리카가 대륙에서 분리해 아시아 방향으로 붙는다는 것이다.

남아공 회계법인 딜로이트의 이머징마켓 및 아프리카 담당 상무인 마르틴 데이비스Martin Davis 박사는 2021년 5월 주남아공 한국대사관이 현지 주재원과 교민 기업가들을 대상으로 경제중심 요하네스버그 근교의 한 호텔에서 개최한 '제1차 기업역량강화 세미나'에서 이같이 밝혔다.

연세어학당에서 한국어를 배우고 연세대 국제학대학원에서 수학한 데이비스 박사는 그 근거로 외국인직접투자FDI, 교역 등에서 동아프리카 지역이 걸프국가 등 서아시아와 인도 등 남아시아로 이동하는 추세라고 제시했다. 또 노동력도 동아프리카에서 아랍에미리트UAE 두바이, 카타르 도하, 인도 뭄바이까지 흘러간다고 했다. 실제로 사우디아라비아는 1조 원대를 아프리카 코로나19 극복에 투자하겠다고 밝히는 등 최근 수년간 걸프국가들은 아프리카에 정치·경제적 영향력을 꾸준히 확대해왔다.

그 실질적 배경에는 중국발 아시아 영향력 증대가 자리하고 있다고 데이비스 박사는 분석했다. 중국을 비롯해 한국, 일본 등이 걸프국가의 석유를 수입하고 그 페트로달러(원유 대금)로 걸프국가가 아프리카를 끌어들이는 형국이기 때문이다. 특히 중국은 2008년 이후 아프리카에서 인구가 두 번째로 많은 전략 거점국인 에티오피아에 자본을 집중적으로 투입해 전력, 철도, 도로 등 인프라를 대거 확충했다. 다른 아프리카 나라도 사정은 마찬가지로 정부청사 건립까지 중국이 지원했다.

실제로 2024년 9월 중국 베이징에서 열린 중국-아프리카 정상회의에서 케냐 대통령과 다른 아프리카 정상들이 시진핑 중국 국가주석과 마주해 경제협력 등을 논의했다. 시 주석은 마치 중국의 지방정부 성장들을 대하는 듯한 인상을 주었다. 그가 말하면 다른 아프리카 정상들은 받아 적었다. 중국의 막강한 대아프리카 영향력을 엿볼 수 있는 장면이다.

중국은 아프리카 국가들과의 관계를 전략적 관계로 격상시키는 한편 67조 원대 원조를 약속했다. 중국이 아프리카 국가에 지난 10여 년간 차관을 제공함으로써 가난한 국가들을 '부채 함정'에 빠뜨리고, 이를 이용해 구리·금·리튬·희토류 등 자원과 주요 인프라 등을 장악한다는 서방 진영의 비판에도 불구하고 적극적으로 '돈 보따리'를 풀겠다는 계획을 내놓았다.

시진핑 주석은 군사협력도 언급했다. 그는 "아프리카에 10억 위안(약 1,900억 원) 규모의 무상 군사 원조를 하고, 군인 6,000명과 경찰·법 집행 인력 1,000명에게 훈련을 제공하며, 젊은 장교 500명을 중국으로 초청할 것"이라면서 "양측은 합동 훈련·순찰과 '지뢰 없는 아프리카 행동'

을 수행할 것"이라고 했다. 아울러 "중국은 자발적으로 일방적 시장 개방을 할 의향이 있고, 아프리카 33개국을 포함해 중국과 수교한 최빈개도국LDC에 100% 무관세 혜택을 부여하기로 결정했다"면서 "(중국은) 이런 조치를 실시하는 첫 개발도상 대국이자 세계 주요 경제체가 되고, 중국 시장이 아프리카에 큰 기회가 되도록 추진할 것"이라고 했다.

시 주석은 중국이 아프리카에서 30개의 인프라 연결 프로젝트를 수행해 '일대일로一帶一路'(중국-중앙아시아-유럽을 연결하는 육상·해상 실크로드) 사업을 확장하는 한편 육상과 해상 연동을 통해 중국-아프리카 상호 연결 네트워크를 발전시키겠다는 구상을 내놓았다. 그는 아프리카에 중국-아프리카 병원 연맹을 세우고 의료진 2,000명을 파견해 20개 공중 보건·말라리아 대응 프로젝트를 실시한다는 계획도 발표했다. 핵기술의 평화적 이용을 위한 포럼 설립, 위성 원격 탐지나 달·심우주 탐사 같은 과학 협력, 중국 기업 투자를 통한 아프리카 일자리 100만 개 창출 등의 방침도 언급했다.[21] 시 주석은 중국과 아프리카 인구를 합치면 세계 인구의 3분의 1이나 된다면서 양측이 운명 공동체로서 아프리카의 현대화에 기여할 뜻임을 밝히기도 했다.

실제로 아프리카 청년들은 세계 각국 중에서 미국이 아닌 중국을 가장 긍정적으로 바라보는 것으로 나타났다.[22] 이치코위츠가족재단이 2024년 1월부터 두 달간 아프리카 16개국에서 18~24세 5,604명을 대상으로 설문조사를 실시한 결과, 82%가 아프리카에 대한 중국의 영향력을 긍정적으로 바라보는 것으로 나타났다. 이에 비해 미국과 EU의 영향력을 긍정적으로 평가한 응답은 각각 79%와 73%였다.

이치코위츠가족재단은 중국산 제품의 합리적 가격과 중국의 인프라 투자가 중국에 대한 인식을 긍정적으로 이끈 요인으로 조사되었다고 밝혔다. 미국은 대출과 경제적 지원 제공이 긍정적 평가를 받았다고 설명했다. 미국을 비롯한 서방 국가들은 중국의 영향력 확대에 자극을 받아 풍부한 광물 매장량과 젊고 성장하는 소비시장, 유엔에서 54표를 가진 아프리카에 다시 공을 들이고 있으나 중국을 넘어서지 못했다. 미국은 콩고민주공화국 구리벨트에서 앙골라 로비토항까지 연결하는 철도 복원을 지원했으며, 아프리카 성장 및 기회에 관한 법률을 통해 여러 아프리카 국가에 면세혜택을 부여했다. 한편 중국은 다수의 아프리카 국가에서 발전소와 댐, 도로에 이르는 인프라를 구축했다. 러시아의 경우, 관계 개선 노력에도 우크라이나와의 전쟁 등이 부정적으로 작용하면서 부정적으로 평가한 응답이 30%로 2년 전 조사 때보다 7%p 증가했다.

한편 자신들의 국가가 옳은 방향으로 가고 있다는 응답은 전체의 37%에 불과했으나, 2년 전 조사 때의 31%보다는 늘어났다. 르완다와 코트디부아르, 탄자니아 청년들이 국가의 미래에 가장 낙관적이었으며 나이지리아와 카메룬 청년들은 가장 비관적인 것으로 나타났다. 통치 형태로 민주주의를 지지한다는 응답은 69%로, 2년 전 조사 때의 76%보다 7%p나 줄어들었다. 남아프리카공화국과 나이지리아, 카메룬, 케냐 청년들은 일자리 부족에 가장 큰 우려를 나타냈다. 아프리카 전체적으로는 정부의 부패 척결이 최우선 과제로 꼽혔다.

데이비스 박사는 "중국 GDP는 2009년에 비해 2배로 성장했다"면서 자원집약형인 중국의 성장 덕분에 원자재 슈퍼사이클이 형성되고 자원 공급원인 아프리카도 그에 연동해 성장하는 사이클을 보였다고 설명했다. 그는 AfCFTA가 출범했지만, 동아프리카와 서아프리카의 인적 교류가 별로 없고 북아프리카와 남아프리카 사이에도 교류가 별로 없는 상황인 데다가 각국의 협정 이행 능력도 의문시된다면서 큰 효과를 기대하기 어렵다는 현실적 입장을 개진했다.

대륙 전체가 고원 형태인 아프리카는 이전부터 강, 사막, 정글 등으로 이동이 어려운 것으로 알려졌다. 재미있는 점은 아프리카 전체를 아우르는 AfCFTA가 출범하기 전부터 남아프리카, 서아프리카, 동아프리카 등 지역 단위 경제협력은 그럭저럭 협의체를 이용해 운용되어 왔다는 점이다. 아프리카 전체를 아우르는 FTA가 해결해야 할 과제는 서로 다른 발달 수준의 경제권역을 잘 묶는 것이라고 하겠다.

데이비스 박사는 오히려 중국에서 끌어당기는 힘과 수요에 따른 아시아와 동아프리카 간 통합이 더 적실하다고 말했다. 미중 간 경제 패권 힘겨루기가 한창인 요즘 중국의 흡인력과 그 영향권이 어디인지 가늠해 볼 수 있는 한 잣대가 아프리카와 중국 간 경제협력이라 할 수 있다. 그는 자신도 개인적으로 아내가 인도계 무슬림 남아공 사람이라고 소개했다. 남아공에는 남동부 항구도시 더반 등을 중심으로 여러 인도계 디아스포라가 형성되어 있다. 데이비스 박사는 비즈니스에서는 무엇보다 사람들 간의 신뢰가 중요하다면서 화교들이 동남아에서 활동하면서 중국과 밀접한 관계를 맺고 있는 점을 예로 들었다.

그는 중국이 아프리카에 갖는 막대한 영향력과 관련해, 남아공 경제정책의 중심도 사실상 행정수도 프리토리아가 아닌 중국 수도 베이징에 있다고까지 말했다. 남아공 수출의 60%는 광물 등 원자재가 차지한다. 이어 남아공 실질 GDP가 코로나 팬데믹 이전인 2019년 수준까지 회복하려면 2024년이나 돼야 할 것이라면서 당면한 구조적 개혁을 달성하지 않는 한 개도국으로서 이례적 저성장 기조를 탈피하지 못할 것이라고 우려했다. 그러면서 1997년 외환위기 당시 한국인의 자발적 '금 모으기' 등으로 상징되는 자본 확충과 구조조정을 높이 평가했다.

이날 오전 30여 명의 주재원, 한인회 및 한상 관계자 등이 참석한 세미나는 조금 쌀쌀한 5월 하순의 늦가을 날씨에도 환기를 위해 창문을 간혹 열면서 진행되었다. 대사관 측은 코로나19로 인해 세미나 장소도 번잡한 시내 호텔이 아니라 세계문화유산인 '인류의 요람Cradle of Humankind' 주변의 한적한 곳에 잡았다. 점심 식사도 실외가 바로 보이는 공간의 데크 위에서 진행되었다. 자연 속에 있는 이런 부티크 형태의 호텔이 남아공에는 많다고 한다. 구내 이동 거리가 좀 돼 골프 카트로 손님들을 실어 나르기도 했다. 세미나실도 빌딩에 있지 않고 그냥 단층인 점이 인상적이었다.

세미나를 통해 재미있게 인식한 것은 동아프리카가 사우디 등 아라비아반도, 중국 등 아시아 대륙과 연결된다는 점이다. 이전의 현생 인류 사피엔스 확산에 뒤이어 재차 합쳐진다는 점이 흥미로웠다. 과거 판구조론에서 원심력 때문에 물리적으로 아시아 대륙이 떨어져 나갔다면, 이제는 중국발 경제적 구심력이 작용해 동아프리카를 끌어당기는 형국이라는 것이다.

대한민국도 아프리카의 마음을 얻을 수 있다. 식민지배와 군사독재, 민주화, 선진국 도약 등 드라마틱한 대한민국의 여정은 아프리카에 영감을 주는 원천이 될 수 있다.

아프리카에 투자할 수 있을까?

국내 주식 투자자가 해외 투자를 기준으로 서학개미니 동학개미니 하는 식으로 불리는 것이 재미있다. 아프리카에 투자하는 아학阿學개미는 아직 출현하지 않은 듯하다.

주식 투자란 기업의 미래 성장 가치에 투자하는 것이라고 보았을 때 아프리카를 먼저 경험하고 그 미래를 낙관하는 사람으로서 이와 관련해 투자해 보는 것도 마땅하다. 그래서 개인적으로 남아공에 미리 투자하는 셈치고 주식 투자를 했었다. 비록 수익을 못 거두고 특파원 임기가 끝나는 바람에 중단했지만 말이다. 물질이 있는 곳에 마음도 있다. 그리 거액은 아니지만 투자해 놓으니 남아공 경제 등에 더욱 관심이 가고 기사 작성에도 더 열의를 담게 되었다.

남아공을 갔다 와서 국내 증권사 한 곳에 아프리카 투자를 문의했다. 직원은 피식 웃더니 "미국, 일본은 투자 대상인데, 아프리카는 좀 … "이라고 말했다. 하지만 미국에 상장된 아프리카 상장지수펀드ETF의 수익률이 2024년 들어서 꾸준히 오름세를 타고 있다.[23] 아프리카 ETF 수익률이 나스닥지수 상승률(18%)을 넘어섰다. 남아공 기업에 투자하는 ETF 수익률도 14.15%를 기록했다. 이는 정치적 안정, 월드컵 개최 등 아프리카 주요 국가에서 증시 호재가 이어졌기 때문인 것으로 분석된다.

아프리카는 글로벌사우스(주로 남반구에 위치한 개도국 및 신흥국)에 속한다. 특히 남아공은 아프리카의 선두주자 중 하나다. 최근 중국이 브릭스BRICS(브라질, 러시아, 인도, 중국, 남아공 등 신흥 경제 5개국)를 좌

지우지하려 하자 인도를 중심으로 글로벌사우스가 부상하고 있다. 그 중에서도 남아공의 리더십을 눈여겨볼 필요가 있다. 외교적으로 남아공은 인도와 비슷하게 '미국·서방 대 중국·러시아' 대결 구도에서 비교적 중립적 입장을 취한다. 다만 러시아-우크라이나 전쟁에서 보듯이 러시아에 대한 역사적 유대감과 친근감은 어쩔 수 없다고 보인다.

남아공은 브릭스의 일원이다. 또한 '찐real' 아프리카라고 할 수 있는 사하라 이남 아프리카의 관문이다. 2023년 8월 브릭스 회의를 개최하면서 인도와 중국, 브라질 정상들을 참석하도록 유도했다. 브릭스는 남아공 요하네스버그 회동을 계기로 회원국 문호를 사우디아라비아와 이란, UAE, 아르헨티나, 이집트, 에티오피아 등 6개국으로 넓혔다. 2010년 남아공 가입 이후 두 번째 외연 확장으로 이로써 브릭스 회원국은 총 11개국으로 늘어났다. 아르헨티나는 추후 가입을 철회했고 사우디는 아직 공식 가입을 선언하지 않고 있다.

남아공은 나름대로 자국이 국제 외교 무대의 당당한 주요 플레이어이자 지역 강국이라고 생각한다. 또한 만델라로 상징되듯이 인류사에서 자유와 인권 신장에 크게 기여했다는 자부심을 갖고 있다. 자기 나라 전력 사정도 제대로 해결 못하고 국민들을 잘 먹이지도 못하면서 외교 무대에서 큰 중재자 역할을 내세우는 것은 일면 모순적으로 보일 수도 있다. 하지만 남아공은 분명 외교적 저력이 있는 나라다. 최근 북한이 중국, 러시아와 밀착하면서 브릭스 국가들에 우호적인 기사들을 쏟아내는 것도 재미있는 대목이다.

남아공 등 아프리카 국가들은 미중 패권 경쟁 틈바구니에서 태평양 섬나라들과 비슷한 입장이다. 어느 한편에 서기보다 자국 입장에서 유리한 쪽을 지지한다. 눈여겨볼 것은 남아공의 팔레스타인 지지다. 남아공은 2023년 말 이스라엘의 가자지구 전쟁 중 잔학 행위를 유엔국제사법재판소[ICJ]에 대량학살 혐의로 제소하는 절차를 시작할 정도로 친팔레스타인 입장을 분명히 하고 있다. 남아공이 팔레스타인과 강한 유대를 표명하는 이유는 백인 정부의 인종분리 정책에 맞서 싸울 때부터 맺은 깊은 연대의식 때문이기도 하다. 남아공 내에서 팔레스타인 대사의 입김은 다른 어느 나라 대사보다도 세다고 들었다.

또한 남아공은 이스라엘의 팔레스타인 분리차별 정책을 인종차별 정책이라는 맥락에서 비판하며 강한 목소리를 내고 있다. 인권을 옹호하는 서구 국가도 이스라엘에 함부로 못하는 것을 대차게 해내는 뚝심을 보여 준 것이다. 글로벌 미디어가 이를 조명하기도 했다. 이 점에서 남아공은 외교 대국을 자처하고 또 그런 면을 실제로 보여 준다고 할 수 있다.

선진국 일원으로서 한반도 안정과 평화를 위해 외교의 지평을 넓혀야 하는 한국이 유념해서 볼 대목이다. 우리나라는 그동안 중국의 눈치를 보느라 달라이 라마 문제나 중국 인권 문제에 대해 제대로 얘기를 못 했다는 지적을 받았다.

남아공 외교와 아프리카 방식

남아공 외교를 좀 더 면밀히 살펴볼 필요가 있다. 우선 남아공 외교는 다원적이다.

2023년 6월 하순 블라디미르 푸틴Vladimir Putin 러시아 대통령이 프리고진 와그너 용병그룹의 군사반란 때문에 크게 흔들렸을 때도 날레디 판도르 남아공 외무장관은 러시아에 대한 남아공의 입장이 크게 바뀌지 않을 것이라고 시사했다. 러시아-우크라이나 전쟁이 일어났을 때 서방과 한국은 러시아를 규탄했다. 그러나 남아공은 그러지 않았다. 처음에는 얼른 이해가 안 되었다. 제2차 세계대전 이후 획정된 국경을 침범해 국제사회 질서를 러시아가 깨뜨린 것이 분명한데 말이다.

남아공을 비롯한 여러 아프리카 국가들은 냉전 시기 반식민주의 전선을 후원해 준 구소련의 은혜를 잊지 않고 있었다. 그 후신인 러시아에 대한 역사적·정서적 연대가 쉽게 가시지 않는 것이다. 특히 남아공의 경우 반아파르트헤이트 투쟁에서 미국과 영국 등이 도움을 주지 않았을 때 구소련으로부터 받은 지원을 잊지 않고 있다.

남아공에서 미국의 존재를 무시하지 못하지만 그렇다고 한국처럼 무턱대고 추종하는 분위기는 아니다. 미국의 존재감은 아프리카에서 상대적으로 높은 편이 아니다. 아프리카가 유럽의 텃밭이었던 측면도 있지만, 미국이라면 사족을 못 쓰는 시절은 이미 지났다.

남아공과 러시아의 관계는 끈끈하다. 라마포사Cyril Ramaphosa 남아공 대통령은 우크라이나 침공 이후에도 대화를 통한 해결책을 제의하면서 러시아에 대한 국제사회의 제재에 동참하길 거부했다. 다른 여러 아프리카 나라도 마찬가지였다. 서방 주도의 대러시아 제재에 동참하지 않는 국가가 120개국에 달한다. 그러나 최근 러시아가 흑해 곡물협정 연장에 들어가지 않은 데서 보듯이 러시아는 아프리카의 고통에 무관심한 듯하다. 러시아 용병 와그너 그룹이 철수하면서 중앙아프리카공화국 등에서 안보 공백까지 제기되는 실정이다.

한편 남아공이 이스라엘에 맞서 ICJ에서 이처럼 목소리를 높일 수 있는 것은 흑백차별정책을 극복해낸 도덕적 정당성이 뒷받침되기 때문이다. 한국도 남북 화해를 이룰 때 다른 분쟁·갈등국 간에 중재자로서 당당히 설 수 있을 것이다. 북한은 현재 남북 간 민족관계를 여느 다른 나라에 준하는 일반관계로 전환시키는 시점에 있다. 심지어 헌법 개정을 통해 남북관계를 적대관계로 규정한 듯하다. 국내에서도 정치권을 중심으로 통일하지 말자는 얘기가 나와 논란이 되고 있다. 사실 당장 통일을 하면 혼란도 클 것이고 남북 간 경제적 격차를 고려할 때 한국 국민이 쉽게 이를 소화할 수 있을지도 의문이다. 하지만 남북 화해와 궁극적 통일은 우리가 포기할 수 없는 민족적·국가적 대의명분이다. 따라서 남북관계는 긴 호흡과 넓은 시야를 가지고 지혜롭게 대처하는 자세가 중요하다.

남북관계에 유연하게 대처할 필요가 있다. 현재의 국경선이 영원불변할 수 없다는 점은 역사에서나 현실에서 확인할 수 있기 때문이다. 동아프리카 에티오피아가 2024년 1월 소말릴란드와 협력관계를 텄다. 그동안 소말릴란드는 1991년 이후 소말리아에서 독립을 추구하는 반半자치지역 수준으로 대만 등 극소수로부터만 나라로 인정을 받았다. 대만도 국제사회에서 공식적 국가 인정을 못 받고 있다. 그러나 에티오피아가 이번에 정식 국가로서 인정하고 수교까지 나갈 길을 터서 독립국가로서 큰 우군을 얻게 되었다. 내륙국가인 에티오피아는 소말릴란드를 통해 홍해로 나가는 항구를 얻고자 하여 양측 간 이해관계가 맞아떨어진 것이다. 소말리아는 당연히 크게 반발했다. 그러나 준내전으로 스스로 분열돼 있는 나라로서 이를 제지할 마땅한 수단이 없는 상황이다. 이는 당장 러시아-우크라이나 전쟁, 이스라엘-팔레스타인 전쟁과 같은 여파를 국제사회에 몰고 오지 않을 것이다. 하지만 제2차 세계대전 이후 운영돼온 국경선을 또 하나 변개시키는 중대한 이정표가 될 것으로 보인다.

고질적 내전 상황이 있지만 아프리카는 나름대로 서구의 잣대에 상관없이 주체적 입장에서 러시아-우크라이나 전쟁의 중재를 시도했다. 물론 우크라이나와 러시아가 그 중재를 받아들이지 않았지만 말이다. 여기서 분쟁 당사자인 우크라이나와 러시아도 아프리카를 향해 무언가 설명하기 어려운 인종차별적 요소가 있음을 부인할 수 없다. 초기 폴란드 등 우크라이나 인접국에서 전쟁 난민, 피란민의 월경을 수용할 때 백인 위주로 해서 인종차별 논란을 불러일으킨 적이 있다. 러시아도 아프리카 국가를 위한다고는 하지만 당사자 입장에서 레토릭에 그치고 있음을 푸틴의 태도를 통해 가늠해 볼 수 있다.

남아공과 중국의 특별한 파트너십

남아공 내 중국인 수는 50만 명에서 100만 명까지 유동적이다. 이 정도 규모이니 자체 신문과 잡지까지 발행하고 있다. 기껏해야 몇천 명에 불과한 한국과 대조적이다. 한-아프리카재단에서 발간하는 〈아프리카 위클리〉(35호, 2023. 9. 1)에 따르면, 중국은 2009년 미국을 제치고 아프리카 국가들의 최대 무역국으로 부상한 이후 14년 연속 아프리카의 최대 무역 파트너였으며, 양자 무역액은 2022년 2,820억 달러에 달했다. 아프리카는 원유, 구리, 철광석 등 천연자원을 중국으로 수출하며, 중국은 기계·전자, 섬유 등을 아프리카에 수출한다.

　중국은 시진핑 주석의 일대일로 이니셔티브 BRI: Belt and Road Initiative 사업으로 아프리카 52개국에 투자하는 등 10년 이상 아프리카에 관심과 투자를 지속하며 아프리카에서 가장 영향력이 강한 국가로 자리매김해 왔다. 세계 강대국들은 최근 아프리카 내에서 경제적·외교적 영향력을 강화하기 위해 노력을 경주하고 있다. 2023년 12월 바이든 Joe Biden 대통령이 미국-아프리카 정상회의 US-Africa Leaders Summit 를 개최한 이후 2024년 1월 재닛 옐런 Janet Yellen 미국 재무장관이 세네갈, 잠비아, 남아공 등을 순방하며 3년간 550억 달러의 투자를 약속했다. 러시아는 2024년 7월 러시아-아프리카 정상회담을 주최한 데 이어 8월 북아프리카 4개국과 자유무역지대 Free Trade Zone 를 구축하겠다는 뜻을 밝혔다.

남아공은 원전 블루오션일까?

남아공 전기부 장관이 원전은 가장 값싸고 믿을 만한 자원이라고 칭찬했다는 발언 내용을 최근 신문에서 접했다. 남아공은 원전이 하나 있지만 풀가동한다고 할 수 없다. 그래서 또 다른 원전을 지으려고 해서 한국도 한국전력공사(이하 한전)를 중심으로 물밑 수주 작업을 벌였다. 아직 가시적 성과는 없는 것 같다. 원자력 에너지가 중요하긴 하지만, 후쿠시마 원전 폭발에서 보듯이 안전하다고만 할 수 없다. 늘어나는 핵폐기물도 처치 곤란이다. 아직까지 우리나라는 핵폐기물 방폐장 하나도 제대로 부지 선정을 못한 상태다.

남아공은 탈탄소 에너지 정책을 추구하는 과정에서 '공정한 전환'을 주창하고 있다.[24] 석탄자원이 많은 관계로 화력발전을 단계적으로 줄여나가려면 외부 금융 지원 등이 전제되어야 하며 기존 노동자들의 재교육도 필요하다는 것이다. 공정한 전환은 남의 나라 얘기만은 아니다. 우리나라도 2034년까지 석탄발전소 30곳을 단계적으로 폐쇄하는 과정에서 이미 석탄발전 하청 노동자들이 아이스크림 공장에 취업하라는 식으로 전업을 사실상 강요당하는 현실이기 때문이다.

그러나 정작 2023년 12월 UAE에서 열린 제28차 유엔기후변화협약 당사국총회(COP 28)에서는 '화석연료의 단계적 퇴출' 문구를 놓고 막판 진통을 겪어야 했다. 남아공 입장에서는 자국의 풍부한 석탄 등을 못 쓰게 하니 원전을 반기는 것도 이해가 안 되는 것은 아니다. 아프리카 내 유일한 원전 보유국인 남아공은 케이프타운에서 북쪽으로 약 50km 떨어진 곳에 쿠벅^{Koeberg} 원전 1·2호기 2기(1800MW)를 운영하며 추가로 2,500MW급 원전 건설을 추진 중이다. 케냐가 남아공에 이어 2034년까지 1,000MW급 원전 건설을 추진한다. 2030년대 초 연구용 원자로를 가동하고 2034년까지 상업 발전용 원전을 건설할 계획이다. 동부 인도양 연안에 건설되는 이 원전의 건설비용은 약 5,000억 실링(약 5조 2,000억 원)으로 추산된다고 현지 언론은 전했다.[25]

광활한 자동차 시장을 질주하다

특파원으로서 남아공에 정착해 지리를 익히게 된 계기는 무엇이었을까? 돌이켜 보면 주말이나 쉬는 날에 틈틈이 골프장을 찾아다닌 것도 한몫했다. 물론 아는 선교사님이 여기저기 잘 데려다 주신 것이 도로에 대한 두려움을 없애는 오리엔테이션 역할을 했다.

이후 이곳저곳 장거리 주행을 하면서 남아공 도로에 자신감을 갖게 되었다. 역시 운전대를 스스로 잡고 돌아다녀 봐야 도로가 눈에 들어온다. 남의 차만 타고 다녀서는 주변 도로 사정을 주체적으로 파악하기가 쉽지 않다.

남아공 도로망은 사통팔달 잘 뚫려 있는 편이다. 요하네스버그와 프리토리아 간 N1 고속도로는 넓은 경우 왕복 12차선인 곳도 있다. 세계 어느 곳에 비교해도 이처럼 광대폭의 도로가 있는 곳은 많지 않다.

당초 이처럼 도로를 넓힌 것은 요하네스버그에서 생산하는 금을 빨리 수송하기 위해서였다고 한다. 다른 지방으로 나가는 도로도 시원하게 뻗어 있다. 땅이 넓고 산악 지형이 많지 않아서 그런지 직선도로로 뻗어 있는 구간도 꽤 있다. 운전하기에는 나쁘지 않다. 다만 지방도로로 갈수록 포트홀[pothole](도로 파임)이 많아 주의해야 한다. 이는 지방도로 인프라 관리가 제대로 되지 않음을 여실히 보여 준다.

남아공의 차를 떠올리면, 다양한 클래식카가 프리토리아 집 주변 상가인 브루클린몰에 쭈욱 진열되어 있던 것이 생각난다.[26] 하루는 파란색 클래식 스포츠카를 한 흑인 남성이 몰고 가는 것을 본 적 있다. 그걸 보면서 세계 어느 곳에서나 인종을 가리지 않고 차는 남자의 로망임을 느꼈다.

남아공은 세계 7대 차 메이커 중 현대만 빼고 반조립공장이 다 들어서 있을 정도로 사하라 이남 아프리카 자동차 시장의 중추적 역할을 하고 있다. 그중 현지 도요타 사장과 인터뷰한 내용이 생각난다. 남아공 폭동을 계기로 이루어진 인터뷰였지만, 아프리카에서 일본 자동차의 오랜 내력을 가늠해 볼 수 있는 대목이기도 했다.

폭동에도 도요타가 떠나지 않는 이유

나이젤 워드 남아공 더반 상공회의소장은 2022년 7월 〈연합뉴스〉와 남아공 폭동 1주년을 맞아 단독 인터뷰를 가졌다. 그는 현지 흑인들도 지난 폭동의 진원지인 콰줄루나탈주에서 9,100명이 실직 위기에 내몰리는 등 큰 피해를 봤기 때문에, 두 번 다시 약탈에 단순 동조하지 않으려는 인식이 확산하고 있다고 전했다. 약 열흘간 지속된 폭동으로 더반을 비롯한 콰줄루나탈 전역에서 1만 6,000개 사업체가 피해를 봤다. 또 대형마트와 물류창고 약탈 및 방화로 인한 판매 및 재고 손실은 400억 랜드(약 3조 원)에 달했다.

워드 소장은 콰줄루나탈이 이미 코로나 팬데믹 때 5주간의 강력한 록다운(봉쇄령)과 2021년 7월 폭동에 이어 2022년 4월 홍수까지 3중 악재로 '퍼펙트 스톰'(초대형 복합위기)을 맞은 상황에서 위기 인식이 확산했다고 설명했다. 그럼에도 도요타를 비롯해 글로벌 대기업이 콰줄루나탈 주도인 더반에 아프리카 지역 본부 등을 두고 떠나지 않는 이유는 그만큼 사하라 이남 아프리카의 최대 물동항이자 천혜의 관광지인 더반의 사업적 매력이 있기 때문이라고 말했다.

그는 정치인들이 선거철만 노리는 단선적 사고를 한다고 지적했다. 그러면서 우선 전기, 물 등 기본 서비스를 제공하고 기업들이 안전하게 비즈니스 할 수 있는 여건만 제시하면 표를 얻는 것은 당연지사라고 강조했다. 남아공뿐만 아니라 아프리카 정치인들이 나아갈 길을 제시한 셈이라고 할 수 있다.

한편 그는 그해 4월 홍수로 로봇과 전자기기 등의 침수 이후 도요타 본사 측에서 공장 복구에 1년이 걸릴 것이라고 예측했으나 약 4개월 만에 공장 가동을 재개할 만큼 복구에 빠른 진척을 보인 것에 큰 자부심을 드러냈다. 당시 87ha(87만 m²)의 공장 구내에 1.5~1.8m 높이의 물이 갑자기 차올라 보트를 이용해 직원 80명을 급히 소개해야 할 정도였다.

워드 소장이 관할하는 도요타 더반 공장에는 현지 직원만 8,700명이 고용돼 있었다. 도요타 본사에서 이번 홍수 사태를 2011년 쓰나미 당시 일본 본사가 입은 피해에 비견했지만, 그 면적은 더 컸다고 한다. 그는

LG전자와 도요타가 남아공 현지 제휴로 플라스틱 케이스와 대시보드 등 공용 제품을 생산하는 아이디어를 내놓기도 했다. 이미 도요타는 남아공 자체 시장이 작기 때문에 현지 세탁기 회사와 제휴해 '부문 간 협업'을 하고 있다고 말했다. 구체적 협업 가능 사례도 제시했다. 가령 로봇이 전자 보드를 생산하면 한쪽은 LG TV용으로, 다른 한쪽은 도요타 차량용으로 가게 할 수 있다는 것이다.

현대차의 팬데믹 마케팅 전략

남아공에서 현대·기아차와 인터뷰를 한 적이 있다. 2021년 남아공에서 현대차 승용차 판매 실적이 전년도에 이어 3위를 유지했다고 현지 판매법인 HASA의 니알 린치 사장이 2022년 7월 밝혔다. 린치 사장은 당시 요하네스버그 거미스톤에 있는 HASA(남아공 현대차) 본사 사무실에서 〈연합뉴스〉와 가진 인터뷰에서 2021년 현대차 승용차 시장 점유율이 전년보다 1%p 오른 10%로 3위였다고 말했다. 기아차 판매량과 합치면 2위 도요타에 육박한다고 했다. 픽업트럭 등을 포함한 전체 차종 판매 순위로 하면 도요타 25.2%, 폭스바겐 13.2%, 현대차 7.2% 순이라고 그는 설명했다. 참고로 2023년 현재 글로벌 완성차 업체 판매 순위는 1위 도요타, 2위 폭스바겐, 3위 현대차이다.

현대차 남아공 현지 독점 판매권을 가진 HASA는 20년 넘게 현대차와 파트너 관계를 맺어왔다. 주로 남아공을 비롯해 인접국 나미비아, 보츠와나, 에스와티니 등에 총 110개의 판매 대리점을 갖고 있다. 남아공에서 현대차의 주요 인기 차종은 크레타, i20 등이고, 최근 스타리아와 팰리세이드도 고소득층을 중심으로 인기를 얻고 있다고 했다. 실제로 남아공 도로에서 현대차와 기아차를 심심찮게 볼 수 있다.

린치 사장은 판매가 이처럼 신장한 비결에 대해 "코로나 팬데믹으로 인한 록다운 당시 다른 자동차 업체들과 달리 오히려 공격적 마케팅에 나선 덕"이라고 말했다. 록다운으로 사람들이 집 안에 머물고 있을 때 디지털 마케팅과 TV 광고를 적극적으로 했다는 것이다. 린치 사장은 "현대차는 우선 브랜드가 좋다"면서 "마케팅에서 현지화를 추구해 남아공에서 인기가 좋은 프로축구팀 마멜로디 선다운스에 5년간 차량 제공 등 지원을 한 덕에 남아공 차라는 이미지도 굳혔다"고 말했다. 현지화 전략이 주효했다는 얘기다.

남아공 지역사회 공헌을 위해 학교 도서관 지원사업도 활발히 하고 있다고 그는 소개했다. 주로 흑인 집단 거주지인 타운십 등 불우한 지역 학교에 도서관을 짓고 사서를 고용하며 책을 비치하는 사업을 해왔다. 마침 요하네스버그 복스버그에 HASA가 지원하는 14번째 도서관이 들어선다고 했다. 린치 사장은 이와 관련해 "교육에 있어 한국이 모범이라는 점에 착안했다"면서 "한국전쟁 당시 한국 GDP는 아프리카 가나보다 적었지만, 이후 교육열 덕분에 한국은 성공 모델이 되었다"고 말했다. 이에 따라 아이들이 책 읽기를 좋아하도록 유도해 남아공 교육에 이바지한다는 것이다. 그는 또 남아공 청년 실업이 60% 이상인 점을 고려해 매년 120명의 청년 실업자를 대상으로 직업체험 교육을 하고 전년에는 이 가운데 절반을 채용했다고 말했다.

HASA가 판매하는 현대차는 주로 인도(70%), 한국(25%), 인도네시아(3~4%), 체코 등에서 수입한 것이다. 남아공 현지에는 현대차를 제외하고 도요타, 포드 등 글로벌 자동차 메이커 대부분이 현지에 반조립제품CKD 생산공장 등을 보유하고 있다. 다만 현대차는 영산글로넷과 1t, 4t 화물트럭을 반조립 형식으로 남아공에서 생산하고 있다.

린치 사장은 남아공 현지에 승용차 조립생산 공장을 세우면 관세 혜택을 받고 다른 아프리카 국가와 유럽, 미국까지 수출할 수 있을 것이라며 "단, 다른 아프리카 나라들은 중고 수입차가 아직 대세이고 신차 시장은 비교적 작은 규모"라고 말했다. 인구 14억 명의 아프리카는 세계에서 마지막으로 남은 거대한 자동차 시장으로 미래를 내다볼 때 충분히 성장 잠재력이 있다고 덧붙였다. 개인적으로 왜 현대가 사하라 이남 아프리카 시장을 겨냥해 관문인 남아공에 자동차 공장을 세우지 않을까라고 생각했었는데 린치 사장의 말을 들으면서 더더욱 현지 공장이 필요하겠다 싶었다.

전기차 시장에 관해 그는 남아공 정부의 인센티브가 없어 내연기관 차보다 50% 이상 비싸게 팔리는 편이라고 말했다. 앞으로 방향은 친환경 전기차로 가는 게 옳지만, 현재는 부유층을 중심으로 팔리고 일반화까지는 시일이 더 걸릴 것이라고 내다봤다. 한국에 많이 가 봤다는 린치 사장은 삼겹살, 불고기 등 한국식 바비큐와 소주를 즐긴다고 웃으며 말했다.

아프리카는 현대차의 중요한 전략지다. 우선 전기차 배터리의 핵심 광물인 코발트·니켈·리튬·망간·흑연 등이 대거 묻혀 있다. 전 세계 코발트 생산량의 60% 이상이 아프리카에서 나온다. 내수 시장이 커지면서 자동차 시장도 급성장세다. 시장조사기관 스태티스타 마켓 인사이트에 따르면, 250억 달러(약 34조 3,125억 원) 규모인 아프리카 자동차 시장(2023년 기준)은 향후 5년간 연평균 8%씩 성장할 전망이다.[27]

현대차는 이미 아프리카에 생산 거점을 구축하고 있는 것으로 알려졌다. 기아가 2017년 에티오피아에 조립공장을 세웠고, 현대차도 2019년 에티오피아에 조립공장을 지었다고 한다. 2024년 2월 런던대 산하 동양·아프리카학대학SOAS과 '지속가능한 구조변화 연구소CSST'를 열고 '한-아프리카 비즈니스 포럼'도 개최했다. 2024년 6월 서울에서 열린 '한-아프리카 정상회의'에 공식 의전 차량으로 '제네시스 G80'을 지원한 것도 아프리카 내에서 브랜드 인지도를 높이기 위한 전략이라고 한다. 김홍수 현대차 글로벌 전략GSO 담당 부사장도 이 회의에서 "자동차뿐만 아니라 철강, 물류, 철도, 수소 등 모빌리티와 에너지 분야에서 아프리카와 장기적으로 협력하겠다"고 말한 것으로 전해졌다.

첫 한-아프리카 정상회의에는 정의선 현대차 회장 외에도 신동빈 롯데그룹 회장이 참석했다. 롯데는 식품사업으로 아프리카와 연을 맺고 있다. 주요 식품 원료를 아프리카에서 수입하는데 가나초콜릿이 대표적이다. 가나초콜릿은 1975년 출시 이후 누적 매출 1조 원을 넘긴 롯데제과의 효자 상품이다. 이 제품의 주요 원료인 코코아를 100% 아프리카에서 수입한다. 전 세계 코코아 생산량의 60% 이상이 아프리카에 집중돼 있기 때문이다. 롯데케미칼도 아프리카에 진출해 있다. 2018년 국내 석유화학업체 중 최초로 나이지리아에 아프리카 판매법인을 설립했다. 폴리에틸렌PE, 폴리프로필렌PP 등 범용 석유화학제품 판매 확대를 위해서다. 이외에도 아직 인프라가 부족한 아프리카에서 대규모 건축·토목공사 수주도 기대할 수 있다.[28]

전기차 미개척지 아프리카

아프리카는 아직 전기차 미개척지다. 2020년 당시 남아공에서 판매된 순수 전기차는 92대에 불과했고 대륙 나머지에서는 거의 전무한 것으로 알려졌다. 2021년 현재 전 세계에서 운행 중인 전기차 약 1,000만 대 가운데 남아공에서 운행 중인 전기차는 1,509대뿐이었다. 당시 남아공 현지 주간지 〈메일앤가디언〉에서 세계 최대 자동차 전시회인 뮌헨 모빌리티 쇼가 공개한 글로벌 랭킹 순위를 보도했다. 중국이 전기차 등록 대수 400만 대 이상으로 세계 1위였고, 미국(170만 대), 독일(70만 대), 영국(45만 대), 노르웨이(43만 대) 등의 순이었다.

자동차업계 전문가들은 남아공이 산업 전환을 서둘러야 경제와 운전자, 환경에 혜택을 받을 것이라고 말했다. 비영리경제 연구단체 교역·산업정책전략TIPS은 전기차 수입에 대한 세금을 재검토하거나 전기차 금융의 고비용에 대처하기 위해 특혜금리를 활성화할 것을 권고했다. 남아공 전기차 발전을 위해 2013년 설립된 유일로uYilo 측은 "정부가 남아공에 이미 생산기지를 가진 다국적 자동차 제조업체들을 위해 인센티브 프로그램을 바꿀 수 있다"면서 "그들이 현지 전기차 제조에 리베이트를 갖도록 하는 것이 정부가 줄 수 있는 최대의 당근"이라고 말했다. 남아공에서 제조되는 차량의 60%가 EU로 수출되는 상황이다. EU가 친환경 전기차로 이행하는 과정에서 남아공이 내연기관차에 매달려 있다면 주요 수출 시장을 잃을 수 있다는 경고도 나왔다.

남아공에서 자동차 제조업은 팬데믹 이전에 GDP의 7%를 차지했다. 전기차가 더 많아지면 남아공은 휘발유값을 끌어올리는 연료 수입에

심하게 의존할 필요가 없다는 분석도 나온다. 또 전기차 운행비는 휘발
유 차보다 훨씬 싸다.

남아공에서도 전기차가 주름잡게 될까. 당장은 아니겠지만, 특파원 생
활 동안 그 전조는 충분히 보았다. 호텔 주차장에 아우디 전기차들이 판
매 전시용으로 쭉 전시된 모습도 보았다. 실제로 남아공 전기차 판매는
2018년 202대를 시작으로 매년 늘었다. 2021년 896대, 2022년 4,674대,
2023년 1~9월 사이 5,165대로 증가 추세였다. 특히 2023년 3분기에만
2,019대가 판매되어 전년 동기 판매실적 953대와 비교해 111.9% 증가
했다.[29] 향후 남아공 전기차 시장의 성장 잠재력을 보여 준 수치다.

아프리카 대륙에도 전기차가 주류를 이루는 때가 올까. 당분간 내연
기관차가 그것도 1세계, 2세계에서 충분히 쓴 중고차들이 굴러다니겠
지만, 결국 아프리카도 전기차로 전환이 이루어질 때가 머지않아 올 것
이다. 단지 시간차가 있을 뿐이다.

2021년 11월 영국 글래스고에서 열린 제26차 유엔기후변화협약 당
사국총회 COP26에서 개도국의 대표 격으로 우선 남아공의 탈脫석탄발전
지원을 돕기 위해 85억 달러가 배정됐다. 하지만 세계 13위 온실가스 배
출국인 남아공은 그 사용처를 놓고 미국, 영국, 독일 등과 옥신각신했다.

남아공은 그 자금 일부를 친환경 명목으로 전기차 개발에 쓰고자 하는
데 서구는 온전히 석탄발전 폐쇄에 쓰라고 한다고 〈블룸버그〉가 전했다.
서구에서 전기차 개발에 그 돈을 쓰지 말라는 배경은 거론되지 않았지만,
이미 자신들이 전기차를 팔고 있으니 굳이 남아공까지 전기차를 개발할
필요가 없다는 논리가 작용한 것으로 보인다. 그러나 현재 BMW, 메르세
데스-벤츠 등은 남아공에서 전기차 일부를 생산하는 것으로 알려졌다.

자동차 제조 허브, 프리토리아

프리토리아 권역 자동차 부품단지에 관한 얘기도 있다. 남아공 수도 프리토리아(츠와네) 시장이 2022년 4월 한국 자동차 제조업체와 차 부품회사의 투자를 환영한다고 밝혔다. 랜달 월리엄스 당시 프리토리아 시장은 시청에서 박철주 당시 주남아공 대사와 가진 면담에서 "프리토리아가 위치한 츠와네광역시는 남아공의 자동차 제조 허브로서 최근 특별자유경제구역SEZ을 마련했다"면서 이같이 말했다.

월리엄스 시장에 따르면 남아공 내 자동차 회사가 14개 있으며 그중 6개는 제조업체이고 나머지는 주문자상표부착생산OEM 방식이다. 특파원 체류 기간 프리토리아의 포드 픽업트럭 조립공장을 직접 들어가 본 적이 있다. 픽업트럭이 착착 조립돼 나오는 모습이 신기했다.

그는 BMW, 닛산, 타타, 도요타 등이 위치한 츠와네가 그 허브 역할을 하고 있다고 강조했다. 또 남아공 내 자동차 부품사 500개 가운데 280개도 츠와네에 있다는 것이다. 그러면서 SEZ 내 이미 태국, 포르투갈 등 12개 업체가 입주를 신청했다면서 한국 측의 투자를 당부했다.

현대차와 기아차는 현재 남아공 내에서 대리점을 통해 자동차를 판매하며 교민사회에서도 부품업을 하는 경우가 상당수 있다. 츠와네시 관계자는 서울시와 현재 우호도시인 프리토리아를 자매도시로 관계를 격상하는 방안도 검토 중이라고 말했다. 서울시와 프리토리아는 팬데믹 이전인 2019년까지 교류를 이어왔다.

츠와네는 현재 인구 500만 명으로 추산된다. 젊은 층의 실업 인구는 75%에 달할 정도로 일자리 창출이 시급한 실정이었다. 월리엄스 시장은 "산학연계 도제교육apprenticeship을 부활해 숙련공을 배출하는 데 박차를 가할 생각"이라고 밝혔다. "독일에서도 채택한 도제교육은 기술공대 등에서 6개월간 공부하고 산업 현장에서 6개월간 기본 기술을 익혀 졸업 후 곧바로 현장에 투입할 수 있다"고 말했다.

참고로 남아공은 행정·입법·사법 수도가 각기 다르다. 행정은 프리토리아, 입법은 케이프타운, 사법은 블룸폰테인 등이다. 한국은 세종시에 정부 부처가 몰려 있지만, 서울이 사실상 모든 권한을 휘두르고 있다. 남아공 행정수도 프리토리아 인구는 서울과 비교가 안 된다. 2024년 4월 총선을 앞두고 김포를 서울로 편입해 메가시티를 만드는 것을 둘러싸고 정치권과 단체장들이 난리였다. 남아공에서는 쉽게 볼 수 없는 풍경이다. 한편 남아공의 경제중심은 프리토리아 근교에 위치한 요하네스버그다.

모잠비크 가스전과 한국 에너지 안보

에너지 대부분을 해외로부터 수입하는 한국은 해외 자원 개발의 중요성이 더욱 크다. 예상치 못한 수급 위기 시 국내로 도입해 에너지 안보 리스크를 완화하는 것은 물론 해외 사업을 통해 얻은 수익은 가스요금 인하 재원으로 활용돼 국민 요금 부담을 낮추는 완충재 역할을 하기도 한다. 러시아-우크라이나 전쟁, 이스라엘 하마스 사태 등 에너지 수급 불안이 고조되는 긴박한 상황에서는 대체 에너지 공급선을 확보하는 것이 더욱 중요하다. 모잠비크Mozambique가 그 한 사례이다.

모잠비크는 아프리카 2위 규모의 천연가스 보유국이며 흑연은 세계

5위, 티타늄 세계 8위, 지르코늄 세계 4위 등 전기차 배터리 생산에 필요한 전략 광물을 풍부하게 보유하고 있다.[30] 모잠비크 북부 지역 육상과 해상에서 진행되는 액화천연가스LNG 프로젝트는 아프리카 지역의 역대 가장 큰 민간투자 사업이다. 액손모빌, 토탈 등 석유 메이저들이 모잠비크 정부와 공동으로 추진한다. 한국가스공사도 2007년부터 해당 프로젝트의 해상 4광구 사업에 컨소시엄 지분 10%를 갖고 참여하고 있다. 이곳에서 발견된 천연가스는 국내 자원개발 사상 최대 규모로, 한국 국민이 약 30년간 사용할 수 있는 매장량(원시부존량 기준 74.1Tcf, Tcf = 1조 ft³)이다. 2022년 11월 코랄 사우스 FLNG(해상부유식 액화플랜트)에서 LNG 생산을 첫 개시해 상업 운전을 본격화했다. 2023년에는 안정적 생산 단계에 진입해 총 266만 t의 LNG를 판매했고 1억 3,000만 달러(약 1,700억 원)의 매출을 달성했다.[31]

한국가스공사는 모잠비크 사업의 상업 생산이 본격화함에 따라 2047년까지 25년간 연간 337만 t 규모의 LNG를 생산·판매해 안정적 수익을 창출할 것으로 기대된다. 한국가스공사는 4광구의 막대한 부존량을 토대로 후속 LNG 사업 추진을 검토하고 있다. 향후 코랄 노스 등 후속 가스전 개발을 통해 LNG 증산 시 이를 수송할 LNG 운반선의 발주가 예상돼 현재 글로벌 LNG 운반선 시장을 선도하는 국내 조선사의 매출 증대에도 큰 힘이 될 것으로 전망된다. 앞서 삼성중공업은 2017년 25억 달러(약 3조 3,000억 원) 규모 FLNG 플랫폼 건조사업을 수주한 바 있다.

기존 LNG 사업은 채굴한 천연가스를 배관을 이용해 육상 설비로 보내 액화LNG한 뒤 이를 배에 실어 판매하는 방식이다. 하지만 코랄 사우스 FLNGFloating Liquefied Natural Gas 사업은 육상 설비 없이 FLNG선에서 채

굴과 동시에 이를 정제하고 액화해 바로 배에 실어 판매하는 방식으로 비용을 대폭 절감할 수 있다.[32] 코랄 사우스 FLNG선은 2021년 11월 삼성중공업 거제조선소에서 문재인 당시 대통령과 필리프 뉴시 모잠비크 대통령이 참석한 가운데 FLNG 명명식 및 출항 기념식까지 열렸다. '코랄술Coral-Sul'로 명명된 이 FLNG는 세계에서 두 번째로 큰 규모이자 모잠비크 가스전의 첫 번째 대형 FLNG이다. 2022년 1월 모잠비크 해상 현장에 도착해 시운전을 거쳐 그해 11월 첫 LNG 물량을 생산했다. 이 FLNG선은 삼성중공업이 건조하고 국내 금융기관 및 보험사 등도 함께 참여해 한국에 약 30억 달러의 경제효과를 안겨 주었다.

과거 모잠비크는 오랜 내전과 소말리아 해적 등으로 투자 리스크가 커서 선진국들도 투자를 기피했던 지역이다. 분쟁 데이터 추적단체 ACLED에 따르면, 2017년 이래 모잠비크 북부 지역 카부델가두에서 지하디스트(이슬람 성전주의자)의 유혈사태로 3,100명 이상이 숨지고 80만 명이 넘는 난민이 발생했다.

최근에는 2021년 3월 카부델가두에서 이슬람 반군이 가스 프로젝트 사업지 부근을 공격했다. 600억 달러(약 74조 원) 규모에 달하는 LNG 개발 프로젝트는 프랑스 석유회사 토탈과 다른 국제 에너지 회사들이 관여한다. 토탈의 LNG 프로젝트는 200억 달러(약 22조 6,000억 원) 규모로 그 일부를 대우건설과 한국 조선업체 등이 연관해 수주하기도 했다. 토탈은 피습 이후 천연가스 프로젝트 사업지에서 전 직원을 철수했다가 나중에 치안이 회복되면서 작업을 재개한 것으로 알려졌다. 사태 와중에 남아공 및 영국 국적자 한 명도 사망한 것으로 전해졌다.

모잠비크 북부 지역 소요는 이웃 나라들로 폭력 사태가 확산할 우려를 키웠다. 인접국 남아공은 병력 1,500여 명을 파견해 이슬람 극단주의와 싸움을 돕기로 했다. 이는 지역 국가 연합체인 남아프리카개발공동체 SADC의 결정에 따른 것이다. 회원국인 보츠와나, 앙골라 등도 힘을 보탰다. SADC 소속은 아니지만, 중동부 아프리카의 르완다 병력 1,000여 명도 카부델가두 지역에 파견되어 치안 회복에 도움을 주었다. 이처럼 아프리카는 한 나라의 안보 및 소요 문제에 대해 주변 나라들이 함께 힘을 합쳐 해결하려는 경향을 보여 준다. 서아프리카도 쿠데타 등이 발생할 경우 주변 지역 국가들이 공동 대응하는 모습을 보였다.

아프리카와 함께 성장하는 길

아프리카는 더 이상 빈곤과 질병의 대륙만은 아니다. 풍부한 자원과 젊은 인구를 바탕으로 급격한 성장을 이루고 있으며, 글로벌 경제에서 중요한 역할을 수행할 잠재력을 지닌 대륙이다. 특히 AfCFTA 출범 이후, 아프리카는 단일 시장으로 통합되면서 더욱 큰 성장동력을 확보했다.

한국은 아프리카와 협력하여 새로운 성장 기회를 모색해야 한다. 아프리카의 인프라 건설, 에너지 개발, 농업, 보건 등 다양한 분야에서 한국 기업의 진출 가능성은 활짝 열려 있다. 특히, 한국의 우수한 제조업 기술과 ICT는 아프리카의 산업 발전에 크게 기여할 수 있다.

한국이 아프리카와 협력을 강화하려면 정부 차원의 지원을 강화해야 한다. 아프리카 진출 기업에 대한 금융 지원, 정보 제공, 시장 개척 지원 등 정부 차원의 지원을 확대해야 한다. 민간 부문의 적극적 참여도 필요하다. 대기업뿐만 아니라 중소기업들도 아프리카 시장에 진출해 다양한 분야에서 협력을 모색해야 한다. 인적 교류를 확대하는 것이 무엇보다 중요하다. 남아공을 비롯한 아프리카와 인적 교류를 확대하여 상호 이해를 증진하고, 협력 네트워크를 구축해야 한다.

최근 추석 폭염사태에서 보듯 기후변화가 위기로 다가오는 상황에서 지속가능한 개발을 추진해야 한다. 단순히 경제적 이익만 추구하기보다 아프리카의 지속가능한 개발을 위한 노력에 동참해야 한다. 아프리카는 미래를 향한 잠재력이 대단히 큰 대륙이다. 한국은 아프리카와 협력해 글로벌 리더십을 강화하고, 새로운 성장동력을 확보할 수 있을 것이다.

일례로 케냐는 이미 6,000km가 넘는 광섬유 기간망을 완성하는 등 하드웨어적 인프라는 구축했으나 이를 활용한 콘텐츠 산업은 매우 약하다. 우수한 기업이 활동하고 있는 우리나라 디지털미디어산업이 케냐 측과 파트너십을 형성할 수 있다. 이를 통해 케냐 측은 글로벌 가치사슬로 합류 가능성을 높이는 한편, 중소기업이 주요 업태인 한국 디지털미디어기업은 아프리카 시장의 교두보인 케냐에 아프리카 진출의 허브를 구축할 수 있어 한국-케냐 양국이 윈윈할 수 있는 좋은 협력사례가 되었다.[33]

또한 1970년대 대한민국 농촌을 일신한 새마을운동도 아프리카로 뻗어 나가고 있다. 중부 아프리카 부룬디는 새마을운동을 새로운 국가 발전 정책으로 채택했다. 2018년에는 동아프리카 우간다에 첫 새마을금고가 설립되었다. 소년 시절을 아프리카에서 보낸 이재훈 한국외국어대 국제지역대학 브라질학과 교수는 새마을운동 등 개발협력 분야를 발전시키려면 우선 우리나라 역사를 들여다봐야 한다고 말했다.[34]

우리가 고속성장을 이룰 수 있었던 배경에는 국제사회의 도움도 커

다란 역할을 했다. 50년 전 한국전쟁에 참전한 에티오피아 군인들이 우리나라를 보고 지구상에 이렇게 가난한 사람들이 있었느냐며 놀라워했고, 휴전 후 동두천에 고아원을 세웠다. 그들의 도움 없이 오늘날 우리가 풍요로움을 누릴 수 있었을까. 한때 한국 정부 예산의 거의 50%가 해외 원조로 이루어졌을 정도였다. 그렇기에 한국은 누구보다 개발도상국의 입장을 잘 헤아리고 공감할 수 있는 위치에 있다.

한국은 일제강점기의 식민지배, 독립과 분단, 한국전쟁, 경제성장, 민주화, 외환위기 등을 거치면서 단기간 내 성공적 근대화 과정을 달성해 과거 개발도상국에서 현재 선진국으로 도약한 독특한 사례이다. 아프리카 국가들이 가장 알고 싶어 하는 경제발전과 거버넌스 개혁의 해법이 한국 근대화 역사에 적절히 배태되어 있다. 아프리카 대륙이 경제발전과 정치적 민주화를 성공적으로 이행할 수 있도록, 한국의 경험을 공유하고 아프리카의 선택적 균형전략에 의해 한국이 주요 파트너로 선택될 수 있는 상생의 비전을 한국의 대아프리카 포용전략에 제시해야 한다.[35]

아프리카는 경제성장 속도가 가장 빠르다고 하지만 사실 기존 1세계, 2세계 경제규모로 발전하려면 오랜 세월이 걸릴 것이다. 그렇다고 손 놓고 있을 수 없다. 가난하다는 것은 그만큼 할 일이 많다는 뜻이다. 다름 아닌 우리 민족, 우리나라가 그랬다. 아프리카는 앞으로 30년 후 2054년 근로연령대(15~64세) 인구의 부양가족(주로 어린이) 비율이 1.7 대 1로 노동력이 수입 급증에 기여하는 바가 훨씬 커질 것이다. 글로벌 근로연령대 비율은 2010년 정점을 찍었지만 아프리카만 근로인구층이 증가세에 있다.[36] 그사이 아프리카의 발전을 위해 15세 이하 교육과 보건, 인프라 투자가 절실하다.

아프리카에 대한 5가지 오해

1. 아프리카는 하나의 나라다?

아프리카는 대단히 넓고 다양하다. 아프리카는 54개 국가로 이루어져 있으며 미국, 유럽 대륙, 인도, 중국을 다 합친 것만큼이나 광대한 지역이다. 사하라 이남 아프리카에는 48개 국가가 있다.

2. 아프리카는 위험하다?

아프리카 일부 지역이 위험한 것은 사실이다. 전쟁이 벌어지는 지역도 있고 범죄율이 높은 곳도 있으며 치명적 질병이 유행하는 지역도 있다. 하지만 대부분의 아프리카는 비교적 안전하며 우리가 일상적으로 돌아다니는 곳과 크게 다르지 않다.

3. 아프리카는 돈이 적게 든다?

아프리카의 많은 사람들이 빈곤선 밑에서 살지만, 아프리카 대륙은 여행하거나 외국인이 비즈니스를 하려면 대단히 돈이 많이 드는 곳이다. 개인 관광객이나 기업은 아프리카 국가를 방문하거나 매장을 차릴 때 이를 염두에 두고 예산을 세워야 한다.

4. 아프리카에서는 부패가 게임의 유일한 규칙이다?

물론 아프리카에도 부패가 있다. 세계 어디에서나 그렇듯이 말이다. 하지만 부패가 게임의 유일한 규칙인 시대는 지나갔다. 아프리카에서도 부정 없이, 정직하게, 세계적 반부패법에 따라 사업할 수 있다.

5. 아프리카는 우리의 도움이 필요하다?

프로젝트나 새로운 벤처는 정말로 필요한 것이라는 실질적 수요에 의해 주도되어야 한다. 아프리카인들은 다른 집단과 마찬가지로, 자신들이 원하는 것이 무엇인지, 필요한 것이 무엇인지, 무엇이 진짜 효과가 있는지 잘 알고 있다. 그들은 자신들의 비전을 이루어 줄 파트너를 찾는다. 개발에 대한 온정주의적 접근은 그들이 원하는 것이 아니다.

* 출처: 제이크 브라이트 · 오브리 흐루비, 2016, 《넥스트 아프리카》, 미래의 창, 313~320쪽.

2부

역동하는
아프리카 속으로

"희망봉이 어디예요?"

회사의 인턴 친구들에게 희망봉을 얘기해 주었다. 그러자 희망봉이 어디냐는 물음이 되돌아왔다. 땅끝이라고 했더니 여전히 감을 잡지 못했다. 결국 킬리만자로를 거쳐 지리에 좀 밝은 친구가 남아공 아니냐고 맞추기는 했다. 희망봉이 아직 한국에 널리 알려져 있지 않음을 간접적으로 확인할 수 있는 계기였다. 언론사 인턴조차 여전히 낯선 곳이 아프리카요, 남아공 그리고 희망봉이다.

결론적으로 한국살이가 남아공보다 더 힘든 면도 있다는 것은 아이러니다. 남아공에서 전기와 물 공급 부족, 만연한 범죄에 시달렸는데도 말이다. 한국 사회에는 남아공에 비해서 좀 이상한 사람이 많은 것 같다고 하면 지나친 비약일까.

실제로 최근 조사에서 서울 시민의 절반이 우울증, 불면증 등 정신건강에 문제가 있는 것으로 나타났다.[1] 그건 사회가 너무 경쟁적이기 때문이 아닐까. 전반적으로 사회 분위기가 좀 각박하고 팍팍하다. 여유가 없다.

불면증으로 밤을 하얗게 새다시피 하는 사람이 100만 명이라고 한다. 불면증을 도울 수 있는 약이나 방법만 찾아도 돈을 충분히 벌 수 있을 것이다. 물론 남아공에서도 개인적으로 이런저런 생각과 몸 상태 때문에 잠을 깰 때가 많았다. 하지만 평균적인 불면증 문제가 더 심각한 쪽은 아무래도 대한민국인 듯하다.

그 사회적 해결책은 무엇일까? 잠깐 국내 정치 등으로만 향한 우리의 시선을 돌려 저 땅끝으로 향해 보는 것은 어떨까. 남아공과 아프리카를 통해 우리의 문제를 다시 한번 조망하고 객관적 시점으로 우리 자신을 들여다보는 것이 문제 해결에 도움이 되지 않을까.

2부는 남아프리카의 다양한 모습과 아프리카 대륙의 매력을 담았다. 남아 공에서 마주한 순환단전, 치안불안에도 불구하고 아름다운 자연과 정원 문화, 그리고 사파리에서 만난 야생 동물들의 생생한 모습을 살펴본다. 아프리카 문화의 리듬과 춤, 음악 속에서 느껴지는 생명력은 한국의 경쟁적 사회와 대조된다. 인류의 시원지로서 아프리카가 우리에게 주는 중요한 교훈을 함께 생각해 보겠다.

아프리카와 자연친화적 생활

남아공을 다녀와서 자연, 특히 정원 문화에 눈뜨게 되었다. 회사 옥상 정원에서 꽃과 나무를 바라보는 게 참 즐거웠다. 2024년 봄 정원에는 매화도 꽃망울을 앙증맞게 머금었다. 한국은 집에서 정원을 가꾸려면 소득수준이 매우 높아야 하지만, 남아공은 중산층 이상이면 충분히 가능하다. 도심 일부 스카이라인만 빼고는 주택 형태가 대부분 평평한 단독주택이기 때문이다. 물론 치안 문제로 외부와 차단된 단지 안에 자리한 집도 많다.

단순히 성냥갑 같은 아파트와 정원이 있는 일반 주택을 놓고 보면 남아공의 주거생활이 우리보다 더 낫다는 생각이 든다. 물론 남아공 땅이 광대해서 그렇지만 우리라고 그렇게 못 살 리는 없는데도 말이다. 얼마 전 신문 칼럼에서 건물 옥상 정원을 누리는 즐거움에 대해 쓴 글을 보았다. 앞서 내가 가진 생각과 매우 일치한 점이 있어 내심 반가웠다.

한국은 개별 주택에 상응하는 정원을 갖추고 살기 힘든 주거 구조이다. 대신에 시민 공유식 정원 형태는 좋다. 무슨 말인고 하면 집과 가까운 곳에 있는 둘레길이나 숲이 팍팍한 시멘트 아파트 환경을 보완해 준다. 우리는 좋은 것을 함께 누릴 때 삶이 더 풍부해질 수 있다. 물론 나만의 사적 공간을 갖는 것도 좋지만 말이다.

이러한 공유 누림은 바로 여행 안전과 평등 사회가 뒷받침되어야 한다. 공유재를 함께 누릴 수 있는 기본적 혜택이 전제되어야 한다는 것이다. 우리 사회의 공평과 정의가 깨지면 물론 이 같은 공유는 그림의 떡이 될 수 있다. 묻지마 흉기 난동이 일어나자 동네 공원에 사람들의 발길이 뚝 끊긴 것이 단적인 예다.

이른바 '이상 동기' 범죄란 게 이상한 동기가 아니라고 본다. 사회적 관계의 단절, 그 바탕엔 경제적 소외와 배제에 따른 고립감이 있지 않을까. 그 절망감이 자신이 아닌 타인을 향할 때 극단적 범죄로 나타날 수 있다.

그런 점에서 사람 사는 곳은 다 비슷하다. 남아공도 천혜의 자연환경과 명승지가 많다. 하지만 그 잠재력을 사람들이 치안 불안 때문에 온전히 누리지 못한다. 현지 교민 회장은 최근 순환단전(로드셰딩)이 잦아들었다면서 치안까지 좋아지면 천국이 될 거라고 얘기했다.

지난겨울 서울 집에서 라디오를 듣다가 아파트 베란다를 확장하지 않고 윈터가든으로 활용한다는 청취자 얘기를 우연히 들었다. 커피 한잔 마시며 봄을 먼저 누리는 즐거움이 있다는 것이다.

저자도 최근 집에 하나씩 반려식물을 늘리는 중이다. 풀 한 포기 없던 삭막한 실내 공간에 고무나무 화분을 시골 어머니 집에서 가져와 놓으니 그렇게 좋을 수가 없다. 실내 공기가 맑아지고 미관이나 눈 건강에도 식물은 참 좋다.

야생 동물의 왕국에 가다

아프리카는 인류의 마음의 고향이다. 특히 동물과 어울려 지내는 법을 일깨워 주는 곳이다. 회사에서 한 젊은 친구에게 아프리카에 대해 무엇을 알고 싶냐고 물으니 맨 먼저 동물을 꼽았다. 우리가 개와 같은 반려동물을 좋아하는 것은 마음 깊은 곳에 있는 동물과 원초적 친화성 때문인지 모른다. 우리는 인간으로서만 아니라 동물과 함께 살아가는 존재이다. 코로나 팬데믹도 동물 학대와 비존중으로 바이러스가 출현하여 발생했다는 지적이 있다.

남아공에서 살았을 때 집 근처에 나가면 동물들을 볼 수 있어 참 좋았다. 아프리카에 사는 가장 큰 호사 중 하나가 바로 책으로만 보던 야생 동물들을 바로 가까이서 접할 수 있다는 점이다. 집 근처에는 자연공원이 있어서 얼룩말들과 와일드비스트를 예사로 볼 수 있었다. 와일드비스트는 '누'라고도 한다.

2020년 남아공은 코로나19로 6개월 넘게 봉쇄령을 유지하다가 봉쇄 완화로 사파리를 다시 시작했다. 한국에서 추석 연휴 기간이던 9월 말 이틀간 크루거국립공원에서 직접 사파리를 해봤다. 크루거국립공원을 찾아가는 길은 수도 프리토리아에서 동북쪽 약 400km 거리로 서울과 부산 간 거리보다 조금 더 멀었다. 운전 후 한두 시간 가다 보면 알주 고속도로 휴게소가 있다. 이곳에서 맛보기로 임팔라, 버펄로, 밀렵을 피하기 위해 뿔이 잘린 코뿔소 등을 볼 수 있었다.

이어 서너 시간쯤 가면 면적 약 2만 km²로 경상북도 정도 크기인 크루거국립공원의 광활한 자연에서 동물들과 본격적으로 만날 수 있다. 국립공원 접수대 관계자는 코로나19에도 크루거에서는 확진자가 없었다면서 최근에 예약이 다 찼다고 말했다. 전통 움막 형식 숙소에 짐을 푼 후 곧바로 철제 팔 난간만 달린 채 시야가 훤히 트인 야간 사파리 차량을 타고 약 3시간 동안 본격적인 동물 구경에 나섰다. 한국 놀이공원에서 우리에 갇힌 동물들을 구경하는 것과 달리 훨씬 스릴이 있었다.

2020년 9월 남아공 크루거국립공원의 사자(가운데 아래)가
풀숲에 숨어 사냥감을 노려보는 듯한 자세를 취하고 있다.

차 밖으로 내리지만 않으면 안전하다고 했다. 대체로 동물들은 차가 지날 때 무신경하고 천연덕스럽기까지 했다.

이튿날 새벽부터 개인 차량으로 동물을 둘러보러 갔을 때 공원 게이트에는 아침 6시부터 더반 등 전국에서 몰려온 차들이 평일인데도 길게 줄을 서 있었다. 공원 입구에서부터 볼 수 있는 임팔라는 지천으로 깔려 있어 처음엔 신기했지만, 나중에는 그냥 무심히 지나칠 정도였다. 임팔라는 눈매가 참 부드럽다. 가까이서 본 야생 코끼리 가족은 정겨웠고, 키다리 기린도 생생하게 많이 볼 수 있었다. 저 멀리 사자가 뭔가 사냥하려 몸을 웅크린 장면도 운 좋게 볼 수 있었다. 또 사자 네 마리가 사비강변에 띄엄띄엄 드러누워 있는 것도 봤다.

희귀종 코뿔소가 길을 떡 하니 막고 서 있는 장면도 인상적이었다.

국립공원에서는 어디에 어떤 동물이 출현하는지 관내 지도에 표시해 방문객이 참조하게 하지만, 밀렵 대상인 코뿔소만은 표시하지 않는다. 어디에 있는지 표시해 두면 나중에 밀렵에 희생될 수 있다는 우려에서 다. 아프리카 들소 와일드비스트와 비슷한 덩치인 버펄로 떼가 건너갈까 말까 한참 저울질하다가 우두머리가 이끌자 도로를 여유 있게 가로질러 갔다. TV 프로그램 〈동물의 왕국〉에서 자주 보던 사체 청소부 하이에나도 직접 대하니 그리 혐오스럽지 않았다. 그런가 하면 악어가 강가에 넙죽 누워 있고, 강물 속에는 하마 떼가 평온히 잠겨 있었다. 나무 위에는 독수리와 부엉이가 앉아 있고, 파랑새를 비롯해 여러 이름 모를 새들이 시선을 끌었다.

앞서 코로나19 봉쇄령으로 국립공원이 폐쇄되었을 때 동물이 도로로 많이 나와서 이전보다 더 자주 볼 수 있었다고 한다. 그때 사파리에서는 남아공 '빅 5' 동물 가운데 표범만 제외하고 사자, 코뿔소, 버펄로, 코끼리 등을 다 볼 수 있어서 큰 수확이었다. 사파리는 숨은 그림처럼 수풀 속 동물 찾기로 타이밍이 중요하다.

사향고양이과인 제넷, 시벳 등 우리가 좀처럼 알지 못했던 동물들에 대한 공원 가이드의 설명을 들으며 그동안 도시 문명 속에서 동물들을 참 몰랐다는 생각이 들었다. 코끼리 코 근육이 4만 개나 된다는 것도 이번에 처음 알았다.

좁은 동물원이 아닌 드넓은 자연 속 야생 동물들을 접하며 새삼 인류 시원始原의 땅 아프리카의 생명력을 느꼈다.

가장 빠르지만 달리지 않는 치타

프리토리아 근교에서도 사파리 체험을 했다. 세계에서 가장 빠른 동물이지만 치타들은 달리지 않고 잠만 자고 있었다. 백수의 왕 사자들도 하염없이 늘어진 모습이었다. 2021년 4월 휴가 중 수도 프리토리아에서 서쪽으로 약 40㎞ 떨어져 있는 라이언파크를 방문해서 본 장면들이다. 전년 9월 말 넓은 크루거국립공원 사파리를 하고 난 지 약 6개월 만에 다시 사파리 체험을 한 것이다.

크루거에서 사자들을 좀 멀리서 봤기 때문에 이번에는 가까이서 관찰할 수 있으리라는 기대감도 있었다. 하지만 경상북도 면적만큼 광대한 크루거에서 본 동물과 달리 6㎢ 넓이인 이곳은 상대적으로 좁고 야성미가 떨어져 긴장감이나 재미가 반감되었다. 물론 크루거도 국립공원이 관리하지만 스케일이 워낙 크다 보니 인공미가 별로 안 느껴졌다. 수도권에서 이런 사파리를 체험할 수 있다는 것 자체가 아프리카만의 특장이기는 하다.

라이언파크는 공원 사파리 차를 타거나 자가용을 몰고 철문과 철책으로 구획된 각 동물 구역을 통과하게 되어 있다. 자가용을 직접 몰고 사자 구획으로 들어갈 때는 유리창을 절대 내리지 말라는 주의 사항에 조금 긴장되었다. 남아공에서는 가끔 사자에 물려 관광객이 죽거나 다치는 경우가 있다. 이곳에서도 2015년 미국인 관광객이 사자에게 공격당해 숨졌다. 대체로 차에서 내리거나 유리창을 내리고 가다가 변을 당한 경우다.

낮이라 그런지 사자들은 구석진 곳에 다들 드러누워 오수를 즐기고

2021년 4월 남아공 라이언파크의 치타들이 낮잠을 자고 있다.

있었다. 더구나 사파리 트럭이 가까이서 보고 있어 승용차로는 더 가까이 갈 수 없었다. 시간상 더 머물기 어려워서 아쉬움을 안고 다음 동물구획으로 갔다.

기린과 와일드비스트, 얼룩말 등은 이전에 보거나 집 주변 동물보호구역game reserve에서도 접할 수 있는 것들이어서 큰 감흥은 없었다.

기대했던 곳은 치타 구역이었다. 크루거국립공원에서도 치타를 보지 못했기 때문이다. 그러나 실제로 보니 좀 실망스러웠다. 낮 시간대이기도 하고 구획이 펜스로 좁게 둘러 있어서 좀처럼 치타가 뛰어다닐수 있는 공간으로 보이지 않았다. 밤에 사냥도 안 하고 먹이를 주니까더 늘어져 있는 듯했다. 자고로 치타는 뛰어야 치타다운데 아쉬웠다.

어쩌면 치타의 상황이 당시 코로나 팬데믹으로 우리 아이들이 맞닥뜨린 상황과 비슷할지도 모른다는 생각이 들었다. 바깥으로 맘대로 돌아다니고 학교에서도 마음껏 뛰어놀아야 할 텐데 그러지 못하는 것이 안쓰러웠다.

그래도 아프리카에서 세계에서 가장 빠른 동물 치타와 그다음 빠른 타조까지 종종 보니 보람 있었다. 여기도 코로나19로 록다운 상황이라 그런지 손님은 그리 많지 않았다. 부활절 연휴 다음 날이었는데 티켓 판매소에는 방문 당시 우리만 있었다. 같은 시간대에 자가용으로 구경하는 경우는 기껏해야 몇 대밖에 안 되었고, 사파리 트럭도 2대 정도였다.

라이언파크에 앞서 관광명소 하르트비스푸어르트댐 주변의 케이블카 탑승도 좋은 경험이었다. 케이블카는 전년 7월 초에 왔을 때는 록다운 완화에도 폐쇄되어 있었으나, 다시 와 보니 운행하고 있었다. 케이블카 궤도는 1.2km로 마할리스버그산맥 정상에 올라가니 아래 수상스포츠로 유명한 하르트비스푸어르트댐 호수와 주변의 탁 트인 경관을 보게 되어 좋았다.

앞서 케이프타운의 테이블마운틴을 케이블카로 보고 나서 내륙 수도권에서 다시 케이블카를 타고 올라 보니 마침 물도 있고 고지도 높아 개인적으로 보기에 하우텡주의 작은 케이프타운이라고 할 만했다. 여기도 역시 록다운의 영향으로 코로나19 확산을 막기 위해 정상 체류 인원은 161명으로 제한하고 있었다. 그러나 실제로 케이블카를 타고 산에 오른 사람은 많아야 20~30명 정도였다.

정상에는 주변 도시 프리토리아와 요하네스버그 등에 대해 저마다 각도를 돌아가면서 소개하는 돌판들이 있었다. 그중 눈에 띈 것이 인근 펠린다바 남아공 핵에너지연구센터에 대한 것이었다. 이곳에서는 고농

축 우라늄으로 핵무기 6개를 제조했다고 한다. 우선 수도권에 이런 곳이 있다는 점이 놀라웠다. 특히 남아공은 세계에서 유일하게 핵무기를 자발적으로 포기한 국가라는 소개가 눈에 들어왔다. 1996년 펠린다바에서 아프리카 핵무기 자유지대(비핵지대) 조약이 서명되었다고 한다. 마침 방문 당시는 일명 펠린다바 조약 25주년을 맞은 때였다. 남아공이 그랬을진대 북한의 핵무기 포기에 따른 한반도 비핵지대화가 전혀 불가능한 일은 아니라는 생각이 들었다.

광물 국가답게 주변에는 스테인리스강을 만드는 데 필수적인 합금철인 페로크롬 제련 공장도 있었다. 페로크롬은 아시아 등으로 수출되는데 한국도 국내 오염 산업 규제 때문에 페로크롬을 수입한다는 설명을 교민 관계자에게 들었다. 지구 반대편 남반구에서 늦가을에 접어든 남아공에 있으면서도 새봄의 한반도와 이래저래 연결되어 있음을 새삼 느꼈다.

한국에 돌아와서 보니 철창에 갇혀 갈비씨가 된 사자를 옮기는 것이 이슈가 되었다. 동물원을 옮기는 과정에 대한 르포 기사까지 나올 정도였다. 아프리카 특파원으로서 계속 관심을 갖고 지켜봐야 할 대상이 바로 동물이다. 아프리카는 세계 대륙 가운데 동물의 보고寶庫이기 때문이다, 인간에게 동물은 친척뻘과 같다. 《구약성경》의 〈창세기〉에 따르면 동물들이 인간보다 먼저 창조되었다. 창조 순위에서 그들은 우리의 선배다. 이들을 잘 가꾸고 돌봐야 할 이유다.

얼마 전에 본 다큐멘터리에서 기후 온난화로 부빙 얼음이 녹아 몸 누일 곳조차 없이 헤매는 북극해의 바다코끼리 어미와 새끼의 모습이 안

쓰러웠다. 기후변화로 아이슬란드로 유입된 북극곰이 주택가 쓰레기를 뒤지다 위협을 느낀 주민의 신고로 사살되기도 했다. 또 안타까운 것은 섬에 사는 알바트로스 새들이 어미나 아비로부터 먹이를 얻어먹어도 플라스틱이 몸 안에 쌓이거나 호흡을 가로막아 숨지는 모습이었다. 힘겹게 플라스틱을 게워 내는 알바트로스가 불쌍했다. 우리 한 사람 한 사람의 행동 때문에 그들의 서식지 섬은 플라스틱 쓰레기로 가득 찼다.

달리는 치타는 역시 다큐멘터리에서 볼 수 있었다. 새끼를 먹이기 위해 처절하게 달리고 또 달려 먹잇감을 잡는 치타를 보며 육식동물이라도 사는 게 참 쉽지 않구나 생각했다. 여담으로 '날으는 치타'도 있다. 바로 한국전쟁에 참전한 남아공 공군 편대 이름이 '플라잉 치타Flying Cheetahs' 였다. 남아공 공군 조종사들은 한국전쟁에서 혁혁한 전과를 올렸다.

예술가들의 영감의 산 킬리만자로

조용필의 노래 〈킬리만자로의 표범〉을 떠올리면 탄자니아에 있는 그 설산에 가지 못함이 못내 아쉽다. 혹시 아는가. 아쉬움이 남아 있기에 다시 아프리카를 방문하게 될지도. 전 삼성 아프리카 법인장은 킬리만자로산을 다녀왔다고 했다. 사전에 충분히 준비해야 한다고 해서 나는 쉽게 엄두를 내지 못했다. 고산병 위험이 있어서, 이전에 유명 카레이서 한 명은 등반하다가 사망했다고 한다. 결코 만만히 볼 산이 아니다. 그러나 킬리만자로는 아프리카 대륙 최고봉으로 죽기 전 꼭 가 봐야 하는 로망임에 틀림없다.

2020년 10월 킬리만자로산에 불이 나서 수백 명이 진화작업을 벌인 결과 닷새 만에 불길이 잡혔다. 해발고도 5,895m의 킬리만자로는 세계에서 단일하게 우뚝 선 산으로는 가장 높다. 쉽게 말해, 산맥 일부가 아닌 단일 봉우리로는 세계에서 가장 높다. 킬리만자로는 또 평원 위에 홀로 우뚝 솟은 화산암으로 이루어진 휴화산이다. 해마다 5만여 명의 관광객과 등반객이 이곳을 찾는다.

2022년 8월 킬리만자로에 광대역 와이파이가 설치되었다. UPI 통신 보도에 따르면, 탄자니아 국영통신사가 제공한 광대역 네트워크는 해발 3,720m 산 사면에 설치되었다. 이어 그해 연말까지 킬리만자로 정상에도 고속 인터넷이 추가로 설치될 것으로 알려졌다. 탄자니아 공보부 장관은 트위터에 "'아프리카의 지붕'에 고속 인터넷 통신망을 세웠다"고 썼다. 이에 따라 등산객들은 산속에서도 소셜미디어로 사진을 공유하고 조난 시 SOS를 보낼 수 있게 되었다. 세계 최고봉 에베레스트는 이미 인터넷이 가능한 상태인데, 아프리카의 최고봉까지 확장된 것이다.

조용필의 노래에 나오듯 킬리만자로산에는 표범이 사는가. 헤밍웨이 Ernest Hemingway는 소설《킬리만자로의 눈》첫머리를 이렇게 썼다.

킬리만자로는 높이 1만 9,710 ft의 눈 덮인 산으로 아프리카에서 가장 높다고 한다. 그 서쪽 봉우리는 마사이어로 '응가예 응가이', 즉 '신의 집'이라고 부른다. 이 서쪽 봉우리 가까이에 얼어서 말라붙은 표범 사체가 있다. 그 높은 곳까지 표범은 무엇을 찾아 헤맨 걸까? 아무도 그 이유를 알지 못한다.[2]

탄자니아에 있는 킬리만자로산은 아프리카 대륙의 최고봉이자 세계 최대의 휴화산이다.
만년설과 대자연의 신비를 느낄 수 있는 이곳은 수많은 예술가들에게 영감을 주었다.
(AFP 〈연합뉴스〉 자료사진)

하지만 원래 킬리만자로처럼 높은 고산지대는 표범의 주요 서식지가
아니라고 한다. 헤밍웨이의 소설 《킬리만자로의 눈》에 등장하는 표범
은 소설적 상상력으로 만들어진 것일 수 있지만 어쨌든 조용필의 명곡
에 영감을 주었다.

남아공에서 인류의 뿌리를 찾다

대한민국에서 머나먼 남아공에 가서 인류의 뿌리를 찾았다. 2021년 1월
요하네스버그에서 북서쪽으로 50km 거리에 위치한 세계문화유산 '인
류의 요람Cradle of Humankind'을 방문했다. 인류의 요람에서는 세계 원시인
류 화석의 30%가량이 발견되었다. 사전에 온라인으로 예약해야 하는
데 모르고 갔다. 현장에서 핸드폰으로 부랴부랴 입장 마감을 30분을 남
겨 두고 예약했다. 왜 그러냐고 접수대에 물어보자 "현금을 안 받게 돼
있다"고 한다. '여긴 아프리카니까 되겠지' 해도 안 되는 건 안 되는 거
다. 아마 부정부패 방지 차원에서 그런 듯하다.

이날 방문한 인류의 요람은 정확히 말하면 마로펭방문자센터이다.
215만 년 전의 원시인류 미시즈플레스Mrs Ples와 원인猿人 리틀풋Little Foot
등이 발견된 스테르크폰테인동굴은 이곳에서 8km쯤 떨어진 곳에 있다.
방문자센터는 그 원시인류 화석 모형과 각종 관련 전시물을 모아 놓았다.

입구에 들어서자 이곳을 방문한 코피 아난 전 유엔 사무총장 등 유명
인사들의 발자국 기념판이 벽에 빙 둘러 있었다. 나중에 보니 출구에도
라마포사 남아공 대통령을 비롯해 시진핑, 푸틴, 모디 등 여러 국가

남아공의 세계문화유산 '인류의 요람' 정면 모습.
세계 원시인류 화석 모형과 각종 관련 유물을 전시하고 있다.

지도자들의 두 손자국 기념판이 있었다. 아쉽게도 대한민국 지도자의 것은 아직 없었다. 대한민국 대통령의 손자국도 여기 남아서 한국 방문객들을 반겨 주길 기대해 보았다.

방문자센터에서 아래로 내려가면 지구에서 생명이 탄생하기 이전의 물, 불, 바람 등을 체험할 수 있는 곳이 있다. 원형의 배 형태에 걸터앉으면 수로를 따라 흘러가면서 깜깜한 가운데 모형화된 태초의 상황들을 느낄 수 있게 해 놓았다.

잠시 놀이공원의 시원한 물놀이 같은 체험이 끝나면 이윽고 본격적으로 화석 모형들을 통해 인류의 진화 과정을 볼 수 있다. 예전에 고등학교 세계사 시간에 말로만 듣던 오스트랄로피테쿠스 등 인류의 먼 조상들을 두개골 모형 등으로 직접 관찰할 수 있다. 사실 고인류학 수업은 책으로만 해서는 별로 실감이 안 난다. 이런 현장에 와서 봐야 한다. 한국에서 좀 멀긴 해도 말이다. 나중에 한국이 좀 더 많이 교육에 투자해 아프리카 수학여행의 경우 반액 이상을 정부에서 지원하면 어떨까 싶다.

가이드인 두두(25세)는 리틀풋 등의 진품은 현재 요하네스버그의 비트바테르스란트대학과 프리토리아박물관에 있다고 했다. 그는 가장 오래된 인류 화석은 중앙아프리카 차드와 동아프리카 케냐, 그리고 이곳에 있다고 했다. 지구 대륙 이동설에 따라 인도가 판게아라는 최초의 아프리카 중심 고대 대륙에서 떨어져 나가는 전시 영상 장면이 새삼 새롭게 다가왔다. 인도는 아프리카와 본래 한 몸이었는데 아시아 남쪽에 가서 붙은 것이다. 인도와 아프리카의 친연성이 재미있지 않은가. 지금 그 인도가 아시아에 와 붙어 있고 김수로왕 부인 허황후가 역시 인도 출신이다.

인도뿐만이 아니다. 인류 시원의 땅 아프리카에서 현생 인류는 차례대로 서유럽(4만~3만 년 전), 아시아 등으로 뻗어 나갔다. 아시아의 경우 중국과 한국이 한 묶음으로 먼저 3만 년 전쯤에, 다음으로 일본에는 2만 년 전쯤에 도착했다고 돼 있다. 전시물은 이런 점에서 세계 모두가 아프리카를 일부로 갖고 있다고 설명했다. 우리에게도 아프리카 일부가 있다는 사실이 놀라웠다.

인간을 유인원 등 다른 동물과 구별 짓는 가장 큰 특징의 하나로는 직립 보행을 들었다. 나무 위에 살던 먼 인류 조상이 사바나(초원)에서 나무 아래로 내려와 점차 뚜벅뚜벅 걸어가면서 인류가 되어 갔다는 것이다.

그러나 코로나19로 인해 정작 이곳을 찾는 발걸음이 뚝 떨어졌다. 이날도 방문했을 당시 같이 관람한 사람은 인도계 한 가족뿐이었다. 가이드 두두는 "코로나19 전에는 매일 800~1,000명이 찾았지만, 이후에는

마로펭방문자센터는 원시인류부터
현 인류까지 얼굴과 두개골 진화를
보여 주는 사진과 모형을 전시한다.

100명 이하로 줄었다"고 말했다.

전시관을 둘러보면서 인간의 또 다른 특징으로 언어를 통한 의사소
통을 들었다. 또 "글로벌 세계에서 우리가 당면한 가장 큰 문제는 불평
등을 뿌리 뽑는 것"이라는 넬슨 만델라 전 남아공 대통령의 발언도 적
혀 있었다. 불평등의 대표적 예로 교육이 거론되었다. 문자 해독률을
표시한 연필 모형판에서 남아공은 86%이고, 우간다 70%, 말리 46%
등인 데 비해 일본은 99%, 중국 91% 등이었다. 모형판에 없던 대한민
국도 일본과 마찬가지로 100%에 육박한다.

인간을 인간답게 하는 것은 생물학적 직립 보행뿐만 아니라 독립적
인격체로서 살아가는 데 있다. 아울러 불평등 해소, 곧 더불어 살아가는
능력을 갖출 때 진정한 인간, 즉 사람과 사람 사이의 공동체가 영원한
가치를 품게 될 것이다.

찬란한 문명의 발상지

아프리카는 인류의 시원 대륙일 뿐만 아니라 독자적 문명이 존재한 곳이다. 일례로 그레이트짐바브웨Great Zimbabwe가 그러하다. 이곳은 짐바브웨왕국의 수도로서 11~15세기 2만 명이 거주하는 메가시티였다. 지금의 짐바브웨에 있으면서 주변 대륙과 교역을 했다. 그레이트짐바브웨는 스와힐리해안, 아라비아, 페르시아, 중국 등 먼 지역과 연결되는 정교한 무역 네트워크의 중심에 있었다. 중국 도자기, 페르시아 도자기, 아라비아 유리구슬 등의 고고학적 발견은 그레이트짐바브웨의 영향력이 대륙을 넘어 확장되었음을 나타낸다고 한다. 이 도시의 부는 주로 금과 상아 무역의 통제에 기반을 두고 있었다.

그레이트짐바브웨의 가장 눈에 띄는 특징은 석조 건축물, 특히 사하라 남쪽에서 가장 큰 고대 구조물인 그레이트인클로저이다. 모르타르를 전혀 사용하지 않고 건축된 이 건식 돌담은 높이가 최대 11m, 둘레가 250m가 넘는다. 정밀하게 절단된 화강암 블록을 사용하여 이 거대한 벽을 건설하는 기술은 현재의 이 지역과 비교할 수 없는 고급 석조 기술과 공학 수준을 보여 준다. 그 건축은 순전히 토착적인 것으로 쇼나족의 건축적·공학적·예술적 능력을 보여준다. 그레이트짐바브웨는 외부 영향 없이는 사하라 이남 아프리카에서 중요한 문명이 나타날 수 없다는 초기 식민지 이야기에 도전한다.

아프리카와 친구 됨은 먼저 그 땅에 대한 존중에서 시작된다. 나는 아프리카에 대한 정이 아직 끈끈하다. 호주에서 열린 2023 FIFA 여자

110

월드컵의 남아공 대 이탈리아 경기에서 남아공을 응원하자 주변에서도 아프리카 특파원 출신이라고 인정했다. 최근에 기안84, 덱스 등이 출연한 TV 여행 프로그램에서 마다가스카르 기행 스토리를 전했다. 시청하면서 '아, 나도 저기 갔어야 했는데' 생각하며 화면으로나마 충분히 공감했다.

마다가스카르의 석양이나 아프리카의 석양이나 마찬가지다. 아프리카의 숨결, 아프리카의 빛 말이다. 그 순박한 심성은 말해 무엇 하랴. 아프리카에 대한 그리움이 물씬 마음에서 피어올랐다. '그래 마다가스카르를 한번 꼭 가 봐야지.' 특히 아이들이 망고를 해맑게 나눠 먹는 모습은 현대 문명을 사는 우리에게 나눔의 아름다움을 새삼 느끼게 해 준다. 할 수 있다면 아프리카를 사랑하는 모임 '아사모'를 만들고 싶다. 그 첫 걸음은 뭐니 뭐니 해도 아프리카 여행일 것이다.

남아공에서 '베들레헴 별'을 보다

아프리카에서 생애 한 번 있을까 말까 한 별 보기를 경험한 적이 있다. 별은 밤이 짙을수록 밝게 빛난다. 코로나19로 다사다난한 2020년을 보내면서 남아공에서도 평생 잊지 못할 별 보기를 했다. 바로 성탄절이 가까운 시점에 일어나 '베들레헴의 별'(크리스마스 별)로 불리는 것이다. 아기 예수의 유다 베들레헴 탄생을 경배하러 온 동방박사들이 봤다는 그 별을 빗댄 것이다.

2020년 12월 21일(현지 시간) 저녁 7시 반에서 8시 사이 목성과 토성이 가장 근접해 지구와 거의 일직선상으로 비껴 보이는 베들레헴의 별 현상이 빚어졌다. 미국항공우주국^{NASA}에 따르면, 밤 시간대에 거의 800년 만의 현상으로 2020년에는 세계 거의 모든 사람이 목성과 토성의 '대결합$^{Great\ Conjunction}$'을 목격할 수 있다고 했다. 이날 북반구는 연중 해가 가장 짧은 동지이고 남반구는 해가 가장 긴 하지이다.

과연 밝은 목성 바로 오른쪽에 토성이 빛나 두 개의 별이 거의 붙어 있는 것처럼 보였다. 이날 현지 TV에서는 별 바라보기$^{star\ gazing}$ 안내가 이어졌다. 케이프타운, 요하네스버그, 더반 등 전국에서 볼 수 있다고 했다. 그러나 구름이 문제였다. 낮에도 구름이 많이 끼었고, 저녁 7시 이후 해질녘에도 구름은 잔뜩 끼어 있었다. 석양 쪽을 바라보란 말이 있어서 그쪽을 주시했지만, 여전히 구름은 지평선 너머로 짙게 깔려 있었다.

이날 왓츠앱을 통해 인근 자연공원 산을 한시적으로 저녁 8시까지 공개한다는 안내가 왔다. 모처럼의 기회를 놓칠 수 없어 가족, 이웃과 함께 갔다. 단지를 나오니 별을 보려고 차들이 공원 입구까지 길가에 다 주차해 있었다. 우리는 사전에 배부받은 비밀 암구호를 댔다. 공원 문지기가 문을 열어 주었다. 조금 짜릿했다. 선택받은 사람들만 안으로 들어갈 수 있었던 것이다. 평소 이 자연공원은 저녁 시간대에 들어갈 수 없었다.

아프리카에서 특히 남아공에서 밤에 돌아다니는 것은 쉬운 일이 아니다. 더구나 다른 이웃과 함께 밤나들이를 하는 경우는 더욱 드물다. 베들레헴의 별을 보기 위해 간만에 호젓한 곳으로 다들 외출한 것이다.

통신탑이 있는 꼭대기 부근에 가니 입장이 허용된 차들이 역시 줄을 서서 별을 기다리고 있었다. 구름은 여전히 저 석양 쪽 산 능선 위로 잔뜩 끼어 있었다. 구경 나온 다른 백인 중년 부부와 이야기를 나누다가 "별을 보라"고 해서 고개를 들었다. 어느새 별이 구름 사이로 나타나고 있었다. 최근 사들인 중고 천체망원경을 갖고 별을 바라보았다.

육안으로도 또렷하게 두 별이 거의 겹쳐서 가까이 보였다. 망원경으로 배율을 크게 해서 보니 목성만 마치 전자현미경 속 동그란 세포처럼 보였다. 배율을 작게 하니까 두 개의 별로 보였다. 신기했다.

한국에서는 바쁘게 살다 보니 하늘을 쳐다볼 기회가 별로 없었다. 물론 강원도 시골에 가서 별 구경을 할 수도 있을 것이다. 그러나 이곳 남반구에 와서 별을 바라보고, 더구나 일생일대의 기회를 잡아 '베들레헴의 별'을 보자 감흥이 남달랐다. 여름 저녁 바람도 선선하게 불어왔다. 여름의 성탄절은 북반구에서 생각할 수 없는 일이었다. 영화 〈8월의 크리스마스〉처럼 이것도 남반구에서만 느낄 수 있는 독특한 경험이다. 내친김에 천체망원경을 거의 수직으로 곧추세워 초승달까지 보았다.

그때 누군가 다가왔다. 네 흑인 모녀가 천체망원경 좀 볼 수 없냐고 물었다. 사회적 거리두기에 익숙해져 마음속에 자리 잡았던 망설임도 잠시 자리를 비켜 주었다. 베들레헴 별도 보고 싶다고 해서 다시 보조렌즈로 맞춰 대물렌즈로 보도록 했다. 머리를 예쁘게 양 갈래로 딴 로지(6세)는 별 보기를 즐겼냐고 묻자 "맞아요"라고 답했다. 아이는 접안렌즈에 눈이 안 닿아 언니들이 몸을 들어 줘서 봤다. 로지 엄마는 "아이들이 집 안에서만 볼 수 없다며 바깥에 나가 보자고 졸라대서 나왔다"고 말했다. 그날 밤 남아공은 모처럼 흑백 가리지 않고 별을 보는 이웃이 되었다.

그렇다. 별은 누구나 볼 수 있다. 고개를 들어 밤하늘로 시선을 돌리기만 하면 된다. 함께 보는 별은 더 아름답다. 산에서 바라본 수도 프리토리아 야경이 별을 흩뿌려 놓은 듯 환했다.

새로운 도전정신을 키우는 땅

남아공은 역사의 새 페이지를 열어간 위인의 땅이다. 간디가 이곳에서 1등석 표를 샀음에도 불구하고 백인 전용석에서 쫓겨남으로써 인도 독립의 열망을 품게 되었다.

도대체 무슨 소리인지 좀 더 구체적으로 얘기해 보자. 간디는 더반에서 프리토리아로 여행할 때 열차의 1등칸에서 쫓겨나 플랫폼에서 추운 밤을 지새워야 했고, 역마차를 타고 가던 중 유럽인에게 자리를 내주지 않는다며 백인 마부에게 두들겨 맞기도 했다. 호텔은 유럽인 전용이었기 때문에 투숙할 수 없었다. 훗날 간디는 이 여행에서 인생 중 '가장 창조적인 경험'을 했다고 회고했다. 그는 유색인종으로 구분되어 천대받는 동포들의 참담한 처지를 알게 되었고, 그들에게 고유의 권리와 의무를 일깨우려고 각방으로 노력했다.[3]

실로 인도의 독립영웅 간디의 정신적 골격이 남아공에서 형성되었다고 할 수 있다. 그는 히브리 노예들을 애굽에서 탈출시킨 모세와 비슷하게 지도자적 품성 형성 과정을 겪었다. 간디는 요하네스버그에서 '사티아그라하Satyagraha', 즉 '진실의 견지'라는 소극적 저항운동을 벌이기 시작했다. 그는 이 사티아그라하를 원한과 투쟁, 폭력 없이 저항으로 적대자들의 잘못을 바로잡는 '새로운 방법'의 운동이라고 해석했다. 이 때문에 선동죄 혐의로 요하네스버그 구성채舊城砦, Old Fort에 구금되기도 했다.[4]

공교롭게도 저자가 2013년 미국 워싱턴 DC에서 연수할 때 현지 외교공관이 모여 있는 거리를 지나면서 접했던 것이 간디상이었다. 또 그해에 찾아간 미국 남부 도시 애틀랜타의 흑인 민권운동가 마틴 루터 킹Martin Luther King 목사 기념관도 간디의 비폭력 운동을 계승했음을 밝히고 있다. 2013년은 킹 목사의 '나에게는 꿈이 있습니다 I have a dream' 연설로 유명한 워싱턴 내셔널몰 집회 50주년이었다. 남아공 더반에 들렀을 때 간디가 타고 간 열차가 출발한 기차역을 보기도 했다. 의도치 않았는데 여정 곳곳이 연결되었음을 느낀다.

한편 만델라는 이 땅에서 반인종차별주의 투사로서 세계적 명성을 떨쳤다. 처칠은 종군기자로서 보어전쟁에 참전하여 수용소에 갇혔다가 목숨을 건 탈출을 감행했다. 철길을 홀로 걸어가면서 그동안 자신이 의존해왔던 모든 철학 너머 생명을 주관하는 신의 존재를 갈구하게 되었다는 대목이 기억난다.

그래서일까. 생활 속 어느 조건에 처해도 적응과 임기응변의 적극성을 길러 주는 곳이 또한 남아공이다. 그동안 남에게 의존하던 것을 스스로 했을 때 뿌듯함을 깨닫게 해 준다. 철학자 매슈 크로퍼드Matthew Crawford 는 "도전적인 일을 직접 해내고 숙련의 감각을 지켜가는 것은 한 사람의 삶의 질, 경험의 깊이, 효능감에 큰 영향을 줄 수 있다"고 말했다.[5] 뿌듯함과 도전정신을 키워 주는 곳이 바로 남아공이다.

팬데믹을 계기로 남아공에서 이발은 아내가 해 준 덕분에 지금도 커트를 집에서 한다. 당시 새 쓰레기봉투를 둘러쓰고 머리만 내민 채 이발한 것은 웃음을 짓게 하는 추억이다. 돌이켜 보면 미국 연수 때도 아내가 김치를 담그기 시작했다. 그래서 우리 집만의 김치, 헤어스타일이 탄생하게 된 것이 재미있다.

직접 뭔가를 생활 속에서 해본다는 것은 우리 삶을 적극적으로 만들어 준다. 능동적으로 문제에 대처하게 해 준다. 가스를 직접 연결해 보는 등 소소한 나만의 DIY는 생활에 활기를 불어넣는다. 물론 혼자 안 되면 힘을 맞들어 대처하면 된다. 어렸을 때 큰아버님께서 가르쳐 주신 자전거 수리의 교훈이 있다. "만든 사람도 있는데 못 고치면 되겠느냐"였다.

남아공에 이사 와서 집 안에 한국에서 쓰던 세탁기를 들이는데 혼자 힘으로 안 되었을 때 대사관에서 근무하던 명정인 실무관이 도와주었다. 함께 있는 힘껏 용을 쓰고 세탁기를 들여놓은 것도 미소를 짓게 하는 추억이다. 친절하게 세탁기에 맞는 연결 도구까지 구해 줘서 얼마나 고마웠는지 모른다. 이국 생활에서는 작은 도움이 함께 삶을 살아가는 데 큰 힘과 용기를 준다.

명 실무관 얘기를 좀 더 해보자면, 형제자매 간 우애를 잘 실천하는 집안이기도 하다.

이역만리를 건넌 오누이의 우애

이역만리 남아공 교민사회에서 한국까지 오가며 여동생에게 신장을 이식해 준 미담이 있다. 주남아공대사관의 명정인 사건·사고 담당 책임실무관과 경북 예천군청의 명신경 주민복지실 주무관이 그 주인공이다.

이들 남매는 2022년 5월 18일 서울대병원 이하정 교수와 의료진의 도움으로 성공적인 신장 이식을 했다. 아직 한국에 체류 중인 명 실무관은 〈연합뉴스〉와 통화에서 "수술 후 이상 반응 여부 등을 체크하기 위한 마지막 동반 진료를 오늘 동생과 함께 막 끝냈다"고 전했다. 단, 여동생은 앞으로도 검사 주기를 늘려 가면서 평생 검사를 하고 몸 상태에 따라 면역 억제제를 계속 먹어야 한다.

평소 신장이 좋지 않았던 명 실무관 동생은 약 1년 반 전에 투석해야 한다는 통보를 받았다. 몸의 찌꺼기를 걸러내는 콩팥이 안 좋으면 쉽게 피곤하고 혈압과 혈당 수치도 함께 올라가며, 투석을 하게 되면 정상적인 사회생활에도 큰 지장을 받는다.

이에 서울대 의대 박사과정을 마치고 현재 미국 워싱턴대학에서 박사후과정을 밟는 막내 종윤 씨가 먼저 귀국해서 이식에 적합한지 여부를 검사했다. 하지만 3남매 중 맏이인 명 실무관이 "내가 하겠다"고 나섰다. 막냇동생의 경우 둘째를 막 출산한 터라 혼자 움직이기 어렵다는 이유 등을 들어 장남인 형으로서 만류했다는 것이다. 3남매가 서로를 위하는 사랑이 이처럼 두터웠다.

명 실무관은 "처음에 앞뒤 가리지 않고 혼자 이식 수술 절차를 진행

명정인 실무관(오른쪽)과 명신경 주무관 오누이. 2022년 5월
신장 이식 수술 후 함께했다.(명정인 실무관 제공. 재판매 및 DB 금지)

하다가 나중에 아내가 알게 되었다"면서 "부부는 일심동체인데 본의 아
니게 마음에 상처를 주게 되어 미안했지만, 장인·장모님 등 가족들도
쉽지 않은 결정을 허락해 줘 고맙다"고 말했다. 신장 이식 수술은 기혼
자의 경우 배우자의 동의서도 필요하다.

명 실무관은 사전 신장 이식 적합도 등 검사를 위해 앞서 3월 5일
출국해 검사 후 4월 7일 남아공에 돌아왔다. 이후 신장 이식 과정에서
거의 최단 기간이라 할 수 있는 한 달여 만에 수술 결정이 이루어져 5월
14일 다시 귀국했고 22일 남아공으로 복귀하는 일정이었다. 한국과 남
아공은 직항이 없어 비행시간만 20시간 이상이고 단순 왕복만으로도
보통 사흘 걸리는 거리다.

명 실무관은 "근무지(주남아공대사관)에서 장기간 자리를 비워 직장
동료에 대해 미안함과 함께, 혹시 신종 코로나19 검사 결과가 양성으로

나올 경우 비행기·병원·휴가 일정에 차질이 생기기 때문에 이식수술까지 차질을 빚을까 하는 두려움이 있었다"고 그간의 심적 어려움을 토로했다. 동생 역시 가족에게 미안하고 고마운 마음과 함께 1년간 어쩔 수 없이 병가를 내게 되어 예천군청 동료들에게 미안한 마음이 있다고 한다.

명 실무관은 "수술 후 경과는 대부분 수치가 기대 이상으로 좋아 공여자와 수혜자 모두 건강한 상태"라면서 "수많은 분의 기도와 도움의 손길, 박철주 대사를 비롯한 주남아공대사관과 외교부의 의료검진 배려 덕분에 가능했다"고 감사했다.

그러면서 "우리 남매는 앞으로도 메멘토 모리 Memento Mori (당신이 죽는다는 사실을 기억하라)와 코람데오 Coram Deo (하나님 앞에서)의 자세로 살아가도록 하겠다"고 덧붙였다.

참고로 여동생은 2024년 1월 현재도 건강히 잘 지내고 있다고 한다.

흥겨운 리듬의 대륙

남아공 음악은 역시 흑인음악이 본류다. 위인 마디바(넬슨 만델라)에 비견되는 흑인 여성 가수 미리암 마케바 Miriam Makeba (1932~2008년)가 유명하다. 따로 그의 음악을 듣기도 했다. 이어 간간히 기회가 될 때마다 흑인 토속음악을 들었다. 흑인 비트는 세계 모든 현대 대중가요 원조라 할 수 있다. 자메이카 레게 가수 밥 말리의 리듬도 그 뿌리는 역시 아프리카다. 남아공을 비롯한 아프리카는 예로부터 음악적 유산이 풍부한 대륙이다.

최근 남아공 여성 DJ들의 유튜브를 본 적 있다. 남아공 여성 DJ 오와

미 마포카테Owami Mafokate, 엉클 와플스Uncle Waffles를 비롯한 아프리카 DJ를 보면서 리듬의 나라, 리듬의 대륙을 떠올리게 된다. 이들은 주로 몸을 흔들어대며 음악을 틀어 주고 사람들로 하여금 동참하고 몰입하게 한다. 남아공 잔칫집이나 파티장은 DJ를 빼놓을 수 없다. 남아공은 시위를 해도 춤을 추면서 한다. 거의 예외가 없다. 리듬의 대륙 아프리카. 신바람의 땅이다.

최근 재미있는 것을 발견했다. 북한도 웬만한 경축절에는 남녀가 단체 군무를 한다. 우리나라도 시위할 때면 음악이 기본이다. 대한민국도 방탄소년단BTS으로 대표되는 가무의 나라 아닌가. 아프리카와 한반도는 어떤 면에서 닮았다. 결국 리듬과 음악도 아프리카를 떠나서 얘기할 수 없다.

애플뮤직에서 미리암 마케바를 한글로 검색했더니 잡히지 않았다. 그가 부른 유명 노래로 검색하니 그제야 잡히고 이름은 영어로 떴다. 남아공 흑인 여가수 마케바가 1967년에 불러 세계적으로 히트시킨 댄스곡은 〈파타 파타Pata Pata〉이다. 2020년 4월 펜데믹 당시 일부 가사를 고쳐 아프리카 대륙 전역에 보급되어서 화제가 됐다. '파타 파타'는 '만져 만져touch touch'란 뜻을 가진 코사족 언어다. 1965년 흑인 여성 최초로 그래미상을 수상한 마케바가 당시 요하네스버그에서 인기 있던 댄스 동작을 따라 작사했다.

개사곡은 아프리카 베냉 출신 여성 아티스트인 안젤리크 키조Angelique Kidjo가 불렀다. 가사 내용은 "우리는 손을 깨끗이 할 필요가 있어요, 노 파타 파타 … 얼굴을 만지지 마세요, 거리를 유지하고, 노 파타 파타"라는 식으로 바꾸었다.

120

유니세프 대변인은 "노래가 너무 단순하게 들리지만, 오지에 있거나 온라인을 이용하지 못하는 사람들을 위해 라디오를 홍보 매체로 선택했다"고 설명했다. 그러면서 이 노래는 어려울 때 기쁨을 퍼뜨리기 위해 의도되었다고 덧붙였다.

노래의 힘, 그리고 아직 아프리카에서는 라디오가 큰 역할을 하는 곳이 있음을 다시 한번 상기한다. 남프랑스에도 인터넷이 전혀 안 되는 곳이 있다고 하니 아프리카야 말할 나위가 없을 것이다. 우리나라도 강원 인제의 한 계곡에 가니 핸드폰이 잘 안 터지는 곳이 있었다.

원래 〈파타 파타〉는 남아공 아파르트헤이트 시절에 기쁨을 표현하면서 "세계에서 가장 굴하지 않는 기쁨의 노래"라고 불렀다. 노래를 부른 마케바는 별명이 '마마(어머니) 아프리카'로 아프리카 음악을 세계에 널리 알리는 데 기여했다. 마케바는 또 반아파르트헤이트 운동가로도 활동했다. 이 때문에 남아공 백인정권으로부터 입국금지 조치를 당해 31년간 미국, 기니 등지에서 망명 생활을 하기도 했다. 그녀는 키조의 친구이자 멘토였다.

키조는 유니세프 친선 대사로 지난 10년간 아프리카가 낳은 최대 셀럽(유명인) 가운데 한 명이다. 키조는 당시 성명에서 "마누와 미리암이 내게 영감을 주었다. 〈파타 파타〉는 내게 희망을 주었다"면서 "〈파타 파타〉는 항상 투쟁의 시기에 사람들을 위해 있었다. 우리의 협소해진 공간에서도 다시 한번 춤출 수 있길 바란다"고 말했다.

아프리카 작가의 황금시대가 열리다

2024년 10월 10일 한국 작가로서는 처음으로 한강이 노벨문학상을 수상하는 쾌거를 이룩했다. 앞서 남아공도 1991년 나딘 고디머, 2003년 존 맥스웰 쿳시가 각각 노벨문학상을 수상한 나라다. 남아공 학문 수준도 결코 무시 못 한다. 케이프타운 의과대학은 세계에서 처음으로 심장이식 수술에 성공했다. 그간 대학은 10명의 노벨상 수상자를 배출했는데, 그 가운데 여성 교수 1명을 포함해 4명은 의학상 수상자다.[6]

저자가 아프리카 특파원으로 있던 2021년은 팬데믹 속에서 아프리카 문학의 황금시대라 할 만했다. 그해 11월을 전후해 잇달아 남아공 작가 데이먼 갤것 Damon Galgut 이 부커상(수상작 《약속》)을, 탄자니아 난민 출신 압둘라자크 구르나 Abdulrazak Gurnah 가 노벨문학상(대표작 《낙원》)을, 세네갈 작가 모하메드 음부가르 사르 Mohamed Mbougar Sarr 가 프랑스의 권위 있는 공쿠르상(수상작 《인간의 가장 비밀스러운 기억》)을 수상했다. 아프리카 출신 작가들이 이례적으로 세계 3대 문학상을 휩쓴 것이다. 그런가 하면 나이지리아 출신으로 아프리카 최초의 노벨문학상(1986년) 수상자인 월레 소잉카 Wole Soyinka 는 거의 50년 만에 새 소설 《지구상에서 가장 행복한 사람들의 땅에서 온 연대기》를 출간했다.

남아공도 아파르트헤이트 치하에서 흑인들에게 사실상 내부 식민지였다고 한다면 이들 작품은 대체로 아프리카의 탈식민 후 역사의식이 화두로 관통한다고 볼 수 있다. 아직은 아프리카 출신 작가들이 영어와 프랑스로 작품을 발표하는 것이 대세다. 하지만 아프리카 토착언어로 쓴 작품도 남아공에서 눈에 띈다. 남아공문학상 SALA 에서 신설된 '지역시인상'은, 영어가 아니라 아프리칸스(백인 토착언어), 시총가(흑인 종족 언어) 등의 언어로 시를 쓴 두 작가가 수상했다.

갤것은 AP통신과 인터뷰에서 아프리카의 목소리를 듣기 싫어하던 유럽과 미국이 마침내 귀를 기울이기 시작했다고 평했다. 《약속》은 243쪽 분량으로 작품에 화자의 따옴표 대화 표시가 전혀 없는 독특한 형식의 소설이다. 아파르트헤이트 철폐 전후로 스바르트 가문의 수십 년간에 걸친 일대기를 시대상과 함께 차분히 펼쳐 놓았다. 어머니 레이철이 죽을 당시 자신을 끝까지 돌봐 준 흑인 가사도우미 살로메에게 자신의 집을 유산으로 주도록 남편에게 약속하게 한다. 하지만 남편 스바르트와 그 아들 안톤, 딸 아스트리드가 그 약속을 지키지 않은 채 연이어 비극적 죽음을 맞는다. 결국 막내딸 아모르가 뒤늦게나마 자신 몫의 유산을 살로메에게 증여하는 방식으로 소설은 끝난다.

《약속》은 아파르트헤이트 폐지 후 지금까지 한 세대 동안 달성하지 못하고 유산된 공동체적 약속의 소설적 표현이라 할 수 있다. 물론 그 약속을 이행하는 정치적 주체는 백인이 아니라 집권당 아프리카민족회의ANC의 몫이다. 하지만 일반 흑인과 평균 5배나 소득 격차가 난다는 백인 유산 계층도 그 책임에서 자유로울 수만은 없을 것이다.

평론가 신형철은 평론집 《몰락의 에티카》에서 "좋은 소설에는 '현실 자체'가 있는 것이 아니라 '현실과의 긴장'이 있다"고 했다. 갤것은 자신의 소설 하나로 당장 세상이 바뀌지 않겠지만 "다른 한편으로 책들은 점증적으로 인간의 인식을 바꾼다고 나는 믿는다"고 밝혔다. 아프리카 문학이 황금기를 구가하는 이때 국내에도 이들 문제적 작가의 소설이 활발히 번역되어 소개되길 바란다.

와일드한 사람들, 신나는 나라

남아공은 신나는 곳이다. 남아공 사람들은 와일드한 면이 있다. 지프차에 '인생은 한 번뿐'이라는 글을 붙여 놓고 차를 몰고 가는 모습이 예사롭지 않다. 남아공인은 실제로 다양한 스포츠와 레저를 즐기곤 한다. 남아공 스포츠 하면 럭비를 빼놓을 수 없다. 럭비는 원래 백인들의 운동이었으나 지금은 흑인도 즐기는 운동이 되었다. 럭비 주장 가운데 첫 흑인 출신인 콜리시를 빼놓을 수 없다. 그의 소탈함과 리더십은 배울 필요가 있다. 그는 영국 〈파이낸셜타임스〉와 인터뷰를 하러 갔을 때도 허름한 싸구려 호텔에 묵으면서 스포츠 스타마냥 뻐기는 모습도 없었다.

잠깐 이야기가 옆으로 새는 것이겠지만 1972년 10월 안데스산맥 설원에 추락한 우루과이 여객기의 생존자 10여 명 가운데 대부분이 럭비 선수였다. 럭비 선수로 뛰었던 친구가 50일 넘게 고립되어 남아 있는 동료들을 대신해 칠레 국경으로 10일 넘게 걸어가 드디어 구조 요청을 하기에 이른다. 비행기 꼬리가 떨어져나가고 경착륙했음에도 불구하고 이들은 힘을 합쳐 비행기 칸을 개조하고 생존에 나선다. 이때 럭비선수들의 저돌성과 단합이 큰 힘을 발휘한다.

남아공의 자연환경은 한국의 12배에 달하는 넓은 땅에 다양한 지형이 전개되기에 레저 활동에 안성맞춤이다. 대표적인 것이 '지옥의 레이스'로 알려진 컴리즈Comrades마라톤이다. 장장 90km가 넘는 세계 최대 울트라마라톤으로 혹독한 경기다. 2020년 6월 2만 7,500명의 울트라마라토너들이 참가할 예정이었으나 팬데믹 때문에 취소되었다. 〈블룸버그〉 보도에 따르면, 한 세기 가까운 역사를 가진 컴리즈마라톤이 취소된 것은 제2차 세계대전 당시인 1941~1945년 이후 처음이었다. 컴리즈는 세계에서 표준 마라톤(42.195km)보다 더 긴 거리를 뛰는 대회로서는 가장 많이 참가하는 대회였다. 관객만 해도 40만 명 가까이 해당 루트에 모여든다. 마라톤 구간은 남아공 콰줄루나탈주의 피터마리츠버그에서 동부 해변 더반까지다.

앞서 10년 동안 두각을 나타낸 나라는 남아공, 러시아, 미국, 짐바브웨, 영국 등이었다. 금세기 여성 울트라마라톤은 러시아 자매인 엘레나와 올레시아 누르갈리에바가 지배해 그들끼리 10차례 우승을 나눠 가졌다. 한편 남아공의 브루스 포디스가 1981~1990년 아홉 차례 우승한 기록은 아직 깨지지 않았다. 이 대회가 공식적으로 여성과 모든 인종에게 개방된 때는 1975년이다.

나중에 컴리즈마라톤 대회는 2022년 8월 재개되었다. 당시 주자 2명이 사망해 지옥의 레이스임을 실감케 했다. 사망자는 대회 구간 중간쯤과 구간 후반에서 발생했다. 총 74명의 마라토너가 병원에 실려 간 가운데 2명은 중환자실에 입원했다.

나 또한 100km 가까운 지옥의 레이스에 참여하고 싶었다. 비록 바람에 그쳤지만, 달리기는 남아공에서도 즐긴 것 중 하나이다. 아침에 동네한 바퀴 식으로 가끔 뛰었다. 팬데믹 시기 어디 가지는 못해도 아들과함께 단지 내에서 달린 것은 좋은 추억이다.

꿈인즉슨 나도 마라톤에 나선다는 마음가짐으로 집 주변에서 트레일러닝을 하는 주민들과 합류했다. 아줌마가 리더 격이었다. 아이도 셋둔 아줌마였는데 몸은 홀쭉하고 가늘었다. 자신은 이미 컴리즈마라톤을 2번인가 뛴 적이 있다고 했다. 적어도 40대 이상인 이 아줌마와 몇 명의 그룹과 함께 사진도 찍고 같이 뛰었다. 장소는 집 주변 자연공원으로 관목 덤불만 주로 있고 울퉁불퉁한 산악 지형으로 오르락내리락하면서 산 주위를 도는 것이었다.

대한민국을 대표한다는 마음가짐으로 뛰었지만 역부족이었다. 내가 하도 뒤처지니까 아줌마와 그 남편까지 번갈아가며 뛰다가 돌아와서 나를 격려해 주었다. 좀 부끄러웠지만 이들은 프로 아닌가. 스스로 자위해 가면서 끝까지 완주했다. 두세 번 정도 이렇게 트레일러닝을 참여했다. 남아공 사람들과 좋은 접촉면이었다고 생각한다. 그래도 내가 워낙 느리고 뒤처지니까 어느 때부터인가 연락이 안 왔다. 스스로 연습을 더 하라는 취지였다고 늦게나마 추론해 본다. 어쨌든 달리고 있노라면 산악자전거를 탄 바이크족들이 지나가기도 한다.

우리가 달리는 코스는 와일드비스트나 얼룩말 같은 야생 동물이 돌아다니는 곳이었다. 집 주변에서 이렇게 뛰면서 야생 동물을 볼 수 있다는 데 바로 아프리카 생활의 매력이 있다.

다만 세계에서 강력범죄가 가장 기승을 부리는 나라 중 하나인 남아공에서는 바깥에서 조깅하거나 자전거를 탈 때도 강도의 공격을 조심해야 한다. 팬데믹으로 경제가 어려워지면서 러너들과 사이클리스트들이 공격받는 일도 훨씬 잦아졌다. 1991년 당시 컴리즈 울트라마라톤 우승자인 닉 베스터가 2020년 8월 집 근처 마갈리스버그산에서 러닝을 하다가 강도의 공격을 받아 갈빗대 골절 등 중상을 입었다. 이에 따라 후추 스프레이 같은 호신용 무기를 갖고 다니고 아직 주변이 어두운 이른 아침에 뛰지 않는 것, 혼자가 아닌 그룹 달리기 등이 조언으로 제시된다.

126

저자의 남아공 친구 아티가 운영하는 농장의 풍경.
산으로 둘러싸인 드넓은 대지 위에서 양 1,000여 마리를 방목하고 있다.

　　남아공 생활을 돌이켜 보면서 한국의 장점 또한 확연히 알 수 있다.
바로 가까운 곳에 녹지와 산이 있고 안전하게 접근할 수 있다는 것이다.
특히 저자가 사는 곳에서 가까운 북한산 둘레길을 돌면 이를 더더욱 실
감한다. 물론 남아공에서 돈 가진 사람은 넓은 농장을 소유할 수 있다.
남아공의 내 친구 아티가 그랬다.
　　한번은 그의 지방 집에 갔는데 양 1,000마리 정도를 키우는 자신의
농장을 보여 주겠다고 했다. 그러면서 바깥에 나가더니 저 산에서 이 산
까지라고 말했다. 광활하기 그지없었다. 농장 안을 차를 타고 이리저리
돌아다닐 정도였다.

　　한국에 돌아와서 생각하니 나 또한 광대한 자연을 소유하고 있었다.
북한산 말이다. 단, 이 산은 시민들의 공동 소유이다. 우리는 공동으로
이 자연을 누리는 것이다. 무엇보다 나만의 영토가 아니라 함께 누릴 수

있는 안전한 곳이다.

남아공은 상대적으로 치안 불안 때문에 어디서나 이른바 '데인저 레이더'를 켜야 하는 상황이다. 그림 같은 집이 있어도 더불어 살아가는 사회 속에서 함께 누릴 수 있을 때가 가장 좋은 것이다. 돌아다닐 때 느낄 수 있는 안전감이 참으로 중요하다. 그것은 향유의 기본이다. 이웃과 안심하며 살 수 있고 산책하고 교감할 수 있다는 것 말이다.

물론 남아공에서 드라켄즈버그를 등산한 것은 잊을 수 없는 추억이었다. 드라켄즈버그는 아프리칸스어로 '용의 산'이다. 우리나라로 치면 용산이다. 남아공 최대 민족인 줄루족 언어로는 우쿠하란바 '창의 장벽'이라 불린다. 최고봉인 타바나누토레냐나는 해발 3,482m에 이르고, 산맥의 길이가 1,000km에 이를 정도로 장대한 규모를 자랑한다. 또한 드라켄즈버그는 남아공 최고의 트래킹 코스로 유명하다.[7]

2023년 6월 북한산 백운대를 거의 4년여 만에 다녀왔다. 팬데믹 전, 출국 전에 한 번 간 것 빼곤 귀국해서 처음으로 산에 올랐다. 인수봉이 새삼 우람차게 다가왔다. 쥐라기 시대 1억 8,500만 년 전부터 생성된 바위산이 정말 멋있었다. 1억 년 전으로 타임머신을 타고 다녀온 셈이다. 북한산에도 외국인들이 많이 찾는다. 남아공 등 외국에 비해 서울 근교에 이런 명산이 있다는 건 우리에게 큰 축복이다.

우리나라 산은 정말 빼어나다. 남아공 산도 정말 아름답다. 산은 어디를 가나 멋지다. 고유의 아름다움과 정적, 고요함, 침묵 가득함이 자리한다. 산의 침묵과 무게감을 배우고 싶다. 일본의 한 장수가 고요하기가 태산 같고 움직이면 질풍노도 태풍과 같이 하라고 군사작전을 일렀다. 산에 오름은 또한 호연지기를 기름에 좋다.

이야기가 잠시 옆으로 샜지만, 남아공 드라켄즈버그산맥을 혼자 여행하고 온 것이 떠오른다. 스스로 생각을 정리하고 차분히 쉬고 싶어서 휴가를 이용해 며칠간 다녀왔다. 산은 혼자 가도 크게 외로움을 느끼지 않을 수 있다. 산이라는 공간이 홀로 사색을 요할 때 걸으면서 생각하기에 적합하기 때문이다.

오늘의 공기는 '보통'

한국에 와서 가장 당혹스러운 것은 미세먼지였다. 남아공에서는 수치를 일일이 의식하지 않고 살다가 대기질 수치를 접하면서 스트레스를 받았다. 우리나라는 여름이나 장마철에도 미세먼지가 많다. 늦여름, 초가을에도 한국은 때때로 미세먼지가 낀다.

남아공 특파원으로 주재할 때인 2021년 3월 하순 서울에 중국발 황사가 엄습해 대기질이 매우 좋지 않았다. 당시 행정수도 프리토리아도 아침에 공기가 뿌옇게 흐린 때가 종종 있었다.

대체로 남아공 공기 질은 한국보다 나은 편으로 분류된다. 스위스의 대기질 분석업체 아이큐에어IQAir가 발표한 〈2020 세계 대기질 보고서〉에 따르면, 초미세먼지(PM 2.5) 농도($\mu g/m^3$) 순위에서 한국은 41위(농도 19.5)이고 남아공은 49위(농도 18.0)였다. 여기서는 순위가 앞설수록 대기질이 좋지 않은 것이다.

세계 주요 도시 랭킹에서도 서울은 33위(농도 20.9)이고 남아공 입법수도 케이프타운은 82위(농도 8.0)이다. 케이프타운은 잘 알려진 대로 세계적 해변 휴양도시라서 공기 질이 월등히 좋은 편이다. 한편 남아공이라도 내륙 고원지대에 위치한 프리토리아는 서울과 공기 질 차이가 크게 나지 않는다. 아이큐에어의 실시간 모니터링 자료를 통해 이번 한 주 공기 질 비교를 봐도, 서울이 황사로 하루 이틀은 훨씬 안 좋았지만, 다른 날들은 프리토리아와 눈에 띄는 차이 없이 비슷한 '보통' 정도였다.

프리토리아에 오래 산 교민에 따르면, 그 전해에 아이큐에어 앱(애플리케이션)을 통해 서울과 프리토리아를 비교해 봤을 때 안 좋은 적도 종종 있었다고 한다. 하지만 대체로 프리토리아 공기 질이 때로 미세먼지 철의 서울만큼 숨쉬기가 곤란하다고 느낄 정도는 아니었다. 당시에 남아공에 부임한 한 공관원은 다른 곳에 비해 프리토리아 공기가 훨씬 좋은 편이라고 얘기했다. 아마 프리토리아가 수목 등 녹지가 풍부한 편이라서 그렇게 체감했을 수도 있다.

하지만 아침 조깅 때 보면 검은색에 가까운 짙은 회색 연기 띠가 프리토리아 상공을 덮고 있는 모습을 왕왕 볼 수 있다. 인근에 있는 남아공 최대 경제중심 요하네스버그도 사정이 별반 다르지 않다. 문제는 공기 질에 대한 인식이 서울보다 이곳이 매우 낮은 것 같다는 점이다. 도로에서 차를 몰고 가다 보면 말 그대로 검은 연기를 펑펑 쏟아내고 가는 차량을 심심찮게 볼 수 있다. 버스도 그렇고 승용차, 트럭 등 종류를 가리지 않고 그렇다. 서울이라면 누가 신고하거나 당장 단속원이 잡아 세우고 점검하겠지만 남아공은 단속하는 모습을 쉽게 볼 수 없다.

남아공이 상대적으로 공기 질에 무신경한 듯하지만, 아프리카 나라들 중에서는 그나마 나은 편이다. 남아공은 정부에서 공개적으로 대기질을 실시간 모니터링하는 네트워크를 갖춘 유일한 아프리카 국가이다. 우선 아프리카 현지에 측정 설비를 갖추는 데 도움을 주어 공기 질에 대한 인식을 개선하는 것이 급선무라고 할 수 있다.

햇빛 보기 힘든 이상기후

대한민국이 아열대화하는 이때, 남아공도 이상기후로 몸살을 겪고 있다. 남반구 남아공은 1~2월에 여름 후반부로 접어든다. 북반구가 겨울인 것과 정반대인 셈이다. 이 시기 남아공에 이례적 우기가 지속되어 두어 주간 화창하게 맑은 날씨 보기가 부쩍 힘들었다.

남아공에서 20~30년 가까이 오래 산 교민들도 이렇게 비가 장마처럼 오는 경우는 보기 드물다고 하면서 기후변화와 이상기후 탓인 것 같다고 얘기했다. 김맹환 당시 남아공 한인회장은 "예년에는 12월부터 1월까지는 오후에 열대우림 스콜처럼 소나기나 폭우가 한차례 퍼붓고 이내 말끔히 개곤 했다"면서 "밤에도 천둥 번개와 함께 비가 내리고 낮에는 활짝 개었는데 이처럼 비가 연일 오는 것은 이례적"이라고 말했다.

비가 계속 내리다 보니 빨래를 널기도 마땅치 않다. 게릴라식으로 비가 오는 바람에 잠깐 개었을 때 빨래를 널면 언제 그랬냐는 듯 비가 와서 서둘러 다시 빨래를 걷어야 했다. 남아공은 빨래도 집 앞에 마음대로 못 널게 되어 있다. 밖에서 보이지 않는 뒷마당에 널어야 한다. 물론 요하네스버그 도심 아파트의 경우 창가에 옷을 널어놓는 장면도 볼 수 있긴 했다.

전에는 빨래가 그렇게도 잘 마르더니 습기가 눅눅할 정도로 높아지니까 옷도 잘 마르지 않았다. 해발고도 1,339m인 프리토리아와 1,753m

인 요하네스버그에서는 구름도 낮게 난다. 한국에서보다 훨씬 하늘이 가깝게 느껴진다. 그래서인지 천둥 번개도 더 강렬하게 치는 것 같다.

기후변화로 인한 인명 및 물적 피해도 컸다. 일례로 2022년 4월 당시 남아공에서 400명 가까이 숨지고 수만 명의 이재민을 발생시킨 최악의 홍수 피해가 일어났다. 정부는 긴급자금 10억 랜드(약 839억 원)를 1차로 방출했다. 에녹 고동과나 재무부 장관은 "어려울 때 함께하는 우분투 정신을 발휘해 우리의 모든 차이를 뒤로하고 콰줄루나탈 주민이 다시 일어설 수 있도록 지원하자"고 호소하기도 했다.

2023년 7월 한국에서도 예천 산사태, 오송 지하차도 침수 등의 극한 호우 상황으로 50명의 사망자와 실종자가 발생했다. 남아공에 비해 규모는 작지만, 그 피해 강도는 결코 가볍게 느껴지지 않는다. 선진국이라는 대한민국에서 후진형 재난이 벌어진 것은 안타까운 일이다. 더구나 정부 시스템의 실패를 목도하게 되어 씁쓸했다.

케냐, 홍수와 가뭄의 이중고

2023년 10월 월드비전World Vision에서 아프리카 어린이의 식수 환경 개선을 위한 6km 마라톤 체험 행사를 했다. 물통을 갖고 이 거리를 걷는 것은 아프리카 어린이들이 식수를 길으러 평균적으로 걷는 거리를 직접 걷고 체험하기 위한 것이라고 한다. 해당 영상을 만들 때 아프리카 케냐 어린이들이 물을 실어 나르며 땡볕에 걷던 모습이 생각났다.

2022년 9월 하순 아프리카 케냐 북서부에 있는 세계 최대 사막호수 투르카나를 직접 찾았다. 당시 호수 물이 불어났지만 정작 그 주변 일대는 극심한 가뭄을 겪고 있었기 때문이다. 어떻게 이런 기현상이 가능할까.

기후변화 탐사 취재차 현장을 찾아가 직접 지역 전문가의 말을 듣고서야 궁금증이 풀렸다. 국가가뭄관리청NDMA 투르카나카운티의 조세파트 로트웰 부국장은 "멀리 떨어진 북쪽 에티오피아 산악지대에 이전과 달리 변칙적으로 폭우가 내려 투르카나호로 유입해서 수위가 불어났다"고 말했다. 투르카나호 유입량의 90%를 차지하는 에티오피아 오모강을 통해 불어난 물이 호수로 들어온다는 것이다.

그에 비해 투르카나호 주변은 지난 네 차례 연속 우기에 비가 제대로 내리지 않아 최악의 가뭄 위기를 겪는 건조 및 반건조지대ASAL에 속한다. 케냐 북부뿐 아니라 에티오피아, 소말리아 등 대륙 동북부 아프리카의 뿔 지역이 40년 만에 최악의 가뭄을 겪고 있었다.

투르카나호 지역은 유네스코UNESCO 세계유산으로 지정된 곳으로, '옥빛 바다Jade Sea'라는 이름이 상징하듯 멀리서 바라보면 물 색깔이 아름다운 비췻빛인 광대한 호수다. 떨어져서 호수를 보면 고요한 날씨에 물 표면에 올라온 조류藻類 때문에 전체가 청록색으로 보이지만, 가까이 가서 보면 호숫가는 흙탕물이다. 호수 표면적은 6,405km²이고 최대 길이 290km, 최대 너비 32km에 달한다.

또한 이곳은 '인류의 요람'으로 불린다. 약 180만 년 전 직립보행 초기 인류인 호모 에렉투스가 사바나의 나무 위에서 거주하는 생활을 하다가 내려와 당당히 초원에 서서 두 발로 활보한 곳이다. 호모 에렉투스는 아시아와 유럽으로 뻗어 나갔다. 그 유골인 '투르카나 보이'가 바로 투르카나호 서쪽에서 발견되었다.

가뭄으로 고통받는 현장인 케리오센터의 로렝기피 마을을 먼저 찾아 갔다. 케냐 수도 나이로비에서 약 1시간 40분 정도 국내선 비행기를 타고 가 로드와공항에 내렸다. 이후 사륜구동 픽업트럭을 타고 울퉁불퉁 비포장도로로 다시 한 시간 반 넘게 들어갔다. 나무 그늘에 앉아 있던 추장과 마을 남녀 대표 10여 명이 투르카나어로 "에조카(안녕하세요)" 라고 인사하며 맞이했다.

레오날드 갈레 추장은 옆의 마을 대표들을 가리키며 "지난 3~4년간 전례 없는 가뭄으로 이 사람은 염소 60마리, 저 사람은 27마리를 잃었 다"며 "가축이 죽으면 우리도 죽는다"고 토로했다.

한 할아버지는 평생 이런 가뭄은 처음 겪는다면서 이전에는 가뭄이 이처럼 집요하게 길지 않았고 가축까지 많이 주려 죽지는 않았다고 말 했다. 52세 여성인 페로니카 애키텔라는 "우리는 이전에 우유를 마시고 농사도 함께 지으면서 매우 건강했지만, 지금은 몸무게가 모두 줄었다" 고 말했다. 염소, 양, 낙타 등 가축 1,000여 마리가 가뭄으로 야위어 몰 골이 더 흉해지기 전 미리 도축되기도 했다.

가뭄 위기에 국가재난사태를 선포한 윌리엄 루토 신임 대통령은 마 침 23개 카운티에 군용트럭을 이용해 식량 등 구호물자를 배분했다. 하 지만 아그네스 앨로트 애텔은 지원 물품을 주변 이웃과 나누다 보면 큰 도움이 안 된다고 하소연했다.

앞서 이 마을로 가는 길에 원형 물통을 눕혀 그 양쪽을 끈에 연결해 끌고 가는 10살짜리 잼스 로토루 등 2명의 아이를 봤다. 아이들은 매일 오전 수 킬로미터 거리를 걸어 물을 나른다고 한다. 로토루는 학교 수업 을 받을 시간에 먼지가 풀풀 날리는 길가를 힘겹게 걷고 있었다. 당국

조사에 따르면 물을 구하기 위해 이동하는 거리는 평균 10km에 달하고 최대 30km를 걷는 경우도 있다. 물값은 식수 20L가 5케냐실링(59원)에서 10케냐실링으로 뛰었다.

기온도 올라가 예년 이맘때 34도였는데 요즘은 최고 40도까지 육박한다. 이로 인해 가축의 먹이가 되는 풀과 나뭇잎이 마르고 거센 바람에 비옥한 표층이 휩쓸려 간다. 설령 씨가 떨어지더라도 제대로 자라지 못하고 이는 다시 가축의 성장발달에 악영향을 미치며 악순환이 거듭되고 있다. 이 지역에서는 원래 염소젖(산양유)을 많이 짜 마시지만, 물 부족의 여파로 염소젖도 말라 버린 터라 다른 지역에서 우유를 사 들여온다고 했다.

수자원개발 전문 국제구호단체 팀앤팀의 보스코 음웬드와는 "가뭄 대처를 위해 현재 2,000여 개의 관정管井을 팠지만 작동하는 것은 약 50%에 불과하다"고 말했다. 나머지 절반은 오랜 사용으로 물 수위가 내려가거나 제대로 관리가 안 된 탓에 고장 났다.

가뭄의 빈도도 1940~1950년대는 10년 간격이었으나 1960년대 8년, 1990년대 5년을 거쳐 지금은 2, 3년 주기로 잦아졌다. 목초지가 말라 물과 풀이 있는 곳으로 유목민들이 경계를 넘어 이동하거나 다른 사람의 가축을 훔쳐 분쟁을 일으키기도 한다. 실제로 투르카나이스트 지역에서는 가축 도난 사건 와중에 범인을 쫓던 경찰 8명을 포함해 11명이 매복 공격에 숨지는 사건이 벌어졌다고 현지 매체가 보도했다.

한편, 다시 차를 타고 3시간 만에 도착한 투르카나호에서는 불어난 물에 어부들이 조업을 제대로 못하고 있었다. 자른 야자나무 줄기 네다섯 개로 만든 뗏목으로는 물고기가 있는 깊은 곳까지 나갈 수 없다고 했다.

호숫가 엘리예 스프링스의 청년들은 수위가 높아지기 이전과 이후를 비교해 가장 큰 차이점은 물고기가 잘 잡히지 않는 것이라고 이구동성으로 말했다. 이들은 깊은 곳으로 갈 수 있는 모터보트 한 척이라도 외부에서 지원해 주기를 원했다. 어획량이 적다 보니 생선 요리값도 3년 전 500케냐실링(약 5,900원)에서 두 배 이상으로 뛰었다. 호수물이 이전보다 육지 쪽으로 약 500~700m 밀고 들어와 콘퍼런스 건물 등이 흙탕물에 잠겨 있었다.

투르카나호는 사해처럼 '출구'가 없는 소금호수이다. 2020년까지 10년간 10% 이상 호수 면적이 증가하면서 육지 800km²가 침수되었다. 호수물은 농업용수로 쓰기 힘들지만 깊은 호수 가운데는 염도가 덜하다고 한다. 아직 북쪽 오모강 등을 통해 담수가 유입되기 때문이다.

로트웰 부국장은 "기후변화는 피부가 희든 검든 인류 공통의 문제"라면서 앞으로 수십 년간 국제사회의 화두가 될 것이라고 내다보았다. 투르카나호는 오랜 옛날 북쪽 나일강과 연결되었다가 분리되어 아직도 호수에 나일악어가 살고 있다. 2020년 10월 홍수로 호수가 범람해 수재민 2만 4,000여 명이 발생했을 때 악어가 일부 집 앞까지 접근해 주민들이 공포에 떤 것으로 알려졌다.

투르카나카운티의 주요 소도시인 로드와에서 나고 자란 20대 여성 타마리 로동와는 기후변화의 영향을 묻는 질문에 단적으로 "물이 부족하다"고 말했다.

유엔환경계획UNEP의 기후변화 과제 책임자인 다니엘 푸아쿠유 박사는 기후변화는 역사적으로 지구 모든 지역에서 일어났지만, 최근 기후변화의 특징은 예측 불가능성이라고 말했다. 푸아쿠유 박사는 "지역에서의 우리의 작은 행동이 하나하나 모여 큰 글로벌 현상으로 나타난다"면서 "기후위기 현상으로 가장 취약한 상황에 놓인 아프리카 지역의 대처를 위해 인프라 투자와 현지 젊은 층의 교육에 힘써야 한다"고 말했다.

기후변화에 대응하는 우리의 자세

아프리카 기후변화에 대한 전문가 진단을 좀 더 자세히 들어 보자.

"기후변화는 진짜이고 지역별로 다르게 영향을 미칩니다. 아프리카 기후변화의 특성은 대륙 자체가 대처 능력이 가장 취약하다는 겁니다."

카메룬 출신으로 아프리카 기후변화 전문가인 푸아쿠유 박사는 2022년 9월 〈연합뉴스〉와의 인터뷰에서 기후변화는 지구 곳곳에서 벌어지지만, 아프리카 자체의 특성은 무엇이냐는 질문에 이렇게 답했다.

푸아쿠유 박사는 당시 케냐 나이로비에 본부를 둔 UNEP에서 기후변화 과제 책임자로 있었다. 주로 아프리카 등 개도국의 기후변화 감소 및 적응을 지원했으며, 인천 송도에 본부를 둔 녹색기후기금GCF 관련 프로젝트를 2017년부터 5년간 수행한 바 있다.

푸아쿠유 박사는 "가난한 아프리카는 선진국인 한국과 달리 기후변화에 대응할 인프라도 잘 갖추어지지 않았고, 기후변화의 부정적 영향에 대처할 수단도 부족하다"고 설명했다. 그러면서 아프리카의 더 취약한 계층에 지원의 초점을 맞추고 글로벌 차원에서 홍수 대비 도시계획 등 인프라 투자를 도와야 한다고 촉구했다.

또 아프리카 대륙 자체적으로도 정책 우선순위를 기후변화에 맞춰야 한다고 강조했다. 다만 국제개발 지원이 아프리카의 관점을 배제한 채 이루어지면 오히려 독이 될 수 있다고 지적했다.

일례로 원조 국가들은 알코올과 인체면역결핍바이러스[HIV]가 뭔지도 몰랐던 가난한 피그미족을 위한다면서 이른바 근대화 개발을 통해 숲을 파괴하고 그들의 삶을 오히려 알코올 등으로 황폐화했다고 말했다. 또 피그미족은 자신들이 가난하다고 생각하지 않는데, 외부의 시각으로 가난하니까 불행하다고 여기는 것은 잘못되었다는 것이다. 가난에 따른 행불행 여부는 그들의 마음 상태에 달려 있기 때문이라고 그는 설명한다.

푸아쿠유 박사는 따라서 기후변화 대응에 있어 아프리카인의 눈높이에 맞춰 교육하는 것이 중요하다고 강조했다. 그는 "특히 젊은 층에 투자해 기후변화의 부정적 영향을 줄이고 적응해 나가게 해야 한다"고 했다. 가령 케냐 북서부에 있는 투르카나호 수위가 기후변화로 불어나 고기잡이를 제대로 못 하는 젊은 층에 모터보트 등 생계 수단을 지원하는 것도 투자의 한 예라고 말했다. 이어 "아프리카 정치인들이 기후변화에 대한 새로운 정책을 만들 필요가 없다"면서 "지금 있는 대응 정책만이라도 제대로 실행하는 것이 더 중요하다"고 말했다.

그는 사람들이 일반적으로 기후변화에 대해 잘못된 선입견을 품고 있다면서 "기후변화라고 하면 으레 비가 덜 오는 것으로 생각하는 경향이 있다"고 지적했다. 그러나 사실은 그렇지 않다면서 세계 최대 사막호수인 투르카나호의 수위가 최근 수년간 주변 에티오피아 및 케냐 산악지대의 강수량 증가로 오히려 올라간 것을 예로 들었다. 투르카나호 주변 지역은 네 차례 연속 우기의 가뭄으로 가축이 집단 폐사하고 주민들이 고통당하지만, 정작 호수는 물이 불어나는 대조적 기현상이 벌어지고 있다. 2010년대만 해도 투르카나호 수위가 상류의 댐 건설로 줄어들 것이라는 관측이 지배적이었지만, 예상과 다르게 에티오피아 산악지대의 불규칙적 폭우가 흘러들면서 호수물이 불어났다는 것이다.

푸아쿠유 박사는 기후변화란 길게 보면 강수량의 총량은 대동소이하나 특정 시기에 비가 내리거나 오지 않는 패턴이 변화한 것이라고 설명했다. 인터뷰 당시 55세였던 그는 "나의 소년 시절만 해도 카메룬에서는 주식인 옥수수를 한 해에 3~5월, 7~9월 두 차례 재배해 수확했었는데, 지금은 9월 수확기가 사실상 사라져 버렸다"고 말했다. 사람들은 피상적으로 토양이 비에 씻겨 내려가서 그렇다고들 하지만, 사실은 두 번째 재배 시기 동안 옥수수가 자라나면서 받아야 할 연간 1,600시간의 일조량을 많은 구름 탓에 다 채우지 못하기 때문에 벌어진 일이라는 것이다. 마찬가지로 기후변화도 대대로 3월이면 비가 오니 파종하면 된다고 생각하던 것과 달리 예측 불가능성 때문에 빚어지는 것이라고 그는 설명했다.

푸아쿠유 박사는 영국 케임브리지에서 박사과정 공부를 마치기까지 11년간 살았다. 2022년 8월 영국 이중국적자로서 케임브리지에 갔다가 주민들이 더워서 창문을 열어 놓고 자는 것을 보고 깜짝 놀랐다고 한다. 과거 케임브리지는 북해 등의 영향으로 다른 영국 지역보다 평균 기온이 2도나 낮아 여름밤에 창문을 열어 놓으면 시원하다 못해 춥기 때문에 그렇게 하지 않았다는 것이다. 그는 "기후변화는 세계 도처에서 일어나는 현상이 맞다"면서 그것은 수천, 수만 년에 걸쳐 일어나는 자연현상일 수 있지만, 지금 그 변화를 악화시키는 것은 인간의 행동이라고 말했다.

결론적으로 기후변화는 자연적 현상과 인간 행동이 합쳐져 빚어진 결과란 것이다. 따라서 지구 평균기온 상승폭을 산업화 이전 시기보다 1.5도 이내로 억제하려면 국제사회가 함께 노력하는 것이 올바른 대응이라고 그는 설명했다. 푸아쿠유 박사는 "우리가 지금 할 수 있는 것부터 하면서 기후변화의 부정적 영향을 줄이고 적응해 나가야 한다"고 덧붙였다.

기후변화 대응을 위한 아프리카와 글로벌 노력은 진행 중에 있다. 그러나 쉽지 않은 여정이다.

탈탄소와 개발의 균형을 찾다

2022년 동아프리카 케냐 북부의 투르카나호 주변은 40년 만에 최악의 가뭄이었다. 같은 해 중앙아프리카 차드는 30년 만에 최악의 폭우로 100만 명 이상의 수재민이 발생했다. 서아프리카 나이지리아도 2022년 이례적 폭우로 주민 600명 이상이 숨지고 130만 명이 살던 집을 떠났다.

아프리카 곳곳이 기후변화 위기로 몸살을 앓고 있다. 아프리카는 세계의 다른 대륙과 비교하면 산업 발전이 더뎌 탄소 배출이 가장 적은 곳이다. 글로벌 탄소배출량의 약 3%만 아프리카에서 나온다. 그러나 기후변화의 피해는 가장 크게 받고 있다.

이런 불균형에 더해 아프리카는 재생에너지 전환에서도 도전 과제가 만만치 않다. 러시아-우크라이나 전쟁에 따른 에너지 위기에도 세계는 대체로 선진국을 중심으로 재생에너지로 옮겨가는 추세이다. 하지만 아프리카는 아직 석유와 가스 같은 탄화수소 자원 탐사개발도 제대로 이루어지지 않고 있다.

서아프리카 세네갈은 최근 자국민의 전력 접근성 향상을 위해 가스 개발은 필수라고 옹호하고 나섰다. 아프리카 13억 인구의 43%가 전력에 접근하지 못하고 있는 현실이다. 사하라 이남 아프리카에서 가장 땅덩어리가 큰 콩고민주공화국에는 세계에서 두 번째로 큰 지구의 허파로 불리는 콩고분지 열대우림이 자리하고 있다. 콩고민주공화국은 최근에 이곳 일부 지역과 이탄지에서 석유·가스 개발에 나서 탄소 배출 폭증을 부를 것이라는 우려가 제기되었다.

아프리카는 전 세계 천연가스의 13%, 석유의 7%를 각각 차지하고 있지만 에너지 이용률은 가장 낮다. 2022년 10월 현재 지난 수 주간 대륙 여기저기를 가로지르며 8건의 개발 관련 업무협약MOU이 체결되었다.

아프리카 입장에서 서구가 석유 개발을 하지 말고 재생 에너지 쪽으로 가라고 하는 것은 전형적인 '사다리 걷어차기'이다. 서구는 산업혁명 이후 개발의 이익을 다 누렸으면서, 이제 좀 개발의 편익을 통해 가난을 덜어 보겠다는 자신들을 가로막는다는 것이다. 그렇다고 서구에서 아프리카의 재생에너지 전환을 전폭적으로 지원해 주느냐면 그것도 아니다. 2020년까지 연 1,000억 달러(약 143조 원)를 지원하겠다고 했지만, 그 약속은 아직도 지켜지지 않았다.

아프리카는 서구가 말 대신 행동으로 지원해 달라고 요구하고 있다. 2022년 11월 이집트에서 열리는 COP27을 앞두고 10월 초 아프리카 나라들은 콩고민주공화국 수도 킨샤사에서 예비 모임을 갖고 대안 기술과 금융 지원을 촉구했다. 아프리카는 사실 재생에너지 잠재력도 크다. 세계적으로 양질의 태양광 자원 60%가 아프리카에 있지만, 대륙 내 태양광 설비는 세계 전체의 1%에 불과하다.

아프리카 기후변화 전문가인 UNEP의 푸아쿠유 박사는 대륙 기후변화 대응에 관한 〈연합뉴스〉의 질문에 "아프리카가 석유가스 개발을 포기하는 것만이 능사는 아니다"라면서 "기후변화에 대한 부정적 영향을 최소화하는 방식으로 개발을 진행하도록 선진국도 수사에 그치지 말고 아프리카를 혁신적으로 도와야 한다고 본다"고 말했다. 그러면서 이산화탄소 배출 감축의 혜택은 전 세계가 누리기 때문에 그러한 이득을 달성하기 위한 비용도 모두가 부담해야 한다고 강조했다.

제28차 유엔기후변화협약 당사국총회(COP28)에서 합의된 '기후 손실과 피해'는 선진국이 수백 년간 화석연료를 태워 산업 발전과 경제성장을 이루면서 현재 기후위기를 불렀으니 피해국에 이를 보상해야 한다는 개념이다. 이번 총회에서 개최국 아랍에미리트UAE(1억 달러)를 비롯해 독일(1억 달러), 영국(5,000만 달러), 덴마크(5,000만 달러), EU (2,700만 달러), 아일랜드(2,700만 달러), 노르웨이(2,500만 달러), 미국 (1,750만 달러) 등이 기금 출연 계획을 밝혔다.

이번 총회 기간 8억 달러 정도가 약정되었으나 필요 금액의 0.2%에 그친다는 지적이 나왔다. 일부 아프리카, 아시아, 남아메리카 개도국들은 외부 투자 없이는 화석연료 퇴출과 친환경 에너지 전환에 나설 수 없다고 주장했다.

흑백 넘어 한류로 하나 되다

최근 〈돌싱포맨〉이라는 인기 프로그램을 보다가 흥미로운 소식을 들었다. '연생'이로 드라마 〈대장금〉에 등장한 박은혜와 2002년 한일 월드컵 응원전 스타 미나가 출연해서 나눈 얘기였다.

〈대장금〉은 이란에서 98% 국민이 시청했다고 하니 거의 모든 이란인이 봤다는 소리였다. 덕분에 박은혜는 20여 년이 지난 지금도 이란 CF에 출연한다고 했다. 중국에서 〈대장금〉의 인기는 홍콩까지 미쳐 덕분에 한국인의 위상이 많이 올라갔다고 홍콩 교민이 얘기했다고 한다. 미나 또한 중국에서 발표한 노래가 싸이의 〈강남 스타일〉보다 더 높은 인기를 현지에서 누렸다고 한다. 한편 박군의 〈한잔해〉 노래와 춤이 유행하면서 캄보디아 등에서 커버곡이 나왔다고 한다. 가히 한류의 인기가 시쳇말로 장난이 아님을 알 수 있다.

남아공도 한류가 장난 아니다. 남아공 휴양도시 케이프타운의 한류 팬들은 흑백을 넘어 K-팝 등 한국 문화 사랑으로 하나가 됐다. 2021년 3월 해질녘 케이프타운 남부 콘스탄시아(포도농원)의 한 식당에서 만난 케이프타운 한류 팬들은 흑인과 백인이 섞여 있었다. 직업도 출판사 마케팅 담당, 보험사 직원, 대학 관계자, 애니메이터 등으로 다양했다.

주남아공 한국대사관 측과 만찬을 겸한 간담회에 현지 한류 팬 대표로 참석한 6명은 무엇보다 2020년 코로나 팬데믹으로 열리지 못했던 연례 K-팝 경연대회가 꼭 재개되기를 고대했다. 저마다 돌아가며 자기소개를 했는데 하나같이 한류에 대한 열정이 가득했다.

다니엘(여성)은 "7년 전 한류 축제 때부터 무대, 사운드, 의상 등 자원봉사를 하며 페이스북을 통해 서로 알게 되었다"고 모임을 소개했다. 남편 드웬(40세)은 "고등학교 때 같은 교회에 다니던 김윤석이라는 친구가 스타크래프트에서 나를 항상 이겨 관심을 갖게 되었다"면서 "차츰 한국 음식도 익히고 한국전쟁에 참전한 남아공 공군 조종사들에 대해서도 들으면서 한국을 더욱 깊이 알게 되었다"라고 말했다. 한류에 취한 드웬은 당시 K-록에 관심이 많다고 했다.

다니엘과 드웬 부부는 2019년 4월 한국에 여행을 갔다. 당초 2주만 머무르려다가 너무 짧다는 생각에 한 달간 머물면서 목포, 부산, 제주 등을 돌아다녔다고 한다. 2020년에도 한국에 가려다가 코로나19 때문에 못 갔다는 드웬은 "특히 제주가 너무 좋다. 제주에 가수 효리처럼 게스트하우스를 열고 싶다"고 말했다. 제주는 케이프타운의 테이블마운틴과 함께 세계 7대 자연경관에 속한다.

현지 한글학교와 김치요리 교실에 다니는 다니엘은 한국어로 "만나서 반갑습니다"라고 말했다. 애니메이터로 카툰을 그리는 스튜디오 경험만 10년이라는 그는 한국 여행의 장점으로 사람들의 친절함과 서비스를 꼽았다. 외국인을 위해 무료 티켓과 스킨케어, 메이크업, 마사지 팩 등 테스트용 샘플을 거저 주는 것은 "놀라운 경험이었다"고 말했다. 최근 남아공에서는 외국인 관광객의 경우 공원 입장 등에서 내국인보다 더 비싼 입장료를 내게 하는데, 한국은 외국인에게 혜택을 주어서 좋았다는 것이다.

다니엘은 원래 생선을 안 좋아했으나 한국에서 회를 먹고 난 후 해산물을 덩달아 좋아하게 되었다면서 "내 생일 파티도 한국 식당에서 하고 싶다"고 말했다. 그는 케이프타운 대형할인매장 스파 등에서도 고추장을 팔고 쌈장과 된장도 유통되고 있다고 전했다.

웨스턴케이프대학에서 공부하던 중 K-팝을 접해 팬이 되었다는 매슈는 자신이 아프리카에서 처음으로 라디오 방송에서 한류를 소개하기도 했다며 자부심을 드러냈다. 바네사(여성)의 경우 먼저 한류 팬이 된 여동생이 지금 한국에서 영어 교사로 있다면서, 유튜브에서 K-팝을 접하면서 한류 행사에서 비빔밥 같은 한국 음식을 즐기게 되었다고 말했다. 이어 자신도 여행이 더 자유로워지면 한국에 가고 싶다는 소망을 밝혔다.

이들은 현시대의 불평등 문제를 짚어 아카데미상을 휩쓴 영화 〈기생충〉부터 최근 넷플릭스에서 남아공 10위권에 오른 SF영화 〈승리호〉까지 다양한 영화와 드라마를 언급했다. 나아가 리얼리티쇼 〈런닝맨〉, 〈아는 형님〉, 애니메이션 〈뽀로로〉 등 장르를 가리지 않고 한류 작품들을 논했다.

한국 드라마와 영화는 메시지와 스토리 중심의 절제된 영상미가 빼어나고, 아이들도 볼 수 있을 만큼 폭력성과 선정성이 미드 등에 비해 덜하다는 평이 나왔다. 한국인의 솜씨 좋은 손맛도 호평을 받았다. 같은 글로벌 체인이더라도 한국판 B 아이스크림, D 도넛, K 치킨, S 커피숍이 남아공보다 훨씬 더 맛있고 보기에도 예쁘다면서 양국 체인 제품을 비교하는 아이스크림 사진까지 직접 보여 주었다.

무엇보다 치안이 좋은 한국에 가면 남아공에서 강도·절도 등 범죄에 대비해 가방을 앞으로 매는 등 늘 켜 놓아야 하는 이른바 '데인저 레이더'를 꺼 놓아도 된다고 했다. 언제 올지 몰라 출근길에 한 역 정도 거리를 걸어가야 하는 남아공 기차와 달리 제때에 도착하는 정시성이 높고 청소가 잘되어 쾌적한 한국의 기차와 지하철에 대한 칭찬도 아끼지 않았다. 인천공항 가는 지하철에서 재킷을 놓고 내렸는데 공항 측에서 수소문해 찾아 줘서 감동했다는 얘기도 나왔다.

열정 가득한 한류 팬들의 이야기는 한국인으로서 우리 문화의 장점을 되돌아보게 했다.

이들은 한국 대사관 주최로 그해 11월 마지막 주 '블렉프라이데이'에 케이프타운 워터프런트의 반원형극장에서 열리는 한류 경연대회에 한껏 기대감을 드러냈다. 댄스 경연의 경우 실력이 아마추어와 프로, 그 사이 등으로 세분화하고 사람이 너무 많이 모이니까 한 달 전부터 예선을 해야 한다고 조언하기도 했다.

K-팝의 열정과 다양성에 빠지다

"K-팝의 가장 큰 매력은 열정passion이다. 일본 J-팝이나 중국 음악과 달리 다양한 장르가 함께 녹아 있다."

남아공 K-팝 온라인 경연대회 수상자들의 말이다. 한류가 '땅끝' 남아공까지 퍼져 인기가 높다는 것은 어제오늘의 얘기가 아니다. 2021년 9월 내륙 수도권 하우텡주 한류 마니아들과 함께 얘기를 나누었다. 한류 팬들과 만남을 거듭할수록 우리 문화의 장점을 객관적으로 다시 보면서 이해가 깊어지게 된다.

K-팝 공연을 하고 있는 남아공 젊은이들. 남아공에서 K-팝은 한류의 위상을 드높이고 남아공과 한국의 젊은이들이 음악으로 하나 되는 경험을 선사하고 있다.

마침 프리토리아의 한국 대사관저에서는 K-팝 온라인 경연대회 시상식이 있었다. 웬디의 〈라이크 워터〉를 불러 보컬 1등을 한 샤논 버튼 (25세)은 역시 같은 K-팝 팬이라는 어머니와 함께 대사관저 모임에 참석했다. 버튼은 "왜 한국 노래를 좋아하게 됐느냐?"는 질문에 한마디로 "K-팝에는 열정이 있기 때문"이라고 답했다. 그러면서 "이는 서구 음악을 넘어서는 수준으로 한국 문화 전반을 좋아하는 이유"라고 강조했다.

보컬 2등을 한 로빈-베트 클로에테는 같은 동북아시아이지만 한국 음악은 일본이나 중국 음악과 다른 뚜렷한 특징이 있다고 말했다. 클로에테는 이하이의 〈브리드〉로 수상했다. 그는 한국 음악에는 록, 블루스, 힙합 등 각종 장르를 넘나드는 다양성과 역동성이 한군데 녹아 있다고 설명했다. 이에 비해 일본 J-팝은 하나의 장르에 집중해서 진행하는 경향이 있고, 중국 노래는 영화 사운드트랙 같은 면이 있다면서 한·중·일 3국 음악의 특징을 변별했다. 그래서 K-팝이 다양한 장르의 음악 팬들을 끌어당기는 힘이 있다는 것이다. 또 퍼포먼스가 강해 K-팝의 춤 자체만을 놓고 봐도 전에 한 번도 한류를 접하지 않은 댄서들조차 높게 평가한다고 그는 덧붙였다.

보컬 3등을 한 퍼시스 조이 루피야는 수년 전 친구가 보던 동영상으로 K-팝을 처음 접하고 매력을 느끼게 되었다고 한다. "우리 자매는 1년 동안 그룹 샤이니에 푹 빠져서 영어 음악은 일절 듣지 않고 샤이니만 들은 적도 있을 정도였다. 온 가족이 K-팝을 좋아한다"고 말했다.

커버댄스 2등을 한 흑인 수전 응카타는 프리토리아 게지나에서 댄스교실을 운영하고 있다. 그래서인지 몸매가 늘씬한 그는 BTS 〈뱁새〉와

청하의 〈스테이 투나잇〉으로 수상자로 뽑혔다.

4등 수상 팀인 조안과 로라는 유튜브를 통해 K-팝을 접했다고 한다. 로라는 집안이 토착백인 아프리카너 계통이고 조안은 4대째 남아공에서 사는 인도계 여성이다. 댄스 스튜디오에서 만나 친구 사이인 이들은 평소 춤 실력을 갈고닦아서인지 연습 2주 만에 BTS 〈퍼미션 투 댄스〉를 주차장 등에서 공연해 출품한 끝에 수상한 것이 자신들도 놀랍다고 말했다. BTS의 〈아이돌〉 곡은 남아공의 '콰이토Kwaito' 리듬을 차용해 남아공과도 인연이 있다고 귀띔하기도 했다.

이들은 대체로 예술계 대학생이거나 프로듀서 등 직장인으로 K-팝을 매개로 김치찌개, 삼겹살, 막걸리 등 한식과 한글에까지 관심 영역을 넓혔다. 수년간 프리토리아 한류 행사에 빠지지 않고 MC(사회자)로 활동해왔다는 소피 배어드는 프리토리아대학 법대 강사였다.

신명나는 인종화합의 사물놀이 마당

한류의 확대 가능성은 사물놀이 남아공 공연에서도 확인했다. 2022년 7월 남아공에서는 사물놀이라는 한국인의 흥겨운 전통 음악을 매개로 현지 흑인과 백인이 한데 어울렸다.

주남아공 한국문화원이 초빙한 국립국악원 이대원 강사의 지도 아래 현지인 위주로 꽹과리, 징, 장구, 북이 어우러진 사물놀이 한마당이 펼쳐졌다. '둥~' 하는 징소리를 시작으로 이어지는 '딴따 따다당 딴따 따다당' 꽹과리 상쇠소리에 어깨춤이 절로 나왔다. 아프리카 특유의 리듬이 가미된 북소리와 장구 가락도 조화로웠다. 이 모든 게 2주간 하루 몇 시간씩 강행군 연습 끝에 이룬 것으로, 보기 드문 수준급 공연 발표 회였다.

여기에다 남아공 태권도 흑인 사범이 지도하는 품세와 태극 1장 시범에 흑인 여교사가 부르는 아리랑, 백인 고등학생의 첼로가 태권도에 동서양 음악을 입힌 공연을 완성시켰다. 한류 하면 빠질 수 없는 K-팝 댄스 공연도 문화원의 현지 지도 강사별로 조를 이뤄 진행되어 갈채를 받았다.

한 시간 남짓한 발표회와 공연이 끝나자 "너무 짧다"고 다들 아쉬워하며 떠날 줄을 몰랐다. 일부 참가자들은 흘러나오는 방송 배경 음악에 맞춰 즉석 댄스를 계속 췄다. 이대원 강사에겐 "사랑해"를 연호하며 박수 치고 너도나도 함께 기념사진을 찍으면서 한류 스타급 대접을 했다.

처음 만난 가족끼리 포옹하고 한류를 매개로 서로가 가까워진 자리였다. 수도 프리토리아에서 딸 둘을 데리고 온 리젤 파우리(37세)는 "나는 한국 문화, 음식에 홀린 슈퍼 팬이다. 특히 스토리텔링이 있는 한국 가사가 너무 좋다"면서 이날 발표회도 최고라고 흡족해했다.

여성들의 연대의 장, 에스와티니 갈대댄스축제

특파원 시절 주재국인 남아공 외에 이웃나라 에스와티니를 두 차례 방문한 것도 인상적인 기억으로 남아 있다. 아프리카 유일의 절대왕정 국가인 에스와티니에서 열린 최대 전통축제에 대한 현지 르포 기사를 공들여 썼다.

"그동안 팬데믹으로 집에만 주로 갇혀 지내다가 여기 와서 친구들을 사귀고 함께 춤추고 행진할 수 있어 너무 좋아요."

2022년 9월 5일 오후 에스와티니 로밤바의 루지지니왕궁에서 열린 '2022 갈대댄스축제'에 2,000명이 넘는 젊은 여성이 모여 대체로 가슴을 드러낸 채 수십, 수백 명씩 차례로 서서히 행진하며 춤을 췄다. 이들은 짧은 비즈 치마 등에 다양한 색상의 띠로 상반신을 감싸고, 발목에는 소리 나는 나무 열매를 달아 리듬감 있게 발을 구르며 호루라기 소리에 맞춰 춤을 췄다. 또 '국왕 폐하가 소집했는데 나는 늦었네'라는 내용의 노래 후렴구 등을 현지 스와티어로 선창자의 인도에 따라 부르며 흥을 돋웠다.

에스와티니는 국왕이 전권을 행사하는 아프리카 유일의 절대왕정으로, 갈대댄스축제는 대륙에서 가장 큰 전통축제 가운데 하나다. 3년 만에 처음으로 열린 이날 행사를 보기 위해 수천 명의 내외국인이 모였다. '움흘랑가'라고 불리는 이 축제 행진에 참여하기 위해 남아공, 보츠와나, 레소토 등에서도 젊은 여성들이 왔다. 또 여경, 여군 등 직군도 참가했다. 축제는 지난 8월 30일부터 일주일간 진행되었으며, 국왕 음스와티 3세가 참관한 이날이 하이라이트였다.

남반구인 이 나라는 초봄인데도 이날 낮 최고기온이 섭씨 33도를 기록한 가운데 이 행사는 오후 3시가 좀 넘어 시작해 약 3시간 넘게 진행됐다. 수 세기를 거슬러 올라가는 축제의 유래는 전국의 처녀들이 모여 왕궁 근처에서 큰 갈대를 베어다가 왕의 어머니인 모후母后에게 바쳐 왕궁 방풍을 위한 담을 수리한 데서 비롯됐다. 이번 축제 기간에도 전날 처녀들이 갈대를 베어다가 모후에게 갖다 바쳤으며, 이날 국왕이 나와 감사하고 갈대를 벤 칼을 든 젊은 여성들은 기쁨의 행진과 역동적 댄스를 췄다.

2022년 9월 갈대댄스축제에서 에스와티니 국왕 음스와티 3세(왼쪽 앞)가
축제에 참가한 사람들에게 허리를 숙여 인사하고 있다.

　과거에는 축제 동안 국왕이 왕비를 간택하기도 했으나, 수년 전부터
는 주로 소녀와 젊은 여성들이 연대감 속에 에너지를 발산하고 왕실의
권위를 드러내는 전통 행사로 자리매김했다. 음스와티 3세는 현재 공식
적으로 15명의 아내가 있다. 수년 전만 해도 4만 명 이상의 처녀들이 모
였다고 하나 이번에는 팬데믹 이후 첫 행사인 데다가 전년도에 일어난
국왕에 대한 민주화 요구 시위 때문이어서 그런지 참가자가 대폭 줄었
다. 그래도 수천 명의 관람객이 스탠드를 가득 메웠다.

　원래 갈대축제는 처녀성과 혼전 순결을 강조하는 자리다. 양성평등
을 강조하는 현대 사회에서는 다소 거리감이 있어 보이는 듯한 개념이
다. 하지만 에스와티니는 이를 매개로 전통문화를 즐기고 젊은 여성의
자부심을 드러내는 장으로 삼았다. 참가 연령도 걸을 수 있는 3세 이상

부터 약 40세 정도까지 미혼 여성으로 넓혔다. 가족 단위로 행사장에 온 것으로 보이는 경우도 상당했다.

독일에서 구경 온 스반체(20세)는 "여기 오기 전에는 반라의 여성들이 춤을 추고 처녀성을 얘기한다고 해서 이상하다고 생각했다"면서 "직접 와서 보니 강요에 의해서가 아니라 이런 문화를 스스로 즐기고 자랑스러워한다는 것을 알게 됐다"고 말했다.

실제로 참가자들은 〈연합뉴스〉와 즉석 인터뷰에서 이 자리에 함께한다는 데 만족감을 보이면서 "순결을 지키기로 하고 국왕에 대한 존중을 갖게 됐다"는 내용의 말을 했다. 자신을 발렌타인(24세)이라고 밝힌 여성은 다이애나(25세), 프레셔스(24세)와 함께 "여기 와서 일주일 동안 합숙하며 친구가 됐다"면서 서로 껴안았다. 이어 "우리는 인생의 절정인 청년 연령대에 있는 스스로가 자랑스럽다"고 말했다.

음스와티 3세는 이 자리를 빌려 외교사절단을 한 명씩 접견하고 행사 참가자들 사이를 주변 측근들과 함께 전통 복장으로 10분 넘게 이리저리 뛰어다니며 허리를 숙여 차례로 감사를 표시했다. 줄지어 선 참가자들은 국왕이 바로 앞에 오자 소리를 지르고 환호했다. 음스와티 3세는 모처럼 대외 행사에서 일반 국민과 함께했다.

앞서 팬데믹 속에 2021년 6월 총리를 의회에서 선출하게 해 달라는 야당의 요구를 국왕이 받아들이지 않자 유혈 시위가 발생한 바 있다. 이 때문에 이날 행사장으로 들어가는 입구에는 경찰 특공대 장갑차가 배치되어 삼엄한 경비를 서고 이중삼중으로 소지품 검사를 했다. 이전 행사 때는 이러지 않았다고 김한기 에스와티니 한인회장이 전했다.

에스와티니는 인구 약 120만 명의 3분의 1이 절대빈곤층이다. 에이

즈 감염률 세계 1위로 의료 인프라가 부족한 나라다. 이곳에서 인술을
펼치는 한인들이 있다.

70대 교포 의사가 전하는 사랑의 빛

"북한에서부터 남아프리카 에스와티니까지 무료로 의술을 베푸는 삶의
재미를 이어가고 있습니다."

2022년 2월 25일 에스와티니 수도권 신도시 에줄위니에서 처음 만
난 재미교포 산부인과 의사 노명재 박사의 말이다. 당시 78세였던 노
박사는 이날 환자 2명의 자궁내막증과 자궁경부암 등 때문에 절제 시술
을 하고 왔는데 나이가 나이인지라 조금 힘에 부친다면서 이같이 말했
다. 그는 팬데믹을 뚫고 그해 1월 10일 에스와티니에 입국해 두 달 일정
으로 만카야네 정부병원 등에서 자궁경부암 등 크고 작은 산부인과 시
술을 100건 정도 했다.

그는 에스와티니에 만연한 에이즈 때문에 HPV(인간유두종바이러스)
로 인한 자궁경부암의 발병 위험이 크다고 말했다. 에이즈 환자의 면역
력이 상대적으로 떨어지다 보니 자궁경부암이 보통의 경우 조직 변화
가 10~20년 만에 발현하는 것이 아니라 단 2, 3년 만에 급속히 악화할
수 있다는 것이다. 이곳에서는 제대로 된 방사선 및 화학 치료 시설도
없어 많은 환자가 의술이 좀 더 발달한 이웃 남아공으로 후송되는 민관
펀드 지원을 기다리다가 죽음을 맞이한다고 한다.

그러면서 이전에 한국에서도 자궁경부암이 많았지만 펩시미어 정기

검사 덕분에 미국의 경우처럼 이제는 과거처럼 많이 찾아볼 수 없게 됐다면서 백신 접종과 함께 미리 검사만 제대로 하면 예방할 수 있는 부인과 질환이라고 말했다. 그는 자궁경부암 검사를 위한 질확대경, 휴대용 초음파 도구 등을 들고 다니면서 거의 대부분 자비로 봉사를 하고 있다.

그에게 노년에도 봉사를 계속하는 이유를 물었더니 2004~2014년 해마다 일주일간 북한을 방문해 봉사한 게 큰 계기가 됐다고 말했다. 당시 미국의 한인 기독교 선교단체인 만나선교회의 일원으로 북한 함경북도 나진-선봉지구를 방문해 산부인과 진료를 하고 현지 의사들을 교육했다. 만나선교회는 이곳에 북한 의사 50~70명이 근무하는 신흥종합병원도 지었다. 37년간 개업의로 일한 그는 오히려 이 과정에서 "무료치료 맛이 좋다 보니 봉사를 계속하게 됐다"고 설명했다.

그는 "북한에서 전기가 나가 플래시 불을 켜서 수술 부위를 닫은 적이 있다"면서 "에스와티니에서도 하루는 물이 안 나와 수술에 지장을 받은 적은 있지만 북한 형편이 아프리카보다 더 심하다"고 말했다. 그는 아프리카로 오게 된 계기와 관련, 한 33세 한인 여성 간호박사가 에스와티니 의료봉사에 헌신하는 것을 보고 감명을 받았다면서 '여기야말로 내가 진짜 필요한 곳이구나'라고 느꼈다고 말했다. 그는 산부인과 의사로 약 4,500명의 아이를 받아 냈다. 공식적으로는 2013년 산부인과에서 은퇴했지만 2014년 이후 계속 봉사의 삶을 살고 있다.

2015년부터 두 달씩 에스와티니에 와서 봉사하다가 2017년에는 아예 40ft 규격 컨테이너에 짐을 싸서 부인과 함께 와 2년 동안 현지에 살면서 진료했다. 그는 "앞으로도 건강하게 여행할 수 있는 한 계속 봉사하는 삶을 살고 싶다"고 말했다. 일할 때 일하고 놀 때 노는 것이 건강한 비법이라면서 아침 산책을 꾸준히 하고 여가도 잘 활용한다고 말했다.

노 박사는 1969년 연세대 의대를 졸업하고 이듬해 도미했다가 미국 해군병원에 중위로 징집되어 군의관으로 복무했다. 이후에도 육군까지 포함해 예비역 군의관 생활만 28년을 했다. 1991년 걸프전 당시 사우디아라비아에서 이라크의 스커드미사일 공격을 우려해 때로는 방독면을 쓴 채 여성 미군 3만 명을 상대로 진료에 임하기도 했다. 개업의 생활에 '번아웃'(소진)되어 2001년 한국에 와 용산 미군기지에서 2년 동안 현역 군의관(중령)으로 근무하기도 했다.

그는 에스와티니에 봉사활동을 하러 나와 있는 동안에도 시간을 정해 시애틀 집의 부인과 통화를 한다고 말했다. 이번에 에스와티니 현지 한글학교 학생들을 대상으로 한국전쟁 때 7살의 나이로 파괴된 한강철교를 건넜던 경험담 등을 생생히 들려주었다고 한다. 초등학교 4학년 때부터 의사의 꿈을 키운 그의 섬김의 삶은 팔순을 바라보는 나이에도 아직 진행형이었다.

아프리카 이웃을 위해 무료병원을 열다[8]

아프리카 남부의 소국 에스와티니에서 한국인 주도로 현지 주민들에게 무료 진료를 제공하는 공공병원이 문을 열었다. 병원 설립을 이끈 김한기 한인회장에 따르면 에스와티니 에줄위니에 들어선 희연기념병원 HYM Clinic이 2024년 3월 8일 개원식과 함께 공식 진료를 시작했다. 에줄위니 추장이 제공한 약 2만 3,000m²(7,000평)의 터에 본관과 별관, 부속시설 등 1,200m² 규모로 건립된 병원은 내과·피부과·산부인과·치과·외과·소아과 진료실과 수술실, 내시경실, 방사선실 등을 갖추었다.

특히 에스와티니에 만연한 에이즈 환자를 집중적으로 관리하는 에이즈치료센터도 별관에 자리를 잡았다. 각 진료과목은 한국인 전문의와 미국의 한인 전문의들이 자원봉사를 위해 분기별로 1~2주씩 단기 방문해 진료하는 방식으로 운영된다. 에스와티니 정부가 지원하기로 한 일반의와 간호사, 임상병리사, 약사 등 필수 의료진 상주가 마무리되면 기초 질병에 대해서는 상설 운영 체제도 구비될 예정이다.

2020년 3월부터 최근까지 약 3년간 진행된 건설 공사에는 3억 원, 의료 장비와 물품 등을 구입하는 데는 8억 원 정도가 각각 소요되었다. 2019년 불의의 사고로 숨진 누나 김성연 씨의 유산을 뜻깊게 쓰고자 병원 설립에 나선 김 회장은 "누님의 유산 1억 원으로는 턱없이 부족했지만, 땅을 불하받고 선뜻 후원에 나선 여러분의 도움으로 병원 설립을 무사히 마칠 수 있었다"고 말했다.

2024년 10월 현재 힘선교병원으로 불리는 이곳은 본관 수술실을 제외하고 모든 시설이 준비되었다고 한다.

3부

남아공과
아프리카 민주주의

남아공 인구는 약 6,400만 명이다. 국민 수는 한국보다 조금 많은 데 비해 국토는 한국의 12배나 된다. 광활한 자연과 함께 금, 다이아몬드를 비롯해 각종 광물을 갖고 있다. 그 덕분에 팬데믹 2, 3년을 버틴 거 같다. 남아공은 땅을 파먹고 살 수 있는 나라다.

남아공은 단순한 나라가 아니다. 한 번에 쉽게 이해되는 곳이 아니다. 그 역사와 언어가 다양하고 복잡하며 그 신학 체계 또한 복잡하다. 보어트레커 Voortrekker라 불리는 보어인들의 대장정은 신앙의 여정이자 도전의 행군이었다. 그들은 발Vaal강에서 목숨을 건 전투를 원주민들과 벌였다. 하나님을 섬기는 나라를 만들겠다고 했다. 《구약성경》의 〈출애굽기〉와 〈여호수아서〉를 그대로 믿고 정복전쟁을 벌였다. 그러나 이는 원주민 입장에서는 외래 백인들에게 예속화되는 길이었다. 그 정반합은 만델라에 의해 이루어졌다. 그는 발강의 피 흘린 날을 백인들이 승리의 날로 기념하던 것을 흑백 화해의 날로 바꿨다. 흑백 분리가 아닌 통합의 길을 가고자 했다.[1]

3부에서는 분열된 국가를 화해시키려는 넬슨 만델라의 노력과 그의 유산이 '무지개 국가'라는 남아공의 정체성을 어떻게 계속해서 형성하고 있는지를 살펴본다. 만델라의 업적에도 불구하고 남아공은 여전히 불평등, 부패, 인종적 긴장에 시달리고 있다. 또한 아파르트헤이트 제도에 대한 백인 교회의 신학적 정당성 문제와 함께 경제적·사회적 평등의 약속을 완전히 이행하지 못한 민주화 이후 한 세대 정치에 대해서도 논의한다. 남아공 교민 등이 직면한 어려움, 교육 시스템의 쇠퇴, 국가 내 인재 유지의 어려움도 얘기한다. 2024년 6월 총선에서 집권 아프리카민족회의ANC가 30년 만에 과반 달성에 실패함으로써 최초의 흑백 연정이 출범하게 된 이후 남아공의 진로에 관심이 쏠린다.

남아공 토착백인 역사의 산실, 보어트레커기념관[2]

보어트레커기념관 Voortrekker Monument 은 프리토리아 근교에 있다. 내가 살던 프리토리아 동네에서도 멀리 바라보이는 건물이다. 2021년 1월 박철주 신임 주남아공 대사와 이곳을 방문한 날은 비가 내렸다. 안내는 자신의 선조가 1658년 네덜란드에서 희망봉에 도착했다는 더크 러우 남아공 한국전참전용사협회장이 해 주었다.

방문 목적은 아프리칸스어 Afrikaans 를 쓰는 남아공 토착백인들을 이해하기 위한 것이었다. 보어트레커기념관은 가로와 세로, 높이 모두 40m의 정방형으로 이루어진 화강암 건물이다. 1835~1854년 현 남아공 남단 케이프 콜로니에서 영국의 박해를 피해 내륙으로 대장정을 한 보어인들을 추모하기 위한 것으로 1949년 지어졌다. 보어인은 주로 네덜란드계 후손으로 남아공에 정착한 유럽 대륙 출신 백인들을 말한다.

보어트레커는 미국의 서부 개척사에 비견되기도 한다. 입구에 들어서면 보어 대장정에 참여한 백인 모자상이 맞아 준다. 당시는 코로나19 2차 파동이 고조되던 때라 관람객이 별로 없었다. 기념관 안내원인 아니타는 코로나19 이전에는 하루 200명 이상이 찾았다고 말했다. 주중에는 중국인을 비롯해 프랑스, 독일 등 외국인 관광객이 주로 찾고 주말에는 현지 백인 관람객들이 왔다고 했다. 그래서인지 들어가면 정숙을 뜻하는 안내말 가운데 한자 '靜'(정)이 눈에 띄었다. 곳곳에 중국어 안내문이 붙어 있어 중국인 관광객의 존재감을 느끼게 했다.

아니타는 "지금은 관광객이 뚝 떨어진 상황"이라면서 수개월간의 국경 봉쇄령이 완화되어 관람이 가능해진 이후에도 찾아오는 손님이 많지

남아공 프리토리아 근교에 위치한 보어트레커기념관. 남아공 사회의 한 축인
유럽 출신 백인 보어인들의 역사를 보여 주는 다양한 사료가 전시되어 있다.

않다고 말했다. 실제로 이날 오후 관람객은 가족 단위로 보이는 서너 그룹에 불과했다.

보어트레커기념관은 일종의 영묘다. 단 보어트레커들의 유해는 이곳에 없고 빈 무덤 대신 '우리는 남아프리카, 너를 위한다'라는 뜻의 문구가 새겨진 네모 관 형태의 화강암 제단이 놓여 있다. 해마다 12월 16일 정오에 돔 천장의 구멍을 통해 햇살이 쏟아져 내려와 정확히 이 문구 위를 비춘다. 12월 16일은 1838년 블러드리버 전투에 참여한 보어인들을 기리는 날이기도 하다. 영화 〈인디애나 존스〉에서 나오는 장면처럼 빛을 이용한 조명으로 특정일에만 햇살이 특정 지점에 비추도록 설계되었다. 실제로 이 건물은 고대 이집트 건축양식을 참고했다고 한다. 건물 내부에는 세계 최장의 대리석 부조물frieze이 사면을 둘러싸고 있다.

소달구지를 끌고 자유를 위한 대장정에 나선 당시 보어인들과 성경에 손을 얹고 엄숙히 선서하는 장면 등이 돋을새김되어 있다. 미국 서부 개척사에 나오는 마차는 말이 끄는 데 비해 여기는 황소들이 끌었다. 속도는 느린 대신 힘은 더 좋았을 듯하다.

엘리베이터를 이용해 꼭대기 전망대로 올라가니 사방이 툭 터져 프리토리아 일원을 둘러볼 수 있다. 꼭대기 내부 아래로도 지하까지 뚫려 있어 조금은 아찔한 느낌이 들었다.

지하에는 소달구지 마차와 대포, 총기류, 대장정 당시 쓰인 살림살이 도구 등이 전시되어 있었다. 주로 백인들이 찾는 가운데 흑인 여성 한 명이 눈에 띄어 왜 여기를 찾게 되었느냐고 물어봤다. 알고 보니 남아공 현지인이 아니라 아프리카 말라위에서 온 애나(20세)라는 여학생이었다. 관광차 왔다는 그는 "무슨 동기에서 대장정에 나섰는지를 보고 있다"면서 "당시 대장정이 고통스러웠겠지만 흥미로운 점도 눈에 띈다"고 말했다.

장소를 옮겨 인근 남아공 헤리티지재단을 찾았다. 큐레이터인 요한 넬이 역사 전시물을 설명해 주었다. 그는 "안녕하세요"라고 한국어로 인사하며 시작했다. 1899~1902년 남아프리카전쟁 혹은 앵글로-보어전쟁이라 알려진 것부터 풀어갔다. 소략하면, 보어인들이 지금의 케이프타운 영국 식민지에서 쫓겨 프리토리아와 요하네스버그 내륙 쪽으로 왔지만, 영국 식민지배자들과 이해충돌이 심해져 전쟁이 터졌다. 당시 대영제국 진영에 맞서 보어인 쪽에는 러시아, 프랑스 등이 가담해 사실상 1차 세계대전 전초전의 성격을 띠었다.

대영제국은 보어인들을 무차별 진압해 집과 초지를 불사르고 가축들을 몰살하는 초토화 작전을 벌였다. 또 근대 전쟁사상 처음으로 강제수용소를 세워 전쟁포로 등 약 2만 6,000명이 이곳에서 굶주림과 질병 등으로 사망했다. 여기에는 상당수 여성과 어린이도 포함되었다. 재단 내부에는 앵글로-보어전쟁 당시 강제수용소에서 숨진 사람들의 명단이 적혀 있는 패널도 있다. 러우 회장도 네덜란드계 보어인 후손으로 전쟁 당시의 처참한 상황 때문에 개인적으로 아직도 영국인들에 대한 감정이 썩 좋지만은 않다고 털어놓기도 했다.

이후 1910년 두 개의 보어인 공화국과 두 개의 영국 식민지로 구성된 남아프리카연방을 거쳐 1961년 영연방에서 탈퇴함으로써 민족주의 성격이 강한 남아공이 출범했다. 아울러 백인과 문화가 너무 다르다는 이유로 현지 흑인들과 섞이지 않고 분리하는 아파르트헤이트 정책이 시행되었다. 넬 큐레이터는 "대영제국에 짓눌린 피식민의 역사적 경험과 마찬가지로 대다수 흑인에 대한 소수 백인들의 두려움이 아파르트헤이트 정책의 배경으로 작용했다"고 설명했다. 영국 식민지로 있을 때는 일제가 조선인에게 한글을 못 쓰게 했듯이 학교에서 아프리칸스어 사용을 금지했다고 한다. 결론적으로 보어트레커기념관 방문은 우리나라의 피식민 경험에 비추어 남아공 토착백인들의 역사적·심리적 맥락을 이해하는 데 도움이 되었다.

그런가 하면 남아공은 '무지개 나라'라고 불릴 정도 다양성과 다문화를 존중한다. 영어, 아프리칸스어, 줄루어, 코사어 등 11개 언어가 공용어로 인정받고 국가國歌도 5개 언어로 불린다. 남아공은 또 성소수자 권익 보호에 힘쓰는 등 다양성 지표에서 늘 상위권을 기록한다. 남아공은 배타적인 듯하나 개방적이다. 남아공은 아프리카 대륙의 선두주자임을 내세우며 사실상 맹주와 같은 자세를 취한다.

남아공은 참으로 아름다운 땅이다. 현지 친구네 집을 보면서 다시금 느꼈다. 영화 속 한 장면처럼 밤하늘에 별이 반짝이고 … . 여윳돈이 있다면 남아공에 땅이나 집을 마련하고 싶을 정도다. 하지만 문제는 거리다. 너무 멀다. 땅끝이라고 보면 된다. 그래도 1년에 몇 개월 혹은 1, 2개월이라도 그곳에서 시간을 보낼 수 있다면 그 또한 즐겁지 않겠는가. 실제로 우리나라보다 거리가 더 가까운 독일 등 유럽에서는 이 같은 초국가적 삶을 즐기는 이들이 있어서 겨울철에 떠나와 몇 개월 동안 머물다가 다시 봄이 되면 되돌아간다고 한다.

남아공 민주화 상징 만델라의 집무실을 가다

우리에게 우선 기억되는 남아공은 만델라의 땅이다. 넬슨 만델라는 사실상 남아공의 국가 브랜드다. 수도 프리토리아에 있는 외교 공관 수는 세계에서 뉴욕 다음으로 많다. 여러 나라가 남아공에 공관을 두는 이유는 아프리카 중 한 군데에 굳이 공관을 둔다면 만델라 브랜드 효과가 있는 남아공을 선택하기 때문이다.

사람다운 한 사람만 위인으로 잘 키워내도 그 사회는 세계적 주목을 받게 된다. 진정한 한류란 무엇일까. 우리가 세계에 내놓을 만한 감화형 인재, 지도자를 배출했을 때가 아닐까. 더 바란다면 그 인재를 배출한 사회답게 공평하고 정의로우며 친절과 자비가 넘치는 대한민국이 될 때 세계 도처에서 우리나라를 배우려 쇄도할 것이다.

남아공에 가기 전 먼저 접한 책이 만델라 평전이었고, 3년 특파원 생활 내내 읽으라고 끙끙댄 것도 두꺼운 만델라 자서전이었다. 만델라는 남아공 사람들에게 우리의 광복절과 민주화운동의 결합체와 같은 존재라고 여겨진다. 우리가 일제 강점기 35년에서 해방되고 1989년 민주화를 이룬 것에 비견된다. 자유를 향한 투쟁에서 만델라는 비폭력 투쟁을 주창한 인도의 간디에 견줄 만하다.

'만델라'는 세계 도처에서 볼 수 있다. 한국의 만델라는 오랜 민주화 투쟁을 한 김대중 전 대통령을 꼽는다. 다만 서구의 인지도는 자신들의 식민지배와 인종차별 원죄가 있어서인지 만델라가 더 유명하다. 대만의 만델라는 스밍더 전 민주진보당 주석을 얘기한다. 2024년 1월 타계 소식이 알려진 스밍더 전 주석도 만델라에 필적할 만큼 정치범으로서

26년이나 복역한 기록을 갖고 있다. 그런가 하면 얼마 전 한국 수감시설인 만델라소년학교에서 수감자들이 대학 수능시험을 치른 것이 화제가 되기도 했다.

만델라가 남아공 초대 민선 대통령 자리에서 물러난 후 2002~2010년 자선 업무 등을 위해 사용하던 집무실과 집을 특파원 시절 둘러봤다. 경제중심 요하네스버그의 부유한 교외지역 호튼 에스테이트에 있는 비영리기구 넬슨만델라재단은 '마디바'(존경받는 어른이란 뜻의 만델라 별칭) 관련 전시와 교육 사업을 이어가고 있다. 웃음을 띤 만델라 동상이 입구에서 방문객을 맞는다.

만델라재단의 셀로 하탕 CEO는 마디바가 쓰던 집무실 공간을 먼저 보여 주었다. 집무용 책상과 함께 그가 보던 책들이 책장에 그대로 있었다. 만델라에게 기증된 책들이라고 하는데, 김영삼 전 대통령의 한글 책자도 눈에 띄었다. 벽면 구석에는 소떼 피규어가 있었다. 만델라 전 대통령의 꿈은 은퇴 후 고향에 가서 소떼를 키우는 것이었다고 한다.

집무실을 나오는데 'GOAT'라는 제목의 큰 액자형 책자가 눈에 띄었다. 물어보니 염소라는 뜻이 아니고 'Greatest of All Time'(역대 최고 선수)의 약자로 바로 복싱 전설 무하마드 알리에 관한 책자라고 했다. 젊어서부터 복싱을 익힌 만델라는 알리와 가까운 친구 사이였다고 한다. 만델라의 복싱 자세 사진과 알리에게 익살스럽게 펀치를 날리는 듯한 포즈의 사진도 나중에 볼 수 있었다. 만델라는 자유의 투사였고 그 스포츠적 상징이 권투로 구현된 듯했다. 알리의 영웅은 만델라였다.

집무실 앞에는 만델라와 관련된 전시 공간이 있었다. 측면을 응시하는 만델라의 큰 인물 사진 앞에서는 사진 찍기가 좋았다. 만델라가

1964년 아파르트헤이트 백인 정권하에서 재판을 받았을 때 당초 5년 형에서 무기징역으로 연장된 것에 관한 재판 문서도 있었다. 당시 45세인 만델라가 역사적인 리보니아 재판에서 사형판결을 각오하면서 "내가 목숨을 바칠 준비가 돼 있는 이상은 바로 자유"라고 사자후를 토한 최후 변론문도 볼 수 있었다. 만델라가 쓴 1994년 대통령 취임 당시 연설문 등도 있었는데 대체로 정갈한 필체였다.

하탕 CEO는 저자에게 만델라가 수감된 케이프타운 앞바다 섬 수용소인 로벤아일랜드를 가 봤느냐고 물어봤다. 지난 3월 케이프타운을 갔지만 코로나19 확산 방지를 위해 섬은 폐쇄된 상태여서 "못 가 봤다"고 하자 만델라가 18년 동안 갇혀 있던 로벤아일랜드 감옥의 독방 공간을 같은 넓이로 재현한 곳을 보여 주었다.

만델라와 동료 자유투사 수감자들은 로벤아일랜드에서 저마다 벽돌 깨는 일을 했다. 만델라의 생존을 외부 언론에 알리기 위해 일부러 찍은 사진과 만델라가 법정에 출두할 때 입은 자칼 가죽 전통 의상도 전시돼 있었다. 왜 전통 복장을 했느냐고 묻자 불공정한 재판정이 양복을 입으라고 한 데 대한 항의 표시였다고 한다.

나중에 관련 전시물을 보니 커피 캔 같은 것이었다. 만델라는 그 캔 안에 반죽한 빵을 넣고 구워 먹었다고 했다. 그걸 보니 내가 어렸을 때 냇가에서 캔 안에 쌀을 넣고 밥을 해 먹으며 친구들과 놀았던 기억이 새삼 떠올랐다.

만델라는 수감 기간 동안 교정 당국에서 제공한 작은 달력에 매일 자신의 혈압과 누구를 만났는지 적어 놓았다. 그 달력 중 하루는 만델라의 혈압이 최고 160과 최저 90이라고 적혀 있었다. 상당한 고혈압이었다.

1993년 넬슨 만델라(왼쪽)가 프레데리크 데클레르크 당시 남아공 대통령과
노벨평화상을 공동으로 수상했다. 만델라는 남아공 최초의 흑인 대통령이자
남아공 민주화의 상징이다.(EPA 〈연합뉴스〉 자료사진)

또 그날그날 누구를 만났는지도 한 줄씩 적혀 있는데 만난 사람 중에는
P. W. 보타 당시 대통령도 있었다.

이렇게 만델라는 기나긴 감옥 생활을 견뎌낸 것이다. 그의 총 수감
기간은 27년으로 당시 정치범으로는 세계 최장이었다. 그 와중에도 철
저히 자기관리를 했다. 그는 나중에 은퇴해서도 식단에 신경을 써 소꼬
리곰탕 같은 것을 먹고 신선한 채소와 과일을 즐겼다고 한다.

지하로 가니 만델라와 관련된 기증품, 그림 등의 수장고가 있었다. 이
곳의 백미는 만델라가 1993년 받은 노벨평화상 실물 수상 증서와 금메달
이었다. 평생 자유를 위한 투쟁을 한 투사의 피땀과 고통이 서려 묵직하

게 다가왔다. 상장 왼편에는 예술작품 그림이 컬러풀하게 그려져 있었다.

만델라에게 기증된 남아공 크리켓 국가대표팀의 유니폼도 있었다. 한국에서 기증했다는 전통 혼례 복장의 신랑·신부상과 서울대에서 1995년 만델라에게 수여한 명예박사 증서도 눈에 띄었다.

만델라와 노벨평화상을 공동으로 수상한 프레데리크 데클레르크 Frederik Willem de Klerk 얘기를 좀 더 하자. 그는 남아공 마지막 백인 대통령으로 아파르트헤이트를 종식한 공로로 노벨평화상을 탔다. 2013년 타계한 만델라에 이어 2021년 11월 별세했다. 아파르트헤이트 종식의 상징적 주역이 둘 다 세상을 떠나며 역사의 한 페이지가 넘어간 셈이다.

변호사 출신인 그는 1989년 백인 정권 당시 제 10대 남아공 대통령으로 선출되었다. 이듬해 27년 동안 복역 중인 넬슨 만델라를 전격적으로 석방하고 ANC를 비롯한 여러 정당을 합법화하면서 아파르트헤이트 정책을 폐지했다. 1993년 남아공 민주화를 이루어 낸 공로로 만델라와 함께 노벨평화상을 받았으며, 1994년 대통령에 당선된 만델라 대통령에게 평화롭게 정권을 이양했다.

1936년 경제중심 도시 요하네스버그에서 태어난 데클레르크는 네덜란드계 토착백인 아프리카너의 정치 명문가 출신이다. 법학을 공부하고 1972년 정치에 입문하기까지 변호사로 활동했으며 이후 여러 장관직을 거쳐 대통령이 되었다. 그는 1994년 남아공 사상 첫 다인종 민주선거에서 만델라가 대통령이 되자 제 2 부통령이 되었다. 그러나 만델라 정부에서 자신이 소외되고 조언이 잘 받아들여지지 않는다면서 1996년 과거 소수 백인 집권 정당인 국민당과 함께 정권에서 이탈했다.

이후 데클레르크는 자신의 이름을 딴 재단을 운영하며 집권 ANC의 부패 등을 비판했다. 그는 아파르트헤이트는 부당하고 압제적이었다고 사과했으나, 자신의 집권기에 저질러진 흑인 운동가 살해 등 인권유린에 대해서는 몰랐다면서 책임을 인정하지 않았다. 이 때문에 여러 흑인으로부터 비판을 받았고, 다른 한편으로 백인 우월주의를 신봉하는 남아공 백인 우파 사이에서 민족을 배신한 인물이라고 비난받았다. 남아공 출신 노벨평화상 수상자인 투투 명예 대주교는 데클레르크가 아파르트헤이트를 종식한 데 대한 정당한 평가를 받지 못했다고 주장했다.

데클레르크는 자서전《마지막 트랙: 새로운 시작》에서 미하일 고르바초프 소련 대통령의 개혁·개방 정책으로 구소련이 붕괴한 것이 인종차별 정책 전환의 한 계기였다고 회고했다. 수십 년간 남아공 소수 백인 정권을 두렵게 하던 '붉은 공산주의 망령'이 사라져 이전보다 더 폭넓은 결단을 하게 되었다는 것이다. 앞서 2013년 별세한 만델라와는 당초 민주주의 이양기에 격한 의견 대립을 보이기도 했으나, 데클레르크 전 대통령의 1997년 정계 은퇴 이후 서로 우정을 유지했다.

그가 노벨평화상을 받던 해만 해도 정치 폭력으로 3,000여 명이 숨졌으나, 남아공인의 평화와 번영을 위해서는 다른 길이 없다면서 민주화의 길을 그대로 갔다. 이 때문에 '정치적 기적'이라는 평가를 받았다. 그는 또 사실상 핵보유국이던 남아공이 흑인 민주화 정권 이양 전에 핵무기를 폐기하도록 조치했다.

장소를 옮겨 만델라가 만년에 기거하던 인근 집으로 갔다. 차를 타고 갔지만 1km 거리밖에 안 되었다. 마침 순환단전이라 정문의 전기 작동

도어 록이 열리지 않아 옆문으로 들어갔다. 이곳은 부티크 호텔로 리모델링 중이었다. 호텔의 정면과 군데군데 만델라가 살던 당시 모습을 간직하고 있지만, 기본적으로 마디바가 살던 공간에서 직접 자고 식사하면서 느껴 볼 수 있도록 현대적으로 개조되었다. 마디바가 묵상하고 가꾸던 정원도 예쁘게 꾸며져 있고, 추운 겨울에는 물을 덥혀서 사용했다는 개인 수영장도 있다.

마디바가 이 집 정문 앞에서 신문을 보는 사진과 동상도 있었다. 개인적으로 마디바상 가운데 이것이 가장 마음에 들었다. 안내자인 샐리앤 운영 매니저와 하탕 CEO는 마디바가 신문을 볼 때 재미있는 습관을 전해 주었다. 마디바는 활자매체인 온갖 신문을 다 탐독했는데 남이 먼저 넘겨 본 신문은 읽지 않았다고 한다. 또 신문의 요하네스버그주식시장JSE 면을 유심히 들여다봤다고 한다. 그중 최근 주가가 많이 오른 잘나가는 회사를 체크한 후 해당 회사 측에 농촌지역 학교 건립 지원 등을 요청했다고 한다.

이곳은 마디바의 침실도 재현하고 곳곳에 그의 인생 역정을 드러낸 유명 화가의 그림과 사진 등이 걸려 있었다. 식당도 마련돼 마디바가 즐기던 식단을 그의 요리사 중 한 명이 직접 제공한다. 만델라의 만년 삶의 공간에서 위인의 흔적을 직접 느껴 보면서 마디바가 한층 실감나게 다가왔다.

그런데 왜 이렇게 위대한 인물을 배출하고도 남아공은 여전히 깜깜한 어둠에 머물고 있을까. 흑백차별 철폐라는 큰 성과를 이룩했지만, 그 알맹이를 채우는 것은 후손에게 남겨진 과제가 아닐까 싶다.

172

만델라 타계 후 '무지개'는 끊어졌나?

2020년은 넬슨 만델라 전 남아공 대통령이 타계한 지 7주기를 맞는 해였다. '마디바'로 불리는 만델라는 '무지개 나라'라는 별명을 가진 남아공의 인종화합을 꿈꾸었다. 아파르트헤이트를 종식시키고 흑인 최초로 남아공 대통령이 된 그의 꿈은 오늘날 어떻게 되었을까?

현지 교민들, 일부 백인과 각각 오늘날 남아공의 현실을 어떻게 바라보는지 차례로 얘기를 나눌 기회가 있었다. 교민 두 명은 환갑 언저리로 아프리카에 와서 생활한 지 20~30년이 되었다. 1980년대 후반에 남아공 한인 이민이 본격화되었으니 1세대라 할 수 있다. 영어가 유창하지 않았지만, 현장에서 부딪혀 가며 저마다 억척스럽게 사업을 일구었고, 장성한 자녀들도 이곳에서 자립할 일자리를 얻었다고 한다.

교민 입장에서 남아공의 미래에 대해 어떻게 생각하는지 물어봤다. 자신들은 이곳에 정착해 나름 만족스러운 생활을 하지만, 자녀 세대의 앞날은 아주 밝지만은 않다고 했다. 주로 이민 1세대만 남아 있지 2세대, 3세대까지 이곳에 뿌리내리는 경우가 드물다는 것이다. 흑인 다수에게도 일자리가 없는 상황에서 한국 이민자에게까지 좋은 일자리가 돌아오기 힘들다는 점도 한몫했다. 결국 엔지니어, 의사, 회계사 등 전문 직종이 아니면 자영업을 해야 하는데 상황이 녹록지 않다는 얘기다. 그래서 다른 나라로 떠나거나 한국으로 돌아가는 경우도 상당하다고 한다.

국내 대기업의 현지 법인에 취직해도 승진 등 인센티브가 파견 주재원에게 우선 가기 때문에 현지에서 교육받은 이민 2세대 등에게 자기 발전을 위한 충분한 동기부여가 되기 힘들다고 한다. 아프리카가 미래의 땅이라고 하지만, 교민 2, 3세대까지 충분히 현지화하며 실력을 양성하기 힘든 환경이라는 것이다. 단, 현 단계에서 한국 진출 기업과 교량 역할을 하거나 한국인 특유의 순발력을 살려 틈새시장을 찾으면 승부를 걸어 볼 만하다는 얘기도 했다.

남아공 교민들은 아프리카 교민의 역사이다. 초대 아프리카 교민은 서아프리카 쪽에서 정착해 가발, 사진 사업 등을 거쳐 어느 정도 자리를 잡아 남아공으로 왔다고 한다. 남아공 진출 교민은 대한민국을 대표해서 아프리카에 정착해 사업을 일구면서 자취를 남기고 있다.

그런데 남아공 교민사회의 고민은 다름 아니라 세대를 이어가는 것이었다. 무슨 말인고 하니 교민 자녀 2세대, 3세대를 키워도 아프리카에 정착하기보다는 유럽, 호주, 미국 등으로 빠져나가 버린다는 것이다. 물론 교민 자녀들 가운데는 의사, 보험계리사 등 전문 직종으로 나가 남아공에 자리를 잡는 경우도 있다. 그러나 이미 남아공이 흑인도 일자리를 구하기 힘든 터라 교민 자녀에게까지 차례가 돌아오기가 쉽지 않은 상황이다. 전문직 잡기도 힘들고 그렇다고 흑인들과 같이 평범한 일자리 잡기도 힘든 상황인 것이다.

참고로 남아공 의대도 한국에서 의사 시험을 칠 수 있게 인정해 준다는 기사를 얼마 전에 봤다. 한국의 의대 열풍은 헝가리, 남미, 아프리카 등 어느 곳까지 안 뻗치는 데가 없다. 어쨌든 남아공 출신도 의사로 인정해 준다고 하니까 남아공에서 공부하는 교민 자녀들에게 조금이나마 위로가 될지 모르겠다. 치과 의사로 키웠지만 한국에서 치과 의사로 개업할 수 없어 다른 일을 하는 경우를 봤기 때문이다. 남아공 의대도 진입 장벽이 높지만 한국만큼은 아니다. 남아공에서도 의사는 전문직이고 아직 인종적 장벽이 남아 있다. 여전히 백인이 많다 보니 서로 밀어주고 끌어주는 분위기가 있다고 한다. 남아공 백인 의사들의 텃세가 있다는 것이다. 또 의대 진학에서 흑인들을 우선 배려하기 때문에 교민들이 입학에 역차별을 당하는 경우도 비일비재하다. 다만 어디까지가 사실인지 실제 구체적 수치까지 확인할 수는 없었다.

어쨌든 남아공 의사들의 수준은 높은 편이다. 우리 교민 2세대, 3세대 중에서도 남아공 의사로서 전문직을 갖게 된 경우가 있다. 그중 한 명이 안승지 씨다. 안 의사는 남아공의 비트바테르스란트의대를 졸업해 요하네스버그에서 일반의로 활동하고 있다. 남아공에서 생활한 지 30년이 된 안 의사는 2021년 12월 〈연합뉴스〉와 인터뷰에서 남아공이 개도국이지만 세계적 수준인 의료 시설도 제법 있다고 말했다.

다른 40대 후반 교민은 가장 큰 문제점으로 대학 등 고등교육의 상대적 부실과 도서관 등 인프라 부족을 지적했다. 그는 "단적으로 아이들을 이곳에서 계속 대학생까지 키우고 싶은 생각이 들지 않는다"면서 "할 수만 있다면 미국 등으로 보내고 싶다"고 말했다. 과거 일부 남아공 대학 수준은 세계 100위권 안에 들기도 했으나, 흑인 정부 들어 순위가 하락하고 수업도 제대로 이루어지지 않는 경우가 있다고 한다. 일례로 케이프타운의 한 명문대학 도서관은 미국 지방대학 도서관에 비해 장서가 10분의 1 수준이라고 지적했다. 그러면서 교육 문제 하나만 놓고 봐도 "지도자의 미래에 대한 비전이 잘 보이지 않는다"라고 덧붙였다. 단 이곳의 자연환경은 좋다고 덧붙였다.

앞서 현지 대학에서 수업을 하는 한 백인 강사도 코로나19로 봉쇄령이 내려진 상황에서 온라인 수업이 제대로 안 돼 학생들에게 복사본을 우편으로 보내 수업하는 식이라고 말한 바 있다.

그러나 희망적 요소도 있었다. 동네 단지 내 산책 도중 우연히 얘기를 나눈 프리토리아 현지 11학년(고등학교 2학년) 백인 학생 데릭 군의 경우는 시사하는 바가 적지 않았다.

데릭은 8학년(중학교 2학년)부터 사업을 시작했다고 한다. 무슨 소리냐고 했더니, 할머니가 부동산을 물려주었고, 스스로 목재를 파는 사업도 했다고 한다. 우리나라 고등학생에게서는 좀처럼 듣기 힘든 말이었다. 그는 "사업하는 법을 요즘은 엄마가 가르쳐 준다"고 했다. 자신의 꿈은 변호사인데, 앞으로 대학 공부는 미국에 가서 하고 싶다고 밝혔다.

최근 한국에서도 고3 학생이 붕어빵 장사를 하면서 미래의 사업 경험을 축적하고 앞날을 도모하는 것을 보았다. 사실 우리는 너무 좁게 대학입시와 미래 진로를 결정한다. 죽어라 공부해서 좋은 대기업에 들어가도 결국 샐러리맨일 뿐이다. 남아공에서도 굴지의 한국 대기업 직원들이 한국에서 수능을 잘 치르기 위해 애쓴다는 말을 듣고 "그래 봤자 우리 같은 기업에 들어올 텐데"라면서 자조적 대화를 하는 것을 들은 바 있다.

모두가 기업가나 경영자가 될 수 없다. 하지만 기업가 양성을 적극 장려하는 사회만이 샐러리맨도 만족스런 일자리를 구할 수 있는 사회가 될 것이다. "젊은이들이여, 야망을 가져라!Boys be ambitious!" 이 말은 단지 옛날 격려 문구가 아니다. 지금도 충분히 적용할 수 있는 캐치프레이즈다.

"남아공에서 소수인 백인으로서 이곳에 미래가 있느냐?"고 묻자 자기 세대까지는 그럭저럭 해볼 만하지만 앞으로 50년 후 자녀 세대에는 어떻게 될지 모르겠다는 답이 돌아왔다. 데릭은 자기가 사업에 일찍 뛰어든 이유도 흑인 다수 사회에서 일자리가 귀하기 때문이라고 했다.

아울러 흑인을 일정 비율 의무적으로 고용하게 돼 있는 흑인경제육성정책BEE 때문에 비즈니스도 인종적으로 정치화되었다고 했다. 백인은 사업체가 좀 크면 흑인 동업자에게 일정액을 넘겨주는 대신 그냥 자기 사업을 영위한다는 것이다. 백인은 백인에게 일자리를 넘겨주고 흑인은 흑인에게 일자리 넘겨주려는 경향이 있다고도 했다. 이른바 '정치적 올바름politically correct'만 형식적으로 지키는 상황이 전개되며, 백인들이 일자리에서도 수세적이 되고 있다는 것이다.

그러나 그는 지금 자신의 '베프'(가장 친한 친구)는 흑인이라고 말해 여운을 남겼다. 여하튼 아파르트헤이트 당시의 분리교육이 아니라 흑백 통합교육의 열매가 서서히 맺혀 가는 듯했다.

남아공은 여름으로 접어들어 소나기가 퍼붓고 요란한 천둥 번개와 함께 우박이 동반될 때도 있다. 한번은 비가 내린 후 구름 사이로 무지개가 떴는데 중간이 끊어진 듯 희미했다. 하지만 나중에 다시 보니 먹구름 사이로 보일락 말락 쌍무지개도 떴다. 만델라가 꿈꾼 무지개 나라의 현주소를 상징적으로 보여 주는 장면이라는 생각이 들었다.

남아공 인권운동 상징, 투투 대주교의 선종

남아공 인권투사로 만델라와 쌍벽을 이룬 데즈먼드 투투 대주교가 2021년 12월 26일 향년 90세로 선종했다. 고인은 20세기 최악의 정치적 폭압 가운데 하나로 역사에 남은 남아공 백인정권의 인종차별에 결연히 맞선 용기와 신념의 화신이었다. 그러나 마침내 백인정권이 종식됐을 때 복수보다는 진실 규명을 전제로 한 용서와 화합을 주창했고 세상을 떠날 때까지 현실 정치와는 거리를 둔 채 부정부패, 소수자 혐오 등 남은 악과의 싸움을 멈추지 않았다. 아파르트헤이트 정권이 무너지고 만델라가 최초 흑인 대통령이 됐을 때 그는 남아공에 '무지개 국가'라는 별칭을 붙인 주인공이기도 하다.[3]

투투 대주교는 1931년 10월 7일 요하네스버그 서쪽 작은 마을 클레르크스도르프에서 태어났다. 교사의 길을 걷던 그는 흑인 아이들에게 열악했던 당시 교육 환경에 분노해 성직자가 되기로 결심한 것으로 알려졌다. 그는 30세에 성공회 성직자가 되었다. 이후 1986년 대주교에 임명되었다. 투투 대주교는 아파르트헤이트에 반대하는 국제사회의 대_對남아공 제재를 지지했고, 인권 신장을 위한 국제 활동에도 전념했다.

AP 통신은 만델라 전 대통령이 투옥되었던 시기에 투투 대주교가 국제사회에서 아파르트헤이트 투쟁의 얼굴이 됐다고 설명했다. 아파르트헤이트 종식 이후에도 그는 교계의 동성애 혐오에 맞섰다. 부패가 심했던 흑인 대통령 제이컵 주마 정부(2009~2018년)와도 각을 세웠다. 그는 아파르트헤이트를 종식한 집권당 아프리카민족회의_{ANC}의 정실인사와 순혈주의를 비판하기도 했다.

라마포사 대통령은 "남아공 출신 노벨평화상 수상자인 투투 대주교는 교계는 물론, 비종교적 분야까지 포괄하는 보편적 인권 옹호자였다"고 애도했다. 남아공 대통령실은 "인권 유린에 보편적인 분노를 표현했으며, 공동체 정신, 화해, 용서의 깊은 의미를 감동적으로 보여 준 삶을 살았다"고 투투 대주교에게 경의를 표했다. 넬슨만델라재단도 성명을 내고 "투투 대주교는 특별한 사람이고, 사상가이자 목자이자 지도자"라며 추모했다. 이어 "남아공과 전 세계의 많은 사람에게 그의 삶은 축복이었다"고 덧붙였다.

미국의 첫 흑인 대통령이었던 버락 오바마 전 대통령은 "(투투 대주교는) 나뿐 아니라 많은 사람의 멘토이자 친구, '도덕의 잣대'였다"고 기억했다. 오바마 전 대통령은 "성명에서 투투 대주교는 적들 가운데서도 인류애를 찾으려는 의지와 유머를 절대 잃지 않았다"면서 "미셸(오바마 전 대통령의 부인)과 함께 그를 많이 그리워할 것"이라고 애도했다.

프란치스코 교황은 "투투 대주교가 남아공에서 인종 간 평등과 화해를 이뤄냄으로써 복음에 헌신했다"며 추모 성명을 냈다. 안토니우 구테흐스 유엔 사무총장도 인종차별의 족쇄를 풀고 불의에 맞선 인물로 표현하며 투투 대주교를 기렸다.

전 세계적으로 추도의 물결이 일어난 가운데 남아공 현지 분위기를 보다 생생히 전하기 위해 특파원으로서 당시 장례식 르포 기사를 썼다.

빗속에도 이어진 추모의 물결

남아공의 아파르트헤이트에 맞서 싸운 데즈먼드 투투 명예 대주교가 선종한 이튿날인 12월 27일 경제중심 요하네스버그에는 비가 계속 내렸다. 남아공은 이날까지 성탄 연휴로 많은 사람이 고향을 방문한 가운데 빗속에도 요하네스버그 인근 소웨토에서 투투 대주교가 살았던 집 앞엔 드문드문 추모객의 발길이 이어졌다. 투투 대주교는 1975년부터 이곳에서 부인 레아 여사와 함께 살았으며 나중에 결혼 50주년 행사도 이곳에서 했다. 지금은 다른 사람이 살고 있어 집 안은 비공개지만 요하네스버그 역사문화유산으로 지정되어 있다.

소웨토의 다른 블록에 사는 주민 음리셀라(42세)는 이날 빗줄기가 굵은데 우산도 쓰지 않은 채 투투 대주교 집 앞에 찾아와 머리를 숙였다. 그는 투투 대주교의 선종에 대해 "모두에게 손실이다. 만델라처럼 매우 존경받은 국가적 원로가 떠나 나라에 큰 공백이 생겼다"고 안타까워했다. 그는 고인에 대해 한마디로 '거인'이었다면서 영적인 면뿐만 아니라 물리적이고 정책적으로도 그랬다고 말했다. 이어 투투 대주교의 타계 소식을 접한 이웃들이 모두 충격을 받았다고 말했다. 투투 대주교가 구순 생일 기념 예배를 드릴 때 정정한 모습을 보고 앞으로 5년은 더 살 것으로 생각했는데, 예기치 않게 세상을 떠났다는 것이다. 그러면서 과거 자신의 부모도 투투 대주교가 아침이면 이 집 앞 거리에서 조깅하는 것을 보곤 했다면서, 키가 165cm로 알려진 고인은 체구는 비록 작았지만 '작은 거인'이었다고 음리셀라는 강조했다.

투투 대주교의 집에서 대각선 방향으로 약 100m 거리에 남아공 최초 흑인 대통령 만델라의 집이 자리하고 있다. 두 사람은 반ℝ아파르트헤이트 투쟁으로 투투 대주교가 1984년, 만델라 전 대통령이 1993년 각각 노벨평화상을 수상했다. 이들 두 집이 자리한 빌라카지거리는 전 세계에서 유일하게, 노벨평화상을 수상한 두 사람이 한곳에 살았던 거리로 알려져 있다. 그래서 거리 안내판도 '노벨상수상자 산책로'로 돼 있다. 만델라 전 대통령의 집은 둘째 부인 위니 마디키젤라와 살던 곳으로 그와 투투 대주교는 사실상 같은 동네 주민이자 친구였다. 이 같은 인연 때문에 나중에 만델라가 악명 높은 로벤아일랜드 등에서 27년을 복역한 후 자유의 몸이 되어 첫날 밤을 머문 곳이 투투 대주교의 케이프타운 집이었다.

만델라 전 대통령의 집을 찾은 한 흑인 여성은 연휴 시즌이라 TV 뉴스도 안 보다가 이날에서야 투투 대주교의 부음을 접했다면서 깜짝 놀랐다고 했다. 개인적으로 투투 대주교의 손녀를 소셜미디어에서 팔로하고 있는데 평소와 다름없이 가족사진들을 올려놓았기에 별일이 없다고 생각했다는 것이다.

차로 3시간 반 거리인 림포포주의 주도 폴로콰네에서 소웨토를 찾은 오베드 코마페(37세) 등도 투투 대주교에 대해 "선한 싸움을 싸운 사람이다. 남아공에 공헌한 위대한 인물이자 영웅이었다"면서 가족과 함께 투투 대주교 집 앞에서 사진 촬영을 했다. 투투 대주교 집 주변의 주차 안내요원인 타펠로(29세)는 "어제는 100명 넘게 추모객이 찾아왔는데 오늘은 비도 많이 내려 아침부터 20명쯤 찾은 것 같다"며 "투투 대주교는 성직자로서 문화적으로 남아공을 풍부하게 만든 인물"이라고 평가했다.

소나무관과 흰 카네이션 한 다발

남아공의 '양심' 투투 명예 대주교의 마지막 가는 길을 기리는 참배 행렬에는 국적이나 남녀노소의 구분이 없었다. 2021년 12월 31일 한 해의 끝자락으로 연휴 여행 시즌이지만 남아공 남단 케이프타운의 세인트조지 성공회 대성당에는 추모객들의 줄이 200m 넘게 이어졌다. 행사 관계자는 "어제만 1,800명이 몰려왔다"면서 이날 마지막 공개 참배 시작인 오전 9시부터 한두 시간 만에 500명 정도가 찾아왔다고 말했다.

한쪽 팔에 붕대를 한 채 찾아온 아네(21세)는 "투투 대주교는 평화를 대표한다"면서 과거 백인 소수정권의 아파르트헤이트에 맞선 투쟁 이후에도 일관되게 그러한 삶을 살았다고 추모했다. 성당 안 제단 쪽에 마련된 빈소에는 가장 값싼 관으로 장례를 해 달라는 투투 대주교의 유지대로 미백색 소나무 관이 놓여 있었다. 고인을 덮은 관 뚜껑 위에는 흰 카네이션 한 다발만 놓여 있었다. 사람들은 양쪽에 촛대가 놓여 있는 관 앞에서 저마다 잠시 성호를 긋거나 고개를 숙여 묵도하고 조용히 자리를 떴다. 성당 내부는 사진 촬영 등이 일절 금지됐다.

이 성당은 투투 대주교가 1986년부터 10년간 케이프타운 대주교로 봉직한 곳이다. 행사 입장 전 성당 좌측 벽면에는 꽃다발을 놓는 곳이 마련돼 있고 사람들이 와서 기념촬영을 하거나 방명록에 이름을 적었다. 참배 후에 방문 기록을 남기는 사람들도 눈에 띄었다.

짐바브웨 출신 화가인 레바니 시렌제(44세)는 투투 대주교 그림을 직접 그려서 들고 현재 거주하는 요하네스버그에서 비행기로 2시간 거리인 케이프타운까지 와서 조문했다. 시렌제는 "내가 그린 다른 그림과 함께 투투 주교 재단에 기증할 것"이라면서 "남아공을 '무지개 나라'라고 부른 투투 대주교는 남아공뿐 아니라 짐바브웨, 나이지리아까지 포괄해 아프리카를 대표하는 인물"이라며 "용감하게 아파르트헤이트에 저항해 사자후를 토하고 이후에는 진실과 화해 위원회TRC를 이끈 데 감동했다"고 말했다. 1996~1998년 활동한 TRC는 인권유린에 대한 고백과 용서를 목표로 했다.

손녀인 듯한 네 살배기 여자아이와 함께 고인을 추모한 베릴(59세)은 "투투 대주교는 아이들을 사랑하고 유머러스해서 존경했다"라면서 "내년부터 이곳 성당 학교에 다닐 아이에게 무슨 일이 있었는지 알려주려고 데려왔다"고 말했다. 이른 아침 7시께부터 교회 밴드로 참여해 트럼펫을 연주한 먼로 미나르는 투투 대주교에 대해 "선한 사람으로 지역사회 사람들을 특히 사랑했다"고 기렸다. 교회 청년·소녀 밴드는 흑인 타운십을 비롯해 웨스턴케이프주 지역사회에서 100명 넘는 아이들과 성인으로 이뤄졌으며 시신을 아침에 성당에 운구하기 전후로 〈주께 드리네〉 등의 가락을 힘 있게 연주했다.

투투 대주교의 관은 승합차에 실려 이날 오전 8시 조금 전에 도착했으며 20여 명의 검은 사제복을 입은 성직자들이 도열해 맞이했다. 유가족으로는 네 자녀 가운데 둘째 딸 논톰비를 비롯해 손녀, 사위 등이 영접하고 밴드 등에 사의를 표했다. 부인 레아 여사는 휠체어를 탄 채 성당 안에 있었다고 한다. 이날 정오에는 투투 대주교 선종 다음 날부터 매일 하던 관례대로 10분간 대주교를 추모하는 성당 종이 울려 퍼졌다.

그다음 날 라마포사 남아공 대통령이 장례미사에 참여하는 관계로 성당 주변 블록은 사방으로 차량 통행이 차단되고 취재진 등 비표가 있는 사람만 통행이 허용됐다. 취재진은 국내외에서 243명 이상이 등록해 열 띤 취재 경쟁을 벌였다. 전날 밤에도 케이프타운 시청 앞에서 투투 대주교의 사제복 색인 보라색 조명을 비추고 사람들이 몰려 기념 촬영을 했다.

흑백화합의 발자취를 기리다

투투 대주교 생전에 한국 특파원으로서 인터뷰를 줄기차게 추진했지만 그가 2010년 은퇴 이후 대외활동을 일절 안 했기 때문에 성사하지 못 했다. 대신 그의 이름을 내건 데즈먼드-레아투투리거시(유산)재단은 앞서 2021년 3월 찾아가 볼 수 있었다. 1811년 케이프타운에 세워져 영국 식민지배 유산으로 두 번째로 오래된 건물이라는 재단 건물은 당초 곡물창고, 여자 죄수 감옥, 흑인 노예제 철폐 등과 관련된 유서 깊은 곳이다.

투투 대주교는 진실과 화해 위원회 초대 위원장을 지내면서 우분투 정신에 기반해 가해자 측에서 진실을 말하고 피해자 측에서 용서를 통해 화해하는 방식으로 흑백화합에 기여했다. 그는 재단 내 전시된 글에서 우분투에 대해 "사람은 다른 사람들을 통해 한 사람이다"라면서 "그건 (서구에서 데카르트의 말처럼) '나는 생각한다, 고로 존재한다'는 식이 아니다. 오히려 '나는 속해 있기 때문에 사람이다. 나는 참여한다. 나는 나눈다'라고 말하는 것이다"라고 설명했다.

케이프타운 시내 입구 간선 도로변에는 만델라, 투투 두 위인의 대형 사진이 건물 벽면에 걸려 있다. 자세히 보면, 투투 대주교 사진이 더 뚜렷하고 옷도 컬러풀하다. 가이드 안내에 따르면, 그 컬러는 케이프타운을 비롯한 남아공의 다양성을 상징한다고 했다. 투투 대주교는 수십 년간 케이프타운을 근거지로 사역하며 런던, 제네바 등 전 세계를 누볐다. 직접 인터뷰하지 못해 아쉬웠지만, 재단에서 간접적으로나마 그의 인품과 사상의 실마리를 볼 수 있는 시간이었다. 개인적으로는 1998년 남아공 TRC 활동 종료에 관한 케이프타운발 외신 기사를 전한 후 23년 만에 관련 현장을 직접 방문한 셈이다.

갈 길 먼 남아공 '자유의 날'

남아공에서 4월 27일은 '프리덤데이Freedom Day', 즉 자유의 날로 공휴일이다. 이는 미국에 마틴루터킹데이와 흑인 헤리티지데이가 있는 것에 비견될 수 있다. 1994년 이날 남아공 최초의 민주 선거가 이루어져 흑인들의 참여 속에 사상 첫 흑인 대통령 넬슨 만델라가 뽑혔다. 자유의 날 27주년을 하루 앞두고 수도 프리토리아에 있는 프리덤파크Freedom Park 박물관을 찾았다. 옛 백인 정권의 아파르트헤이트에 맞서 자유를 향한 영웅적 투쟁을 한 이들을 기리는 곳이다.

프리덤파크 주변에는 정부 기관인 통계청이 있지만, 양철집 빈민가도 자리하고 있다. 파크 입구로 가는 길도 협소했다. 파크 정문에서는 세 명이 출입을 체크했는데 전화번호와 아이디까지 꼬치꼬치 묻고서야 통과시켰다. 나중에 보니 국내 및 국제 방문자 수를 따로 분류하고 있었다. 자유의 날 목전이었지만 박물관 자체는 찾는 사람이 거의 없었다. 자유의 날 당일에는 많이 찾는다고 하지만 한산했다.

남아공 프리토리아에 있는 프리덤파크에는 남아공 흑인들의 자유 투쟁 역사를
보여 주는 다양한 사진과 영상, 아프리카 국기 등이 전시되어 있다.

박물관 내부에는 자유투사 만델라가 처음으로 투표하고 흑인 유권자
들이 첫 투표에 참여하기 위해 꼬불꼬불 길게 줄을 선 사진과 1996년
민주 헌법의 탄생, 흑인 인권을 보장한 권리 장전 등이 전시돼 있었다.
아울러 평화와 안정으로 아프리카 대륙이 새롭게 되는 꿈을 제시하는
공간이 있었다. 흑인 민주정권 출범까지 역사적 투쟁의 정당성과 위업
을 알리는 자리였다.

자유의 날 당일 라마포사 남아공 대통령은 수도권 남쪽 프리스테이
트에 가서 기념행사를 했다. 전년도에 록다운 4단계에 해당하는 이동
제한 조치로 행사를 못한 것과 대조적이었다. 그러나 과거 자유를 향한
투쟁에 한 축을 담당했던 노조 연맹들은 "경축할 것이 없다"라면서 실
망감을 드러냈다. 집권 아프리카민족회의ANC가 지난 세월 동안 자신들

186

의 생활을 개선한 게 별로 없다는 것이다. 물론 라마포사 대통령은 축사에서 흑인 교육 진전과 수백만 명이 전기를 얻고 빈곤에서 탈출하는 등 획기적 진전이 있었다고 말했지만, 노조원들과 빈민에게는 체감이 잘 안 되는 상황이다.

'챈들러 좋은 정부 지수CGGI'란 것이 있는데, 남아공은 조사 대상 104개국 중 70위를 차지했다. 부패 문제는 코로나 팬데믹 와중에 개인보호장비PPE 등 보건물자 조달 비리가 영국, 이탈리아, 미국 등에서도 벌어졌다. 비단 남아공만의 문제는 아니다. 그러나 남아공에서는 만델라의 위업을 이어받은 ANC가 30년 가까이 장기 집권하고 있지만 갈수록 지지율이 추락하는 상황에서 부패는 시급한 선결 과제라 할 수 있다.

남아공의 희망을 말하기는 사실 쉽지 않다. 30년 전 민주화가 되기 전 1990년 데클레르크 당시 마지막 백인 대통령이 비인종차별주의 남아공 국가에 대한 비전을 불어넣어 로벤아일랜드에 갇혀 있던 만델라의 석방으로 이어지기는 했다. 또 당시 남아공 흑인 대학 교수와 석유 메이저 로열더치셸의 캐나다 백인이 ANC 등과 새로운 국가의 진로에 대한 창의적 뜻을 모으기도 했다.[4] 당시 피의 복수와 보복의 내전을 피한 것은 잘한 일이다. 그러나 새로운 국가는 한때의 감동만으로 쉽게 나아가지는 못한다. 남아공은 백인에게서 흑인에게로 부富가 이동될 것으로 기대되었지만, 실제로는 일부만 그럴 뿐 흑백 간 경제적 불평등은 여전하거나 더 심화된 측면이 있다.

남아공에 있을 때 한국에서 전직 대통령을 처벌한 것에 대해 남아공 야당 대표가 칭찬한 것이 생각난다.

남아공 전직 대통령 수감, 한국 따라 하기?

남아공의 제이컵 주마 전 대통령이 2021년 7월 법정모독 혐의로 수감되었다. 남아공에서 아파르트헤이트가 철폐된 이후 들어선 민주정부 집권 27년 동안 전직 대통령 수감은 당시가 처음이었다.

주마 전 대통령은 자신의 재임 기간(2009~2018년) 부패 혐의를 조사하는 사법위원회의 출석을 명령한 헌법재판소에 맞서다가 15개월 형을 선고받았다. 그는 반부패 사법조사위원회가 정치적으로 편향되었다면서 헌법재판소의 위원회 출석 명령도 따르지 않았다. 이후 사실상 궐석재판 형식으로 헌법재판소에서 법정 모독 혐의가 유죄로 인정되어 수감되었다.

정작 그에 대한 부패 혐의 재판은 별도로 진행돼 나중에 추가 유죄판결이 나올 수도 있는 본 게임은 사실상 그제야 시작되었다. 주마 전 대통령은 정치적 마녀사냥이라며 혐의를 완강히 부인했다. 지지자들도 그가 정치적 이유로 구금되었다며 항의 시위에 나섰다.

당시 79세였던 주마 전 대통령은 과거 백인 정권의 아파르트헤이트에 맞서 싸운 넬슨 만델라 전 대통령을 계승한 정치인이다. 흑인차별 반대 정당인 ANC에 몸담았다가 옥살이를 하기도 했다. 그러다가 2009년 대통령에 취임하고 2014년 재선에 성공했다. 장기 집권 중 부패 의혹이 숱하게 제기되었으나 집권당 ANC 저지로 수차례 탄핵 위기를 넘겼다.

주마 전 대통령은 경찰의 체포 집행 시한 직전에야 스스로 경찰에 출두해 최신 교정시설에 갇혔다. 주마 전 대통령의 수감은 부패가 만연한 남아공에 법치를 확립하는 데 큰 이정표로 국내외에서 평가받았다.

남아공의 전직 대통령 수감은 '한국 따라 하기'로 볼 수 있는 측면도 있다. 그해 5월 초 남아공 주간지 〈선데이타임스〉의 한 칼럼니스트는 남아공이 한국을 본받아 주마 전 대통령을 수감해야 한다고 촉구했다. 칼럼은 뇌물수수, 국정농단 등의 혐의를 받던 박근혜 전 대통령이 "재판부에 대한 믿음이 더는 없다"는 발언 후 궐석 재판에서 유죄 판결을 받고 교정시설에 갇힌 것을 언급했다.

제1 야당인 민주동맹DA의 존 스티엔헤이즌 대표도 2021년 6월 초 한 웨비나에서 주마 전 대통령을 겨냥해 "남아공도 한국처럼 국가 지도자에게 책임을 물을 수 있어야 한다"고 주장한 바 있다. 스티엔헤이즌 대표는 주마 전 대통령 수감 후 최고지도자가 수감되면 그 누구라도 수감될 수 있음을 보여 준다며 환영의 뜻을 표했다. 넬슨만델라재단도 주마 전 대통령은 지난 20년간 사법절차의 혼란을 조장해 부패의 면책 문화를 형성한 장본인이라고 강력히 비판했다. 아울러 그 지지자들이 최근 무장한 채 "나라를 통치 불능의 상태로 만들겠다"고 위협한 것과 관련해, 주마 전 대통령이 폭력을 조장하는 위험한 인물이라고 지목하기도 했다.

주마가 수감되자 그의 출신지역인 콰줄루나탈주의 만데니 등에서는 즉각적 석방을 요구하는 시위대가 도로 여러 곳을 차단한 채 타이어를 불태우며 시위하는 모습이 현지 방송 카메라에 포착되었다. 이어 주마 전 대통령의 수감에 항의하는 시위와 함께 촉발된 대규모 폭동이 수도권까지 번지면서 군부대가 긴급 배치되기에 이르렀다. 약탈을 동반한 폭동 와중에 동남부 항구도시 더반에 있는 LG전자 공장이 약탈당하고 방화에 생산시설과 물류창고가 전소되었다. 콰줄루나탈의 주도인 피터마리츠버그에서는 한 대형 쇼핑몰의 지붕이 큰 화염에 휩싸였다. 요하네스버그에서도 한 대형마트가 약탈당하는 모습이 TV에 고스란히 방영되었다. 폭동 사태는 봉쇄령 장기화에 따른 주민 생활고의 측면도 있는 것으로 분석되었다. 남아공의 실업률은 32.6%에 달했다.

남아공은 폭동이 일어난 한 주간 최근 수년 만에 가장 힘든 시기를 보냈다. 델타변이가 주도한 코로나19 3차 대유행에다 주마 전 대통령 구금으로 촉발된 대규모 폭동과 약탈이라는 '퍼펙트 스톰'이 몰아닥쳤기 때문이다. 남반구에 있는 남아공은 이때가 한겨울로 그해 들어 가장 추운 날씨를 보이기도 했다.

정부는 폭동 기간 약 일주일간 국가 경제가 입은 손실액이 500억 랜드(약 3조 9,000억 원)라고 추산했다. 라마포사 대통령은 재계 지도자들에게 "폭동으로 영향을 받지 않은 경제 부문은 사실상 없다"고 말했다.

물적 복구는 그렇다손 치더라도 300명 넘는 사망자가 발생한 인명 피해는 되돌릴 수 없다. 희생자 대다수는 콰줄루나탈에서 나온 것으로 알았다. 희생자 일부는 총격으로 숨졌고, 다른 이들은 약탈로 사람이 한꺼번에 몰리면서 압사했다. 전국적으로 약탈 가담 혐의로 2,500명 넘게 체포돼 사법처리 절차가 시작되었다.

이 사태는 세계에서 가장 빈부격차가 심한 나라 중 하나인 남아공의 사회적 기반이 얼마나 허약한지 단적으로 보여 주었다. 주마 전 대통령 구금으로 인한 "선동가들의 사보타주"라는 정부 측 설명은 단순 약탈을 넘어 학교 등에 대한 방화까지 일어난 것을 보면 일면 타당해 보인다. 그럼에도 그 같은 선동이 먹혀들어 특히 흑인 밀집 지역인 타운십을 중심으로 주민들이 물밀듯 약탈에 가담한 것은 정책 실패의 측면이 강하다. 아울러 사전에 정보기관 등이 동향을 탐지하고 관련 대책을 수립하는 데도 실패한 것으로 보인다. 라마포사 대통령도 "정부가 좀 더 잘 대응할 수 있었다"고 간접적으로 책임을 시인했다.

일부 교민은 이 폭동으로 남아공 이미지가 너무 부정적으로만 국내 언론에 비치는 데 우려를 표하기도 했다. 이 사태가 부패 혐의 전직 대통령 구금이라는 법치 수립에 따른 '창조적 진통'인지는 시간이 판가름해 줄 듯하다. 결과적으로 주마가 얼마 되지 않아 풀려나고 법적 처벌도 사실상 유야무야된 것을 볼 때 아직은 회의적이다. 리더십 차원에서 만델라가 민주화운동의 긍정적 산물이라면 주마는 민주화운동의 부정적 산물이라 할 수 있다.

지난 30년간 민주화 약속을 제대로 이행하지 못해 오히려 민주주의에 대한 회의를 낳고 미국의 트럼피즘Trumpism과 같은 반동으로 갈 가능성은 없는가. 흥미로운 점은 일론 머스크, 데이비드 삭스(벤처 자본가), 피터 시엘(벤처 자본가), 폴 퍼버(소프트웨어 개발자) 등 남아공 출신 백인 남성 4명이 트럼프의 마가MAGA(미국을 다시 위대하게)운동을 형성하는 데 도움을 주었다는 것이다.[5]

이들 50대 남성 의식의 근저에는 아파르트헤이트 시절 경험이 있으며, 불평등은 아파르트헤이트 때문이 아니라 자연에 새겨진 것이라는 사고가 자리하고 있다. 이들에게 불평등은 자연스러운 것이며 인종적 전쟁(남아공에서 흑인의 백인 학살 가능성 언급, 미국에서 흑인이 득세하는 것 등)에 대한 두려움이 있다. 남아공이나 미국, 둘 다 부의 양극화가 가장 심각한 나라이다. 우리나라에 대한 함의는 무엇인가. 이 점에서 남아공 리더십 문제는 부의 양극화 문제나 북한 및 이주민 문제 등에서 우리에게도 시사하는 바가 있다.

한편 남아공 사법부 독립의 한 획을 그은 주마 수감 결정에 이르기까지 한국의 사례가 본보기로 거론되었다. 전직 대통령이 두 명이나 수감된 한국의 현실도 다시 한번 돌아보는 계기가 되었다. 그러나 일각에서는 한국이 전직 대통령 처벌에 너무 무르다는 지적도 나온다. 쉽게 사면해 준다는 것이다. 미국 같으면 강력하게 처벌하는 금융범죄와 기업범죄는 또 어떤가. 이러니 '유전무죄, 무전유죄'가 오늘에도 통용되는 것이다.

라마포사도 부패 논란 휘말려

주마와 결별하며 부패 단죄에 나서던 라마포사 대통령 자신도 정치적 스캔들에 휘말렸다. 라마포사 대통령은 2020년 2월 림포포주에 있는 자신의 농장에서 미화 400만 달러(약 52억 원)의 현금다발을 보관하고 있다가 강도에게 빼앗길 뻔한 사실이 알려지면서 눈총을 받았다. 그는 돈다발 일부를 강도들에게 도난당한 사건을 처리하는 과정에서 미심쩍은 돈의 출처와 미신고 대응 등으로 의혹을 받았지만 관련 혐의를 부인했다. 스캔들 폭로의 주체가 주마 전 대통령의 심복이었기 때문에 시민사회가 폭로에 무조건 찬동할 수 없는 딜레마가 생겼다. 한때 탄핵위기에 내몰렸던 라마포사 대통령은 우여곡절 끝에 2022년 12월 집권당 대표에 무난히 재선되었다.

앞서 라마포사 대통령은 노조 지도자 출신으로 광업 등을 영위하는 기업인으로 변신, 억만장자가 되었다. 1994년 선거로 백인 소수정권이 퇴진하고 사상 첫 흑인 민주정권이 들어서기까지 협상단에 참가하고 민주헌법 기초 작업에도 참여했다.

사법 집행에 있어 남아공은 한국에 비해 더 더뎌 보인다. 최근 우리나라에서 병원 치료를 받다가 탈주한 김길수를 사흘 만에 붙잡는 것을 봤다. '남아공이라면 어땠을까'라는 생각이 들었다. 땅도 12배나 되고 경찰력이 느슨해 체포가 쉽지 않았을 것이다. 반면 남아공은 보석을 잘 내준다. 구속 위주의 한국 수사보다 용의자에게 일단 무죄 추정의 원칙을 적용해 인권을 우선한다고 볼 수 있는 측면이 있다. 다른 한편으로는 보석이 남용되는 듯한 인상을 받았다. 걸핏하면 재판이 연기되고 범죄 혐의자에 대해 보석이 결정된다. 물론 우리나라가 비정상적으로 검찰의 구속영장 청구가 많아서 그럴지도 모른다.

한국도 특히 정치인 관련 재판은 질질 끈다는 비판을 받는 것을 보면 사법의 잣대가 나라별로 취약한 점이 있음을 알게 된다. 특히 살아 있는 혹은 죽은 권력과 관련된 재판이 어떻게 진행되느냐는 법 앞에 평등이라는 가치를 제대로 구현되는지 보여 주는 중요한 좌표가 될 것이다. 범죄에 대한 처벌이 제대로 집행되는 것은 중요한 사법 정의 요소 가운데 하나이다.

역사적 첫 흑백 연정의 길

아파르트헤이트 종식 이후 줄곧 집권한 아프리카민족회의ANC가 27년 만에 지방선거에서 절반에도 못 미치는 득표로 참패했다. 아프리카공화국 총선 투표장은 '넬슨 만델라의 시대'가 서서히 저물어 가는 변화의 현장이었다.6 '만델라당'으로 불리는 집권당 ANC는 아파르트헤이트가 종식된 1994년 이후 30년 동안 이어온 단독 집권에 처음으로 실패했다.

ANC가 지난 6번의 총선에서 60% 안팎의 높은 득표율로 집권할 수 있었던 원동력이 '만델라'였음은 부정하기 어려운 사실이다. ANC는 흑인에게 참정권이 처음 부여된 1994년 총선에서 62.7%를 득표해서 집권에 성공했다. 당시 ANC 의장이던 만델라는 그해 5월 10일 첫 흑인 대통령으로 취임했다. 대통령이 된 그는 임기 5년간 아파르트헤이트의 막을 걷어 내고 화해와 포용의 정치를 펼쳤다. 인종화합에 따른 정치·사회적 안정과 식민지 시대부터 갖추어진 경제·산업 기반, 풍부한 자원을 발판으로 삼아 남아공은 2000년대 초반까지 빠르게 성장할 수 있었다.

그러나 만델라의 뒤를 이은 ANC 후계자들의 부패와 실정으로 경제난과 사회 불안이 가중되며 ANC의 지지율은 내리막길을 걷기 시작했다. 만델라 대통령의 임기 마지막 해인 1999년 66.4%로 오른 ANC의 총선 득표율은 2004년에 69.7%로 정점을 찍은 뒤 상승세가 꺾이며 2009년에는 65.9%를 기록했다. 2014년 총선에서는 62.2%를 득표했고 직전 2019년 총선에서는 57.5%의 득표율로 처음으로 60% 아래로 내려갔다.

지지율은 하락세를 이어갔으나 과반 득표를 유지한 것은 그나마 만델라의 후광과 향수가 조금 더 남아 있던 덕분으로 볼 수 있다. 시간이 흐를수록 민심은 ANC를 외면했고 '만델라 레거시'는 점점 색이 바랬다. 기성세대는 물론 아파르트헤이트 종식 전후로 태어난 20~30대 중심으로 ANC에 대한 불만이 확산하면서다.

2000년대 초반까지 경제성장이나 역사적인 아파르트헤이트 종식의 변화를 직접 체험하지 못한 청년 세대 대부분은 삶의 질이 예전보다 크게 개선되지 않았다고 비판했다. 특히 32.9%의 실업률을 기록한 올해 1분기 15~34세 청년 실업률은 45.5%에 달해 남아공 청년세대가 겪는 고통과 좌절은 임계점에 다다랐다. 남아공선거관리위원회IEC에 따르면, 이번 총선에 등록한 아파르트헤이트 이후 세대인 18~29세 유권자는 494만여 명으로 전체 2,767만여 명의 18% 가까이 달한다.

이어 2024년 6월 총선에서 집권 30년 만에 단독 과반에 실패함으로써 불가피하게 야당과 연정으로 가는 새 시대가 열렸다. 1994년 민주화 이후 첫 연정이 성사됨에 따라 그달 14일 케이프타운에서 열린 의회 첫 회의에서는 라마포사(71세) 현 대통령의 연임이 확정됐다. ANC가 제안한 연립정부인 국민통합정부GNU의 대통령과 국회의장은 ANC, 부의장은 제1 야당인 민주동맹DA에서 맡았다. DA는 백인계 정당으로 친시장주의적이다.

ANC와 DA의 연정은 이른바 '무지개 연정'의 현실적 대안일 수 있다. 인종화합 척도로 보면 그렇다. 스티엔헤이즌 DA 대표는 1994년 민주화 이후 첫 권력분점이라고 평가했다. 사실상 흑백 동거 정부인 새 연립정부가 얼마나 성과를 내느냐에 따라 남아공의 미래가 좌우될 것이다. 흑백 화해를 실현해야 하는 중임이 라마포사 대통령과 DA 연정에 맡겨졌다.

남아공 사상 처음으로 연립정부가 구성된 가운데 여당인 ANC는 외무부와 재무부, 국방부, 법무부 등 핵심 장관직 20개를 맡았다. 최대 연정 파트너인 중도 우파 성향의 DA는 내무부와 환경부 등 6개를, 줄루족 중심의 잉카타자유당IFP과 우파 성향 군소 정당 등이 체육과 관광 등 6개 장관직을 맡기로 했다. 재선된 라마포사 대통령은 모든 정당이 국정에 의미 있게 참여할 수 있도록 보장하겠다고 말했다.[7]

DA는 한때 ANC의 최대 정치적 라이벌이었지만 라마포사 지지를 선언, 30년간 ANC의 대통령직 유지를 계속할 수 있게 하는 1등 공신이 됐다.[8]

ANC와 DA를 중심으로 의석수 5, 6위 정당인 잉카타자유당과 애국동맹PA 등이 함께하는 국민통합정부GNU: Government of National Unity가 구성됐다. 제1 야당이던 DA가 GNU를 구성하면서 3위인 움콘토위시즈웨MK당이 제1 야당이 됐다. MK는 라마포사 현 대통령과 2018년 치열한 권력 다툼 끝에 당 대표 자리에서 밀려난 주마 전 대통령이 창당, ANC 내 주마 지지자들이 MK로 분리되면서 ANC 지지율 하락에 큰 영향을 끼쳤다. 친기업·친시장 성향인 DA가 연정을 함께 구성함에 따라, 기존 사회주의 성향이 강한 ANC 정부 때보다 좀 더 시장 친화적인 정책이 이뤄지리라 예상됐다.

그러나 연립정부를 두고 우려되는 점도 있다. ANC와 DA가 이념적 차이의 간극을 어떻게 메울 것인가 하는 문제가 남아 있는 것이다. 일례로 DA는 ANC의 핵심 정책 중 ① 아파르트헤이트 시절 배제되었던 흑인들에게 경제적 지분을 마련해 주는 흑인 권한 부여 정책과 ② 보편적 건강 보장을 위한 〈국립건강보험법〉 제정에 반대하고 있고, ANC 측은 이 두 정책에 대해 타협할 수 없는 부분이라는 입장이다.

그렇지만 투자자들은 남아공의 새로운 통합 정부가 경제를 되살리기 위해 안정적 경제정책을 펼칠 수 있을 것으로 조심스럽게 낙관하고 있다. GNU 구성 정당 간 합의를 통해 경제성장을 이룩하고 실업률과 빈부격차를 해결하는 데 필요한 개혁을 해낼 수 있으리라고 기대하는 것이다. 이런 기대에 걸맞게 ANC는 GNU가 신속하고 포용적이며 지속가능한 경제성장, 고정자본 투자 촉진, 일자리 창출, 토지개혁 및 인프라 개발부터 우선 초점을 맞추겠다고 밝혔다. 시장의 기대가 현실이 될지 우려가 현실이 될지, 남아공 진출을 희망하는 우리 기업이 있다면 향후 남아공의 정책적 향방에 관심을 가지고 지켜보아야 할 것이다.[9]

흑백 연정이 중요한 것이 남아공은 여전히 인종차별에 대한 아픈 기억이 현실정치로 작동하기 때문이다.

말을 담는 그릇의 중요성

"인종 편견을 담은 검둥이nigger라는 말은 절대로 대화에서 직접 쓰지 말고 그대로 인용조차 해서도 안 된다."

2020년 9월 남아공 수도 프리토리아의 한 사립학교에서 최근 교장 대행이 학생들에게 앞서 학내 인종차별 사건과 관련한 얘기를 나누다가 무심코 '검둥이'라는 말을 그대로 옮긴 데 대해 학교 운영진이 공식적으로 사과하는 편지를 학부모들에게 보냈다. 학교 측은 A4 두 쪽 분량의 빼곡한 편지에서 다른 학생의 흑인 비하 욕설을 교장에게서 전해 들은 학생들이 상처를 받았다면서 이같이 설명했다.

즉, 인종차별과 관련해 설명할 때조차 이 말을 그대로 옮기지 말고 제일 앞의 철자만 따서 이른바 'n-워드word'라는 식으로 표현해야 하는데, 그만큼 세심한 주의를 기울이지 않았다는 것이다. 미국에서 욕설로 쓰는 'f-워드'처럼 직접 언급하지 말라는 것이었다. 성경에서 더러운 말은 입에 담지도 말라는 가르침과 같은 맥락이다.

학교 측은 당시 교장의 면담 장면을 담은 동영상까지 소셜미디어를 통해 확산돼 논란이 커진 것과 관련해, 좀 더 신속히 대응했어야 했는데 그렇지 못했다고 사과하면서 재발 방지를 약속했다. 아울러 'n-워드'와 함께 'k-워드'를 흑인 학생에게 써선 안 되고 남아공 인도계 학생들에게는 'c-워드'를 철자 그대로 써서는 안 된다고 설명했다. 'k-워드'는 아프리칸스어(남아공 토착백인 언어)로 흔히 모욕적인 니그로Negro에 준하며 'c-워드'는 'f-워드'와 비슷한 욕설이다.

남아공은 무지개 국가라는 별칭에서 보듯이 다양한 인종과 민족이 어울려 사는 곳이다. 따라서 문화적 다양성을 존중하기 위해 이같이 민감하게 반응하는 것이다. 이 사립학교는 특히 외교관 자제들도 많이 다니는 곳이라 그만큼 문화적 다양성 보장이 학교 방침으로 자리하고 있다.

현지 일간 〈프리토리아 뉴스〉(2020. 9. 10)는 프리토리아 인근 경제 중심 도시인 요하네스버그의 한 고등학교에서도 교사들이 인종차별적 발언을 하거나 성차별적 발언을 했다면서 학부모들이 거세게 항의해 당국이 조사에 나섰다고 전했다. 이 학교 한 여교사는 등교하는 한 여학생의 치마가 짧다면서 그를 따로 불러 세워 놓고 "남학생들의 시선을 끈다"고 훈계해 수치심을 안긴 것이 문제가 되었다.

학교뿐만 아니라 기업도 최근 인종차별 문제가 불거졌다. 유니레버의 트레제메 샴푸 광고가 흑인 머리카락을 "곱슬하고 윤기 없으며, 마르고 손상된" 이미지로, 백인 여성 머리카락을 "보통"으로 각각 언급했다가 소셜미디어에서 거센 비난을 받았다. 극좌 정당인 경제자유전사EFF 당원들은 광고를 내건 클릭스 드럭스토어 앞에 몰려가 "인종차별적"이라고 항의하며 매장 매대를 부수기까지 했다. 이에 대형마트 등 소매점들이 잇달아 해당 제품을 매대에서 치우고, 급기야 유니레버도 관련 헤어 제품을 열흘간 모두 회수하기로 한 것으로 전해졌다.

남아공에서는 1994년 만델라가 최초 흑인 대통령이 된 후 흑인 중심 정당인 ANC가 한 세대 동안 집권했지만, 인종차별 문제에 여전히 민감하다. 한 외교관은 이와 관련, "야당인 EFF가 경제적으로 억눌린 흑인들의 분노를 나타내는 기회로 삼고, 골수 ANC도 이데올로기적으로 활용하는 측면이 있다"고 풀이했다.

한국에서도 최근에 필리핀인 비하 발언이 문제가 된 가운데 글로벌 시민으로서 단순히 '정치적 올바름'을 넘어 다른 나라 사람과 민족, 인종을 좀 더 세심하게 배려할 필요가 있음을 남아공 사례는 시사하고 있다. 우리나라도 외국인 거주자가 점점 많아지는 만큼 향후 사회·문화적 다양성을 염두에 두고 교재 등을 마련하면서 교육에 힘써야 한다고 본다.

남아공에도 '광주'가 있다

대한민국 민주화운동사에 1980년 광주가 있다면, 남아공의 민주화운동사에는 1976년 소웨토Soweto가 있다.

2021년 6월 16일 수도 프리토리아에서 차로 한 시간 남짓 거리에 위치한 소웨토를 다녀왔다. 이날은 남아공 공휴일 '유스데이Youth Day'다. 45년 전 헥터 피터슨 등 소웨토 흑인 학생 약 1만 5,000명이 중등과정

2021년 6월 16일 유스데이를 맞아 행사 참가자들이 소웨토 학생봉기 당시 경찰의 무차별 총격에
치명상을 입고 품에 안겨 후송되는 13세 남학생 헥터 피터슨의 그림을 당시 사진과 함께 보여 주고 있다.

에서 모든 수업의 절반을 백인 토착어 아프리칸스어로 가르치려는 아
파르트헤이트 백인 정권에 대항해 봉기한 날이다.

이 사진은 1987년 이한열 열사의 죽음과 맞닿아 있다. 시공을 뛰어
넘어 민주화운동의 연장선은 대륙 간에도 연결되어 묘한 울림을 준다.
기념석과 사진, 그림에 나타난, 당시 피터슨이 총에 맞아 쓰러져 품에
안긴 모습은 1987년 6월 항쟁 당시 연세대생 이한열 열사가 시위 도중
최루탄에 맞아 숨졌던 당시와 대체로 비슷하지만, 나이는 13세로 훨씬
더 어렸다.

당시 경찰은 비무장 학생들에게 경고 없이 무차별 총격을 가해 피터
슨을 비롯해 수백 명의 학생이 죽거나 다쳤다. 이는 세계 여론이 무자
비한 아파르트헤이트 정권에 등을 돌리는 계기가 되었고, 소웨토 봉기
는 전국적 항의 시위의 기폭제가 됐다. 유스데이 기념행사가 열린 곳은

봉기의 무대 소웨토 올란도 웨스트에 있는 '이카헹 Ikageng 이티레렝 에이즈봉사단'이다.

2001년 설립된 이카헹은 소웨토 지역사회 기반 복지단체로 2019년부터 이사회가 전원 청년들로 구성되었다. 주로 젊은 층이나 아이들인 1,800명의 수혜자에게 교육과 영양 사업을 한다. 이 중 601명은 인체면역결핍바이러스[HIV] 환자로 치료와 함께 매달 식료품 꾸러미를 제공한다.

이 자리에는 시두모 들라미니 농업·토지개혁·농촌개발 부장관이 사무차관 대행 등 부처 일행과 함께 참석해 금일봉을 전달했다.

이카헹 설립자 맘 캐럴은 정부 지원 속에 에이즈[AIDS](후천성면역결핍증) 예방을 위해 콘돔 사용 교육 등 보건사업을 실시하고 에이즈로 부모를 잃은 아이들의 낙인과 차별에 반대해 돌봄 사역을 하고 있다고 말했다. 2020년부터 코로나19로 소웨토가 진원지가 되자 보건부와 공동으로 코로나19 검사와 스크리닝 사업을 하고, 흑인 타운십의 물리적 특성상 시행하기 어려운 사회적 거리두기도 자리 잡게 하려 애썼다고 한다.

캐럴은 왜 이 일을 하게 되었느냐는 질문에 "원래 호텔에서 일하다가 한 에이즈 환자를 씻기게 되었다. 나중에 알고 보니 그의 부모도 에이즈로 세상을 떠났다는 것을 알게 되어 간호사 자격증을 따고 에이즈로 부모를 잃은 아이들을 돌보게 되었다"라고 말했다. 65세인 캐럴은 소웨토 학생 봉기가 터졌을 때는 매우 추운 겨울날로 자신도 학생이었다면서 참 의미 있는 시대를 살아냈다고 말했다.

참가자들은 봉사단 건물에서 약 200~300m 떨어진 헥터 피터슨 기념석에 가서 헌화 증정식을 했다. 줄루족 복장을 한 여자아이들이 춤과 노래를 하고 프린스 모헬레 목사가 짧은 기념 설교를 했다. 모헬레 목사는 몸을 좌우로 힘차게 흔들면서 "호기심 많은 아이들이 그날의 역사를 알아야 한다"라면서 "어느 날 우리는 그(피터슨)를 만날 것이다"라고 말했다. 또 지금 젊은이들이 마약으로 죽어가고 있다면서 거짓된 리더십을 무너뜨려야 한다고 덧붙였다.

모나시대학에서 법학을 전공하는 대학생 산디스와 고바(20세)는 이날 행사 사회를 봤는데, "45년 전 그날에 학생들은 죽음으로 항거하는 배짱을 보여 주었다"고 말했다. 포부를 묻는 나에게 그는 자신도 이들의 희생으로 이룬 성과를 계승해 "아이들이 제대로 된 기본 교육을 받을 수 있도록 힘이 되는 일을 하고 싶다"고 밝혔다.

타비소 차우케 이카헹 이사회 회장은 "45년 전 그들은 목숨을 바친 투쟁으로 손으로 만질 수 있는 결과물을 만들어 냈다"라면서 "마찬가지로 우리도 경제적 자유와 모두를 위한 무상 교육을 위해 투쟁해 나가자"고 말했다. 이어 시대적 과제인 청년 실업 해결과 관련해, "남아공은 아직도 젊은 층 다수가 실업 상태로 남아 있다. 우리 이카헹은 기부자들을 통해 청년 고용을 창출하는 데 제 몫을 해낼 것"이라고 덧붙였다. 차우케 회장은 10대 때 아버지가 살해되고 2년 후 어머니마저 중풍에 쓰러져 돌아가신 후 자신도 이카헹의 도움을 많이 받았다면서 지금 이 일을 하는 것이 무척 자랑스럽다고 말했다.

소웨토 입구로 진입하는 도로 양옆으로 비공식 주거지 양철집과 함께 맞은편에 벽돌집이 자리하고 있었다. 이 안에도 부의 불평등 문제가 있음을 짐작케 했다. 소웨토는 요하네스버그의 남서쪽에 위치한 남아공 최대 흑인 타운십으로 그동안 그 앞을 지나가도 범죄를 우려해 좀처럼

가 보지 못했는데, 유스데이를 맞아 '역사적' 접점을 찾게 되었다.

이날 현지 언론도 여럿 몰려와 열띤 취재를 하며 오늘날 소웨토 학생 봉기가 갖는 의미를 되새겼다. 바라건대 광주민주화운동 관련 재단 등은 남아공 소웨토에 관심을 갖고 자매결연 등을 통해 친분을 쌓고 현지 민주화운동을 지원하면 좋겠다. 진정한 한류는 한때 유행하는 노래, 가요만으로 그치지 않고, 역사적 경험과 교훈을 공유하며 민주주의 국가 시민끼리 서로를 돕는 것이 아닐까.

흑백차별을 옹호한 백인 신학

신학적 입장에서 네덜란드개혁교회DRC는 아파르트헤이트를 각 나라와 민족이 경계를 갖는다는 성경 구절을 자의적으로 해석해 신학적으로 정당화했다.[10] 흑인과 백인이 따로 분리해서 살고 나중에 세상의 종말에 가서야 하나가 된다는 것이다. 그러면서 흑인들의 땅을 빼앗고 흑인 인구가 80% 넘지만 땅은 10% 남짓 부여했다. 그것도 비옥한 곳은 백인들이 차지하고 불모지 위주로 흑인들에게 돌아가도록 했다. 당시 이를 정당화한 신학자들의 죄는 일선 식민주의자들보다 더 크다고 볼 수 있다. 성스러운 것을 이용해 자신들의 악업을 정당화했기 때문이다.

물론 시대적 한계라고 할 수는 있겠지만 성경을 자의적으로 견강부회해서 자신들의 이익을 옹호한 것은 분명 잘못이다. 당시 아프리카 흑인에 대한 선교를 표방하기는 했지만, 제국주의와 결합하는 과오를 범하고 이를 신학적으로 오히려 강변했던 것이다. 남아공 내부의 흑인을 대상으로 한 식민지를 온존시킨 것이다. 그 흔적은 바로 남아공 백인 교회가 인종 간 사회 통합적 거점으로 작용하지 않고 흑인 교회와 따로 운영되는 것으로 남아 있다.

교민 교회가 빌려 쓰는 전통적 백인 교회를 가 본 적이 있다. 교회의 표면적 경건함은 묻어났으나 흑인까지 포용함이 부족한 게 아닌가 싶었다. 물론 현대 백인교회는 흑백 통합적 기능을 수행하고 있다. 일선 교회를 가 보니 흑인과 백인이 어울리는 것은 물론 백인 목사가 상당수 흑인과 함께 예배를 드리는 것을 목도할 수 있었다. 그러나 아직까지 흑인과 백인 간 거주지역을 분리하고 인종 간 결혼 등 통합에 거리감이 있는 것은 여실해 보인다.

이전에 한국 신학생들도 여럿 유학했다는 포체스트룸대학은 이름이 노스웨스트대학으로 바뀌었다. 프리토리아대학도 신학대 위주였으나 지금은 대학 구성이 상당히 바뀌었다고 한다.

아프리카의 고질적 부족주의

만델라가 백인 정권에 항거해 남아공에서 흑인 민주정권을 수립한 지 2024년에 30년이 되었다. 공히 한 세대가 흘렀다. 이제 남아공은 지난 30년 첫 인종 간 정권 교체에 대한 중간 결산을 해야 한다.

그렇다면 왜 이렇게 남아공 민주주의가 지지부진한 걸까? 결론적으로 부족주의도 한 원인이지 않을까 추론한다. 주마 전 대통령도 바로 이 부족주의를 등에 업고 퇴임 이후에도 전횡을 일삼았다. 최대 부족 출신인 강성 부족주의자들이 있기 때문에 라마포사 현 대통령도 제대로 힘을 쓰지 못했다고 할 수 있다.

아프리카가 이 부족주의를 극복하지 못하는 이상 서구의 먹잇감이 되기 쉽다. 실제로 남아공뿐 아니라 다른 나라 부족주의와 서구의 착취 사례도 있다. 즉, 부족 간 갈등을 이용해 이권을 갖고 놀 수 있다는 것이다. 부족주의는 고질적 문제다. 당초 식민지배를 받게 된 것도 서구 열강에 맞서 싸울 국가적·민족적 체제가 미비했던 것이 한 원인으로 지적된다.

과거 한국 정치가 지역색으로 나뉘어 민주주의 발전에 지장을 받았다면, 남아공 정치는 부족끼리 해먹어서 문제가 발생한다고 볼 수 있다. 단적으로 주마를 제대로 단죄하지 못한 것을 들 수 있다. 전직 대통령들을 몇 년간 구속시킨 우리나라와는 사뭇 다른 기조다. 사법적 처벌을 제대로 못했기 때문에 어영부영 물에 물 탄 듯 술에 술 탄 듯한 정치가 돼 버렸다. 공정한 재판과 성실한 법 집행은 민주주의에서도 금과옥조이다.

한국에 돌아오니 박근혜 탄핵을 이끈 박영수 특검이 뇌물 수수혐의로 조사를 받는 아이러니한 형국이 벌어졌다. 인생은 알다가도 모를 일이다. 섰다고 했을 때 넘어질까 조심하라는 말씀이 맞다. 박근혜 전 대통령과 이명박 전 대통령은 석방된 데 이어 사면받았다. 김관진 전 청와대 국가안보실장과 김기춘 전 대통령비서실장은 한 번도 형을 살지 않고 사면되어 '약속 사면' 아니냐는 비판론이 나왔다. 남아공에 한국은 여러모로 흥미 있는 나라로 비칠 듯하다.

'흑인 생명도 소중하다BLM 운동'의 파장

2020년 5월 미국 미네소타주에서 백인 경찰에 의해 흑인 조지 플로이드 George Floyd가 질식사했다. 이 사건은 미국뿐만 아니라 전 세계적으로 큰 파장을 일으켰다. 남아공을 비롯한 아프리카에도 식민 유산 청산과 내부의 민주주의 문제를 환기시켰다.

일례로 2020년 7월 남아공 케이프타운에 있는 영국 제국주의자 세실 로즈Cecil Rhodes의 흉상 머리가 훼손되었다. 로즈는 19세기 당시 남아프리카 총독을 지낸 인물이다. 테이블마운틴 국립공원 순찰대는 로즈 메모리얼 구역을 순찰하던 중 파괴된 흉상을 발견했다. 순찰대 대변인은 "동상의 머리가 앵글 그라인더 같은 것으로 잘려 나갔다"고 말했다. 앞서 2015년 4월에도 케이프타운대학 구내에서 로즈의 다른 동상은 수 주간의 학생 시위 끝에 철거된 바 있다.

미국과 영국에서는 '흑인 생명도 소중하다BLM: Black Lives Matter 운동' 이후 남부연합군 인사, 노예주, 식민주의자 등의 동상이 뒤엎어졌다. 남아공에서도 이번 로즈 반달리즘(공공기물 파손) 사건과 비슷한 일들이 벌어졌다.

라마포사 남아공 대통령은 2020년 9월 유엔 총회 화상 연설에서 "2020년은 BLM 운동으로 기억될 것"이라면서 인종차별에 더 적극적으로 맞서야 한다고 촉구했다. 당시 55개 회원국을 둔 아프리카연합AU 의장이기도 한 라마포사 대통령은 BLM 운동에 대해 "인종차별 전선을 밀쳐 낸 거대한 여론의 고조"라고 평가했다. 그러면서 "조직적 인종차별주의의 고통을 너무나 잘 아는 나라로서 남아공은 인종차별에 대한

2020년 6월 남아공 요하네스버그의
미국대사관 앞에서 BLM 운동을 지지하는
시위대가 무릎 꿇는 제스처를 취하고 있다.
(EPA 〈연합뉴스〉 자료사진)

신속한 행동의 요구를 지지한다"며 개인·회사·관리·국가 차원에서 자
행되는 모든 인종차별주의를 나열했다. 이어 "남아공은 유엔이 모든 형
태의 편견과 불관용에 대해 그것이 어느 곳에서 발견되든지 종식될 수
있도록 노력을 아끼지 말 것을 촉구한다"고 강조했다.

그는 미국의 흑인 민권운동가 마틴 루터 킹 주니어 목사의 말을 인용
해 "어느 곳에서 행해지는 불의는 모든 곳의 정의에 대한 위협이다"라고
덧붙였다.[11] 그는 또 "코로나 팬데믹은 우리에게 선택지를 제시했다"면
서 "유엔 헌장에서 그린 글로벌 협력이냐, 아니면 협소한 이기주의와 일
방주의 추구냐"라고 물었다.

그는 관용 대{위} 편견, 경제적 정의 대 점증하는 불평등 가운데 어느 길
을 선택하느냐에 따라 우리의 집단적 운명이 결정될 것이라고 말했다.
유엔이 창설 75주년을 맞은 것과 관련해, 그는 유엔안전보장이사회(안

보리)를 개혁해 아프리카 나라들의 대표성을 높여야만 세계의 해묵은 분쟁 해결에 집단적으로 대처할 수 있다고 했다. 남아공은 2년째 안보리 비상임 이사국이었다.

이 가운데 2020년 11월에 아프리카 지도자들과 논평가들은 조 바이든 미국 민주당 대통령 후보와 흑인 여성 부통령 후보 카멀라 해리스 Kamala Harris의 승리를 축하하며 부푼 기대감을 나타냈다. 일부는 바이든의 승리에 대해 미국이 도널드 트럼프 행정부의 내향적 자세에서 전환해 대외 관계를 구축하는 새로운 기회가 될 것으로 봤다. 이로부터 4년이 흘러 이제 해리스 대 트럼프 구도의 미 대선이 펼쳐지는 형국이다. 아프리카 지도자들의 감정은 크게 변화하지 않았을 것 같다.

영국 불법이민자를 아프리카 르완다로?

영국이 2022년 4월 불법이민자를 아프리카 르완다에 보내겠다고 발표했다. 르완다의 좋은 숙박 시설로 보내겠다고 했지만, 이민의 자유와 세계인권선언을 침해하는 처사로 국제사회의 비판을 받았다.

영국의 이런 행태는 역사적 연원이 있다. 영국은 북아메리카에서 건너온 해방 노예와 런던의 매춘부 처리에 골머리를 앓다가 아프리카 땅 시에라리온으로 보내기로 결정했다. 1787년, 해방 노예 351명과 런던 매춘부 60명을 시작으로 이주는 지속되었다. 그들의 거주지 이름은 '프리타운 Free Town'이라고 불렀다.[12] 말이 '자유도시'이지 사실 "너희는 영국에 안 어울려"라며 쫓아낸 것이다.

다행히 영국 노동당의 키어 스타머 Keir Starmer 신임 총리는 2024년 7월 취임 하루 만에 불법 이주민을 아프리카 르완다로 강제 이주시키는 '르완다 정책'을 없애겠다고 밝혔다. 르완다 정부는 영국의 새 노동당 정부가 난민 이주 협정을 폐기했지만, 협정에 따라 전임 리시 수낵 Rishi Sunak 보수당 정부로부터 이미 받은 자금 2,500억 원 상당을 되돌려 줄 의무는 없다고 주장했다.[13]

당초 영국의 불법이민자를 대가를 받고 수용하겠다고 한 르완다 정부도 책임이 없는 것은 아니다. 아프리카인이 주체적 자의식을 갖고 스스로를 존중할 때 식민지배 국가였던 서구도 존중할 것이다. 이 역시 우리가 일본군 '위안부' 문제, 강제징용 문제 등 한일 간 현안을 푸는 데 참고할 일이다.

4부

아프리카
코로나 리포트

땅끝 아프리카의 유일한 한국 특파원[1]

땅끝이란 곳은 어디일까. 그건 개인이나 집단에 따라 상대적이다. 콜럼버스가 신대륙 발견의 항해에 나서기 전 유럽인들의 땅끝은 스페인과 포르투갈이었다. "내가 로마를 거쳐 땅끝까지 가리라"고 말하고, 실제로 선교를 위해 지중해를 주유하며 1만 8,000㎞를 다닌 사도 바울에게 땅끝은 스페인이었다. 땅끝에 간다는 건 각자 인생의 한계선까지 가 본다는 의미일 것이다.

나에게 기자로서 땅끝은 남아공이었다. 그곳은 사하라 이남 아프리카의 유일한 한국 특파원의 장이었다. 10여 년 전 남아공 요하네스버그에 특파원을 파견한다는 공고가 처음 올라왔을 때 나는 주저 없이 지원했다. 요하네스버그는 〈연합뉴스〉가 국내 언론사 최초로 사하라 이남 아프리카에 특파원을 파견한 지역으로 그 의의가 특히 컸다.

아쉽게도 첫 번째 기회는 나보다 경력이 많고 노련한 선배에게 돌아갔다. 그러나 처음으로 특파원에 도전했던 지역인 요하네스버그는 개인적으로 애착이 가는 지역이었다. 이후 나는 국내에서 다양한 부서를 옮겨 다니며 사회 전반을 향한 인식의 지평을 넓혀 나갔다. 그러던 중, 바로 직전 요하네스버그 특파원 선배가 도중에 갑자기 귀국하게 되면서 그때부터 4년 반 동안 요하네스버그 특파원직은 공석으로 남게 되었다(다행히 내 후임은 연이어 근무하게 되어 공백 사태 없이 맥이 이어지게 되었다).

케냐에서 오랫동안 활동해온 통신원이 있었으나 국가기간뉴스통신사로서 사하라 이남 아프리카를 계속 비워 둘 수 없다고 판단한 회사는 2020년에 다시 요하네스버그 특파원을 모집했다. 첫 해외 근무지로 마음에 품은 요하네스버그는 운명의 장소였을까. 돌고 돌아 나는 10여 년 만에 요하네스버그 특파원으로 선발되었다.

돌이켜 보면 인생에는 다 때가 있는 것 같다.《구약성경》의〈전도서〉(3장

1절)에 이런 말이 있다.

"무엇이나 다 정한 때가 있다. 하늘 아래 벌어지는 무슨 일이나 다 때가 있다."

당시 한국 사회에는 아프리카 대륙에 대해 부정적 인식이 여전히 남아 있었다. 출국을 앞두고 나 또한 걱정이 많았다. 그때 중앙아시아에서 살다 온 친한 벗이 같은 특파원이더라도 제 1세계보다 제 3세계에 가는 것이 더 의미 있다고 조언해 주었다. 나도 평생에 한 번 여행하기도 쉽지 않은 아프리카 대륙에서 특파원으로서 몇 년간 머무르면서 우리가 접하기 어려운 소식들을 전하는 것이 특별하고 보람찬 일이라고 생각했다.

물론 두려움도 컸다. 아프리카 국가들을 인터넷에서 검색할 때마다 부정적인 기사들이 쏟아졌기 때문이다. 유튜브를 중심으로 동영상 대부분도 총기 강도를 비롯한 범죄 관련 내용이라 남아공에 대한 마음을 얼어붙게 했다. 기자로서 누구보다 편견이 없고 분별력이 있어야 하지만 개인적인 일과 엮이니 마음이 흔들릴 수밖에 없었다. 특히 내가 파견될 남아공의 경우 강력범죄와 관련된 기사들을 쉽게 접할 수 있었다. 한동안 내 결정이 맞나 싶어 확신이 서지 않았고 가족들도 걱정되었다.

그럼에도 요하네스버그 특파원은 내 인생에서 언제 또 찾아올지 모를 기회였기 때문에 포기할 수 없었다. 요하네스버그Johannesburg를 현지에서는 줄여서 애칭으로 조벅Joburg이라고 한다. 요하네스버그는 사하라 이남 아프리카에서 유일하게 특파원을 파견한 지역으로, 49개국을 관할한다. 전 세계에 파견된 〈연합뉴스〉 특파원 가운데 관할 나라가 가장 많고 넓다.

그만큼 부담이 가중되겠지만, 특파원으로서 나의 시선이 곧 국내 독자들에게 아프리카 대륙을 바라보는 창이 된다고 상상하니 그만큼 값진 일도 없다고 느껴졌다. 그렇게 나는 용기를 내서 위험 부담을 어느 정도 감수하더라도 처음 마음먹은 대로 남아공을 향해 떠나기로 결심했다.

그러고 보니 1990년대 초 대학생 시절 유럽 배낭여행을 갔던 기억이 난다. 세계화가 막 시작되고 배낭여행이 유행하기 시작했을 때 낯선 해외로 떠나는 것은 개인적으로 조금은 결단이 필요한 상황이었다. 원래 같이 가기로 한 친구가 떠나지 않기로 해서 나는 혼자 떠났다.

그 떠남은 결국 내 인생의 진로를 바꾸는 결정적 계기가 되었다. 배낭여행 때 찍은 몇백 장의 슬라이드 필름 사진을 본 나의 멘토(현 숭실대 교목 김회권 교수)가 나에게 잠재된 기자적 특성을 발굴해 언론인의 길을 가면 좋겠다고 조언해 준 것이다. 그것을 계기로 언론사에 가야겠다는 마음이 생겼고 마침내 그 길을 걷게 되었다. 여하튼 떠날 때 떠나야 한다. 설령 두렵더라도 말이다. 생각해 보면 인생이란 그런 점에서 묘한 데가 있다.

내가 요하네스버그에 파견된 시점은 2020년 2월로, 그곳에는 치안 문제 말고도 또 다른 복병이 나를 기다리고 있었다. 바로 코로나19였다.

팬데믹 전야 남아공에 도착하다

내가 남아공에 도착했을 당시는 코로나바이러스가 중국 국경을 넘어 해외로 퍼지기 시작한 때로 인접한 한국이 가장 먼저 타격을 받았다. 우리가 떠날 무렵 국내에 확진자가 갑자기 증가하는 추세였기 때문에 운 좋게 바이러스의 공격을 잘 피했다고 여겼다. 하지만 요하네스버그 공항에 도착한 그 비행기에 갑자기 군인 복장을 한 이들이 올라왔다. 코로나19가 세계적으로 빠르게 확산되자 발열 여부를 체크하는 것이었다.

남아공도 나름대로 팬데믹의 엄습을 대비하고 있었지만 폭풍 전야처럼 조용했다. 다만 남아공에 중국인 등 동양인이 도착하면 뭔가 챙기려고 득달같이 달려든다는 일부 세관원은 이미 우리를 '잠재적 바이러스 보균자'로 보는 것 같았다.

평소와 달리 엄격한 짐 검사도 안 하는 듯한 공항 직원들을 뒤로한 채 신속히 출국장 게이트를 나와 생소한 OR탐보O. R. Tambo의 동상 앞에서 기념사진을 찍었다. 그는 만델라와 같은 자유투사로, OR탐보국제공항은 그의 이름을 딴 것이라고 했다. 이전 출입처인 KOTRA와 무역보험공사 현지 관계자들이 마중 나와 반갑게 맞아 줬다. 이국에서 참 고마웠다.

이로써 남아공에서 본격적 생활을 시작했다. 공항에서 이동해 처음으로 간 곳은 뜻밖에도 수도 프리토리아에 있는 한국 식당이었다. 이국 생활을 시작하는 입장에서 동포의 환영을 받고 고국 음식을 먹은 것은 심리적이나 육체적으로 상당한 지지판을 형성해 주었다. 고추의 매운맛이 새삼 미각을 돋우면서 묘한 심리적 만족감을 주었다.

2020년 2월 남아공 특파원 초창기에는 임시 숙소로 프리토리아 한 호텔에 투숙해 일했다.

이어 호텔로 숙소를 정하고 여장을 푸니 안심이 되었다. 이후 친구가 소개해 준 현지 선교사님이 와서 이것저것 생활에 적응하도록 도와주셨다. 가장 먼저 부닥친 어려움은 일단 치안이 안 좋으니 바깥에 나갈 수 없다는 것이었다. 프리토리아 한 호텔에 묵으면서 처음에는 단순한 호텔방에 거처를 구했다가 스스로 조리할 수 있는 레지던스 호텔로 옮겼다. 1층에 위치한 터라 바로 큰 창문 앞 잔디 뜰로 나갈 수도 있었다.

1주일간 쉼을 거쳐 업무에 들어갔다. 호텔 탁자에 노트북 컴퓨터를 켠 채 반바지를 입고 기사를 썼다. 아직도 간직한 기념사진은 티슈 곽에 〈연합뉴스〉 로고 테이프를 붙여 놓은 채 일하는 장면이다. 갑갑했지만 사무실 분위기를 내며 즐겁게 일했다. 아침에는 호텔 로비에 놓여 있는 영자 경제지와 〈프리토리아 뉴스〉를 참고하여 현지 분위기를 익혔다.

신문은 특파원의 현지 길잡이다.

아침 식사는 호텔 조식으로 먹고 점심과 저녁은 해 먹는 식이었다. 산책은 운동장 5분의 1 정도 크기의 호텔 건물 경내 주위를 도는 식이었다. 정문을 지키는 경비원이 차단봉을 내리고 올리면서 차량 출입을 통제했다. 바깥에 나가 산책하는 것은 거의 시도도 제대로 못했다. 오기 전에 수많은 유튜브에서 절대로 바깥에 걸어 다녀서는 안 된다는 경고를 들었기 때문이다. 자동차 운전도 한국과는 정반대 차선을 이용해야 하기 때문에 쉽게 시작할 수 없었다.

차가 없었기 때문에 선교사님이 자신의 차로 오가는 데 도움을 주고 도로 오리엔테이션을 시켜 주었다. 그 덕분에 도로 운전에 연착륙할 수 있었다. 나중에는 선교사님이 차를 아예 빌려줘서 그걸 몰고 다녔다. 간단한 쇼핑을 하러 주변 상가에 갈 때도 운전을 해야 했다. 미국에서는 차가 없었을 때 가까운 거리는 가족끼리 걸어 다녔는데 여기서는 그럴 수 없었다. 미국과 비슷하면서도 다른 나라가 남아공이다. 우선 한국과 미국은 차량이 우측통행이다. 남아공은 좌측통행이다. 먼저 자동차 운전에 올인하기로 했다.

당분간 선교사인 목사님의 차를 쓰기는 했지만 내 차를 구해야 했다. 목사님과 함께 차를 보러 여기저기 다녔다. 그때 돌아다니면서 나름대로 길도 익히고 운전 방식도 배웠다. 딜러들을 만나는 것도 재미있고, 평소 내가 사고 싶었던 차들을 시험 삼아 타 본 것도 좋았다. 예산의 제약이 있어 괜찮은 중고차를 사기로 했다. 2013년식 혼다 CR-V를 구입했다. 소리가 부드럽고 가격대도 나쁜 편이 아니었다. 중고차 매장 주변에서 시험 주행을 해봤을 때 별 문제가 없었다.

그런데 나중에 보니 오르막길에서 좀처럼 힘을 쓰지 못했다. 속도가 시속 100km 전후로 달리다가도 오르막길에 들어서면 갈수록 힘이 쭉쭉 빠졌다. 남아공 고속도로의 속도제한은 시속 120km다. 1차로를 이렇게 속도가 떨어져 가고 있으면 다른 차들이 다가와 라이트를 번쩍거렸다. 특히 현지에서 '바키Bakkie'라고 불리는 픽업트럭들이 위협적이었다.

한국에서는 거의 신경도 안 쓰던 차가 남아공에 와서는 새삼 눈길을 끌었다. 알고 보니 남아공은 주변 환경이 한국과 달리 거의 평면형이었다. 바키는 거기에 특화된 차였다. 단독주택에 걸맞게 짐도 실어 나르는 DIY 타입이다. 무슨 말인고 하니 한국은 주택 형태의 절반 정도가 아파트이지만 남아공은 최소 90% 이상은 단층형 주택이라는 소리다. 요하네스버그 공항에 내리면 단층형 주택이 즐비하게 늘어서 있는 인상적 풍경을 볼 수 있다.

코로나19를 극복하는 특파원 생활

남아공에 도착한 뒤 얼마 안 되어 아프리카 대륙에도 해외 여행객을 통해 바이러스가 빠르게 퍼지기 시작했다. 게다가 요하네스버그 특파원직은 4년 넘게 공석이었기 때문에 현지에서 모든 과정을 스스로 헤쳐 나가야 했다. 물론 전임 선배가 떠나기 전에 따뜻한 조언과 당신이 만든 소중한 인연의 교민 등을 잘 연결해 줘서 큰 힘이 되었다. 하지만 막상 현장에 도착해 보니 맨땅에 헤딩하는 기분이었다. 치안 불안에다 코로나19와 엮인 중국인으로 오해할까 봐 시내를 무작정 걸어 다닐 수도 없었다.

218

당장 운전면허증을 발급받고 자동차와 집을 구하는 일이 급선무였다. 통상적인 현장 인수인계 없이 현지 사정도 잘 모르는 상황에서 모든 게 하나같이 쉽지 않았다. 그렇게 거의 한 달 반 동안 호텔 밖에 나가지 못했다. 스스로 격리 생활을 자초한 셈이었다. 작은 호텔 방에서 아내, 아이와 함께 숙식을 해결하며 기사를 썼다.

그러나 하늘이 무너져도 솟아날 구멍이 있었다. 친구로부터 소개받은 현지 한국인 선교사가 물심양면으로 도와준 덕분에 한 달 반 만에 극적으로 집을 구하고, 드디어 갑갑한 호텔 생활을 청산했다. 그런데 호텔에서 집으로 거처를 옮기자마자 코로나19 상황이 걷잡을 수 없이 심각해져서 나라 전체에 봉쇄령이 내려졌다. 만약 집을 조금이라도 늦게 구했다면 하릴없이 호텔 안에만 머무는 생활을 최소한 몇 개월 더 지속해야 했을 터였다. 우리는 집을 구했다는 사실만으로 크게 기뻐하며 가슴을 쓸어내렸다.

독자 여러분의 팬데믹 생활은 어떠했는가? 벌써 가물가물할 수도 있다. 하루하루 생활에 치여 살다 보면 언제 그런 일이 있었냐는 듯이 현재 일에 몰두하느라 과거를 쉽게 떠올릴 수 없을 것이다. 다시금 그 시절을 남아공 무대로 옮겨 추체험해 보겠다. 지리적 거리감으로 생경한 듯하면서도 공통의 팬데믹 생활로 인해 낯설지 않은 그 시절로 다시 돌아가 보자. 아프리카도 다른 곳이 아님을 간접적으로 느껴 보자.

당시 남아공 코로나 상황이 얼마나 심각했는지는 다음 사례로 가늠해 볼 수 있다. 남아공 록다운은 애초 3주 일정이었으나, 한 번 연장되더니 이후 약간씩 완화된 형태로 지속해 100일을 훌쩍 넘겼다. 봉쇄령은 코로나19 확산을 막기 위해 국경 폐쇄는 물론 가급적이면 외출을 제한하는 것이었다. 남아공은 세계에서 가장 강력한 봉쇄에 속한다는 평가를 받았다. 당초 코로나19 첫 진원지로 알려진 중국 우한武漢의 봉쇄 기간인 76일도 훌쩍 넘어섰다.

야간 통행금지까지 하던 봉쇄를 단계적으로 풀었으나 주州 경계를 넘으려면 허가증이 필요했다. 거듭된 봉쇄령 연장 발표 때마다 라마포사 남아공 대통령은 저녁 TV 생중계로 대국민 연설을 했다. 한 차례 연설이 A4용지 7~8장이 넘는 분량으로 통상 30분 이상 걸렸다.

봉쇄가 장기화할수록 생활 불편과 경제 타격에 민주동맹DA 등 야당의 대정부 공세가 거세졌다. 봉쇄 기간 군경의 강압적 단속 과정에서 10명 넘는 시민이 숨졌다. 단속 분위기가 얼마나 살벌했느냐면 취재하는 현지 기자에게까지 군인이 총을 발사할 정도였다. 한국대사관에서는 내가 밖에 취재 다니다가 사고가 생길까 봐 제발 자제해 달라고 당부했다.

초기 봉쇄령 기간 동안 주류와 담배를 금지하다가 주류 판매는 재개했다. 당시 두 달 넘는 금주령이 풀리자 어떤 이들은 덩실덩실 춤까지 추며 반겼다. 그래도 주류 판매 시간은 월요일부터 목요일까지 낮 시간대로 한정되었다. 담배의 경우 BAT(브리티시 아메리칸 토바코) 등 관련 업자의 강력 반발에도 국민 건강을 이유로 계속 판매를 금지했다.

요하네스버그와 프리토리아의 식당도 다시 문을 열었다. 하지만 식당 내 음주 불허에다 사람들이 외식까지 꺼려 봉쇄령 이전 영업실적의 20~30% 수준에 불과한 것으로 전해졌다. 프리토리아 산자락 자연보호구역에는 얼룩말, 와일드비스트 등이 있었는데, 그 구역을 통과하는 도로를 계속 차단했다. 학교는 그사이 문을 다시 열었지만, 감염 우려 탓에 상당수 사립학교 학생은 등교 대신 온라인 수업을 선택했다.

그 가운데 프랑스대사관의 주도로 모처럼 외국인 철수기가 에어프랑스와 KLM에서 뜨게 되자 너도나도 몰리면서 예약표가 순식간에 동이 나 버렸다. 당시 항공사 예약 전화번호는 수십 통째 계속 통화 중이었다.

무엇보다 남아공은 당시 감염 정점을 향해 치닫고 있었다. 세계 다른 나라는 제2차 감염 파동이 일어날까 봐 걱정이었지만, 남아공은 봉쇄령 때문에 일종의 시차가 적용되어 뒤늦게 가파른 증가세를 보인 것이다. 특히 한국 교민이 많이 사는 수도권 하우텡주가 새로운 진원지로 떠오르고 있었다.

코로나 시대의 단상

최근 코로나가 다시 유행한다고 해서 출퇴근 시 지하철에서 마스크를 잊지 않고 착용했다. 나름대로 조심한다고 했는데, 전날 저녁 무렵부터 목이 좀 칼칼한 듯했다. 컨디션이 썩 좋지 않은 것은 다음 날 아침에 일어나서도 마찬가지였다.

혹시나 해서 아내의 권고대로 동네 의원에 가서 검사를 받았더니 역시나였다. 한편으로 어처구니가 없고 다른 한편으로는 담담했다. 그다음 주 근무 체제를 정리하고 침대에 드러누워 모처럼 망중한을 즐기게 되었다. 코로나 감염을 통해 다시금 코로나 팬데믹 시기 특파원 생활을 테이프 되감듯 추체험하는 '백 투 더 퓨처 *back to the future*'를 한 것이다.

어느 시인이 한 말이 떠올랐다. 질병은 삶의 한 땀을 쉬어가는 쉼표와 같은 성찰의 시간이다. 여기저기 돌아다니다가 꼼짝없이 집에 틀어박혀 쉬어야 하는 상황이 된 것이다. 괜스레 그간 나와 접촉한 사람들에게 미안함이 마음 한구석에서 일다가도 나의 잘못 때문에 걸린 것은 아니라고 자위했다.

처음으로 확진되어 경험한 코로나는 정말 혹독했다. 목이 아프기 시작하더니 약을 먹어도 온몸이 두드려 맞은 듯, 몸을 제대로 가누지 못할 정도로 아팠다. 죽을 것 같았다. '아, 감염자들이 이렇게 다들 고생했겠구나!' 싶었다.

집 안에서 격리된 동안 꼬박꼬박 아내가 밥을 가져다줘서 감사했다. 행여나 아내가 근무 때문에 매 끼니 챙겨 주지 못하는 상황이면 더 힘들 수도 있겠다 싶었다. 아파서 밥맛이 없었지만 약을 먹어야 하니 억지로 먹었다. 한편으로는 왠지 혼자 식판 밥을 먹는 것이 따로 관리되는 대상이 된 것처럼 느껴졌다. 마치 동물이나 시설 입소자 같다는 어처구니없는 생각까지 들었다.

재택근무도 힘들기는 마찬가지였다. 몸이 아픈데 계속 일하는 게 짜증스러웠다. 메신저가 울리는 것조차 귀찮았다. 소통을 위한 도구가 오히려 세상으로부터 불통되고 절연되었으면 하는 바람을 가지게 했다.

넷플릭스로 무료한 시간을 달랬다. 드라마를 보다 보면 자정을 훌쩍 넘겨 새벽 2시가 되었다. 재미를 넘어 몸을 혹사시키면서까지 쭉 보게 되었다. 물론 자제력만 있다면 얼마든지 괜찮겠지만, 나에게는 쉼다운 쉼에 방해거리였다. 독서나 공부에 이렇게 몰입한 적이 있었나 되돌아보니 부끄러웠다.

어찌 보면 이 모두가 여유 있는 한가한 소리인지 모른다. 가족의 돌봄을 받고 편안하게 병치레를 하면서 배부른 소리를 하는 것일 수 있다. 그래도 수도사처럼 세상과 주위와 단절해 쉬고 싶은 마음이 간절했다. 광고와 쓸데없는 소리를 하는 클래식 음악 라디오 방송조차 껐다.

2023년 8월 중순 현재 정부 당국에서는 코로나 증가세가 더 늘어나지 않았다면서 2단계 보건위기를 더 완화할지는 당분간 지켜본다는 입장이다. 하지만 체감상으로는 주변에서 확진자가 늘어나는 것 같다. 그나마 한 번만 겪고 넘어간 것을 감사해야 할까. 남아공에서 몇백만 명의 감염자가 나오는 상황에서 어떻게 버텼던 것일까.

돌이켜 보면 남아공에서도 컨디션이 안 좋았던 때가 있었다. 이전에는 그때 혹시 걸렸는데 모르고 넘어간 것일 수도 있겠다고 생각했다. 그러나 이번에 한국에서 코로나 확진으로 아파 보니 안 걸렸을 가능성이 높다. 이렇게 강한 몸살에 몸을 가누지도 못한 경우는 없었기 때문이다. 어쨌든 코로나는 마냥 재수 없다고 볼 게 아니었다. 다시 한번 특파원 사이클과 지금의 생활을 되돌아보고 점검할 수 있는 기회였다.

우리 사회도 마찬가지가 아닐까. 생의 수레바퀴는 그냥 굴러가지만 우리 스스로 팬데믹 시기를 되돌아보면서 지금의 생활이 얼마나 소중한지 또 잘 살아야 하는지 느끼길 바란다. 그리하면 이전의 팬데믹 기간 3년이 잃어버린 시간이 아니라 우리 삶을 더 의미 있게 만드는 시간이 될 수 있다고 믿는다.

분명 팬데믹 생활에도 플러스와 마이너스가 있을 것이다. 가령 집 안에 꼼짝없이 한 주간 갇혀 있다 보니 가족의 돌봄을 받으면서 따뜻한 가족애를 느꼈다. 물론 혼자서 방 안에서 식사할 때 외롭긴 해도 말이다. 일상생활에서 함께 어울려 식사하며 웃고 떠드는 것이 얼마나 소중한지도 새삼 깨달았다.

코로나 확진 후 최근에는 심한 목감기와 기침에 눈병까지 앓게 되었다. 어찌 보면 남아공살이보다 한국살이가 더 독한 것 같다는 생각도 들었다. 적어도 몸 입장에서는 말이다. 다른 한편으로는 내 몸이 비로소 한국에 적응하고 진통을 통해 더 튼튼하고 성숙해졌다고 믿는다. 한국에서의 성숙은 아픔을 동반한다고 스스로 위안한다.

2023년 12월에도 같이 일하는 회사 동료가 코로나 양성을 알리고 재택근무에 들어갔다. 4년째 코로나는 진행 중이었다. 비록 미약해도 말이다. 2024년 3월 코로나 얘기는 주위에서 잘 들리지 않았지만, 여름에 다시 감염자가 많이 나왔다.

아프리카를 향한 창이 되다

돌이켜 보니 팬데믹 당시 해외 특파원으로서 일상은 내가 상상한 것과 아주 다른 방향으로 흘러갔다. 우선 세계에서 가장 강력한 차원의 국가 봉쇄령이 내려지며 집 밖에 나갈 수 없는 나날이 이어졌다. 처음에는 현장을 누빌 수 없는 현실에 실망했다. 그러나 아쉬워할 겨를이 없었다. 그렇지 않아도 위태로운 정치 상황에 코로나 팬데믹이 가세하며 대륙 곳곳에서 사건 사고들이 이어졌기 때문이다.

나는 그 순간 사자성어 하나를 떠올렸다. 자리에 앉아서 천 리, 즉 보이지 않는 먼 곳을 본다는 '좌견천리 坐見千里'였다. 비록 남아공에 머물렀지만 머릿속의 센서와 레이더는 아프리카 대륙 전 방위로 가동했다. 다행히 인터넷과 소셜미디어의 발달이 나를 음으로 양으로 도왔다. 물론 통신 기자는 주요 외신을 실시간으로 볼 수 있다. 작은 책상 앞에 앉아 사하라 이남 아프리카 49개국의 동향을 살피고 여러 한국 대사, 교민과 소식을 주고받았다. 또 주목할 현지 취재원들과 화상 통화를 통해 인터뷰도 했다.

물론 직접 발로 뛸 수 없는 현실이 여전히 아쉬웠지만, 아프리카 대륙 바깥이 아닌 그 속에서 대륙을 바라보는 것만으로도 충분히 의미 있는 일이라고 여겼다. 또한, 아프리카 대륙을 바라보는 나의 시선이 곧 국내 독자들이 아프리카 대륙을 바라보는 창窓이 된다는 사실에 큰 자부심을 느꼈다. 우리나라에서 아프리카 대륙을 향하는 투명하고 선명한 시선이 되기 위해 고군분투했다. 열심히 기사를 쓰며 새로운 삶의 자세를 배웠다.

스스로 정보를 교류할 취재원이나 요하네스버그에서 활동하는 다른 외신 기자들을 찾고 관계를 맺었다. 그런데 밖에 나가지 못하니 그마저 여의치 않았다. 취재할 만한 가치가 있는 정보가 들려와도 현장에 나가 뛸 수 없으니 처음에는 답답하고 아쉬운 마음이 컸다. 그러나 시간이 흐를수록 현지에 거주하는 사람으로서 천재지변이나 다름없는 팬데믹 사태를 있는 그대로 받아들이고 코로나19 확산 방지에 동참하기 위해 '슬기로운 특파원 생활'을 할 수밖에 없었다.

나는 조금 답답하더라도 먼 옛날의 여행자가 돼 보기로 결심했다. 지금처럼 교통이 발달하지 않은 과거에 여행자들은 넓은 지역을 자유롭게 여행하지 못했다. 그들은 거점이 되는 도시에 여장을 풀고 그 지역에서 만나는 사람들의 이야기를 통해 주변 지역을 이해하고 넓은 지역을 아우르는 여행기를 썼다고 한다. 나 역시 아프리카 대륙의 관문이라고 불리는 남아공의 중심에 자리 잡고 주변 사람들의 이야기를 통해 사하라 이남 아프리카의 소식들을 모았다.

가택연금 같은 봉쇄령에 너무 답답할 때면 일상에서 접하는 집의 조그만 뜰과 주변부터 찬찬히 둘러보기도 했다. 남아공의 생활상을 가까이서 들여다보고 창밖에 펼쳐진 아름다운 자연을 관찰하며 나는 조금씩 남아공 특파원 생활에 적응해 갔다.

'그래, 특파원은 이 맛이야!'

비행기 끊긴 공항과 갈 길 잃은 사람들

2021년 11월 말 남아공의 관문인 요하네스버그 OR탐보국제공항의 국제선 구역은 휑했다. 원래 OR탐보공항은 아프리카 대륙에서 이집트 카이로공항과 더불어 가장 분주한 공항으로 꼽힌다. 특히 유럽과 왕래가 빈번해 외국인 입출국장은 항상 붐빈다.

남아공이 24일 새 변이를 WHO에 보고한 지 이틀 만에 WHO가 이를 '오미크론'으로 명명하면서 전파력이 강할 수 있다고 발표했다. 그러자마자 각국은 앞다퉈 남아공과 항공편을 끊었다. 남아공으로서는 억울할 만하다. 세계를 위해 바이러스 변이종을 신속히 보고했는데 되레 발원지로 지목되어 고립되는 처지가 되었다.

OR탐보공항의 승객들은 항공편 안내 화면에 뜬 '결항cancelled' 표시를 쳐다보는 일 외엔 뾰족한 수가 없어 보였다. 졸지에 '국제 미아'가 된 한 유럽인 승객은 언제가 될지 모르는 운항 재개 소식을 기다리며 하염없이 벤치를 지키고 있었다. 유럽행은 물론 아시아, 미주로 가는 비행편도 찾아보기 힘들었다. 아시아로 가는 경유지인 UAE 두바이행도 결항 표시가 떴다. 카타르 도하로 향하는 카타르항공의 비행편이 안내판에 남았지만 항공사 직원들은 착륙한 비행기가 승객을 태우지 않고 빈 채로 돌아가는 것이라고 했다.

현장에서 보도하던 남아공 eNCA 방송의 린도 술루 기자는 실망스러운 표정으로 "아프리카 역내 비행편만 남고 유럽과 아시아로 가는 것은 없다"라고 말했다.

힘없이 공항 벤치에 앉아 있던 동유럽 우크라이나의 선원 아르투르 씨(31세)도 목적지를 잃고 말았다. 그는 "남아공 남부 항구 포트엘리자베스에서 와 어제 호텔에서 묵고 일단 공항에 나와 봤다"며 "오늘 오전 9시면 벌써 고국에 도착했어야 했다"라고 말했다. 그와 얘기를 나눈 시간은 오전 11시가 지난 때였다. 남아공과 직항편이 없는 우크라이나로 가려면 유럽이나 터키에서 비행기를 갈아타야 하는데 모두 끊겼다. 우크라이나에 돌아가 러시아와 전쟁 속에서 아르투르의 생사는 어떻게 됐을까. 전화戰火 속에도 무사히 살아 있길, 하루속히 전쟁이 끝나길 바란다.

아프리카 인도양의 모리셔스로 가는 모리셔스항공 비행편도 이날 끊겨 직원 세 명이 체크인 카운터에서 자리만 지키고 있었다. 카운터에 승객은 없었고 인근 항공사 사무실은 아예 문을 닫았다.

캐나다 교포라는 한 한국인 노부부는 남아공에 여행을 왔다고 했다. 이들은 "팬데믹으로 미뤄진 아프리카 여행을 하는데 남아공을 거쳐 짐바브웨로 가는 길"이라며 "여행을 마치고 다음 달 초 남아공에서 독일을 거쳐 캐나다로 가야 하는데 독일로 갈 수 있을지 모르겠다"고 걱정했다.

국제선 중에서도 유독 승객이 줄을 길게 선 곳은 아프리카 역내로 향하는 노선의 발권 카운터 앞이었다. 동아프리카 케냐로 간다는 한 여행객 부부는 "케냐까지는 갈 수 있을 것"이라며 "백신을 모두 맞았기 때문에 오미크론 변이는 크게 걱정하지 않는다"라고 말했다.

입국장 게이트가 간간이 열리면서 입국자가 보였지만 썰렁하긴 마찬가지였다. 공항 내 일부 음식점도 손님이 없어지는 바람에 문을 닫았다.

나만 쓸 수 있는 기사를 구상하다

한동안 특파원이 부재했기 때문에 아프리카에 관한 뉴스는 단편적이거나 우리의 독자적 시선이 녹아 있지 않았다. 특파원 기획기사나 칼럼도 기고되지 않았다. 사하라 이남 아프리카를 총괄하는 요하네스버그 특파원은 그 상징성과 함께 회사에서도 꼭 필요하다고 여겨 다시 파견한 자리인 만큼 나는 나름대로 팬데믹 상황에서도 참신함을 불어넣고 싶었다. 회사에서도 현장의 생생한 이야기가 담긴 기사를 요구했다.

나는 전체적으로 기사 구성을 새로 짜며 기획연재 '샵샵 아프리카'라는 코너를 만들었다. '샵샵Sharp, sharp'은 남아공에서 자주 쓰는 인사말 중 하나다. 동의나 흥분, 인사와 같이 다의적으로 활용된다. '고맙다, 오케이, 확실해, 예스, 좋아, 굿바이' 등의 뜻도 있다. 가령 어느 곳 정문을 지날 때 인사를 주고받으면서 경비원이 통과시켜 주면 '샵샵' 하는 식이다.

어느 교민이 여기에 재미있는 해석을 해 준 것이 기억난다. 'sharp'란 본래 '명석한, 날카로운' 등의 뜻이 있지만, 시간의 정각과 관련된 의미라고 한다. 그러면서 원래 아프리카 사람이 시간 약속을 잘 안 지키는데 '시간을 잘 지키는 것이 멋지다'는 식으로 의미가 확장되었다는 것이다. 다소 문화적 편견이 작용한 풀이일 수 있고 어원학적으로 더 따져 봐야겠지만 나름대로 일리 있는 말이라고 생각했다.

한편 샵샵과 대조적인 말은 바로 '디스 이스 아프리카This is Africa'이다. 쉽게 말해 '여기는 아프리카'니까 웬만큼 복장 터지는 일이 있어도 여유 있게 이해하란 것이다. 누군가를 기다려도 잘 나타나지 않을 때, 일이 예상과 달리 제대로 안 될 때 이 말을 쓴다. 샵샵의 시간적 어원과 대비해서 생각해 보면 예전의 우리 '코리안 타임Korean time'과 비슷한 것일 수 있다.

샵샵 아프리카는 때때로 취재 일지 형식을 띠는, 현장성이 가미된 에세이풍 기사다. 해외 통신사나 대사관 등을 통해 수집한 정보를 바탕으로 한 기사를 올리는 동시에 때로 굵직굵직한 현지 사안을 전하면서 매주 샵샵 아프리카를 구상하고 쓰는 일은 다소 버거웠다. 하지만 이를 통해 꾸준히 남아공을 중심으로 아프리카 대륙을 공부하고 생각을 정리할 수 있다는 점에서 의미가 있었다. 또 훗날 귀국했을 때 이를 엮어 책으로도 출간할 수 있으리라 기대하며 매주 취재하여 작성했다. 실제로 샵샵 시리즈를 바탕으로 이 책을 쓰게 되었다.

사실 꼭 대단한 특종이나 기획기사가 아니더라도 특파원으로서 꾸준히 관심을 가지고 현장에서 쓰는 연성 생활형 기사가 늘어나고 축적되는 장점이 있었다. 또 한 가지, 나는 현지 교민들에게 반가운 목소리를 전할 수 있다는 점에서 특파원으로서 의미 있는 일을 한다는 생각이 들었다. 특파원인 내가 교민들로부터 가장 많이 듣는 말 중 하나는 '덕분에'였다.

남아공의 교민들은 내가 쓰는 기사 덕분에 한국에서 전화를 많이 받는다며 감사 인사를 전하곤 했다. 가끔 남아공 폭동 등 심각한 뉴스가 보도되면 한국에서 근심 어린 연락이 오지만 그렇게라도 반가운 목소리를 들을 수 있음에 기뻐했다. 오랜만에 고국의 가족, 친지와 연결된 기분이 들어 행복하다고 했다. 교민들이 기뻐하는 모습을 보니 아프리카 대륙과 한국 사이를 좀 더 밀접하게 연결하는 역할을 하게 된 나 또한 뿌듯했다.

사실 아프리카 특수지역 혹은 오지는 통신의 발길이 꼭 필요한 곳이다. 국가적으로도 미래 성장 가치의 땅 아프리카를 생각한다면 특파원은 당연히 있어야 한다.

아프리카 대륙에서 찾은 키워드

나는 개인적으로 아프리카 대륙의 민주주의와 에너지 문제 그리고 일찍이 아프리카 대륙에 진출한 중국과 북한에 특히 관심이 있었다.

민주주의의 경우 직접 와서 보니 국가마다 나름대로 고민이 많아 보였다. 과연 미국식 자유민주주의 가치를 그대로 계승하는 것이 옳은 길인지, 저마다 처한 상황에 맞는 자체적 모델을 수립해야 하는지 고민하는 모습들을 보았다. 시민들도 시위 등 여러 활동을 통해 자유민주주의 가치를 지키려는 의지를 끊임없이 내비치고 있으며, 선거를 통해 정권

교체를 이루는 등 아프리카 내에서도 민주주의가 발전하는 모습을 확인할 수 있었다. 남아공의 경우 제이컵 주마 전 대통령이 부정부패로 수감되며 사회적 혼란이 발생했지만, 그럼에도 많은 시민들이 법치주의와 자유민주주의 가치를 지키려고 노력하는 중이다.

나는 아프리카 사람들이 독자적 민주주의를 수립하기 위해 고군분투하는 모습을 현장에서 직접 보고 느끼는 일에 큰 흥미를 느꼈다. 제3의 길을 모색하기 위해 강렬한 에너지를 뿜어내는 현장을 열심히 따라가 보고 싶었다.

2020년 12월 당시만 해도 아프리카 민주주의의 퇴보 현상이 심상치 않았다. 민주주의 후퇴가 두드러진 대표적인 지역은 서아프리카와 동아프리카였다. 그해 10월 서아프리카 기니와 코트디부아르에서는 대통령의 3선 연임 논란 속에 연이어 선거가 그대로 강행되었다. 결과는 똑같이 현직 대통령이 야권의 부정선거 반발과 보이콧 속에 압승했다. 둘 다 주로 정부와 여당의 선거 폭력으로 수십 명가량 사망했다. 기니의 알파 콩데 대통령이 먼저 연임 제한을 자신에게 유리하게 해석해서 다시 출마하는 선례를 만들었고, 그 뒤를 비슷하게 코트디부아르의 알라산 우아타라 대통령이 따랐다. 서아프리카는 대통령 임기제가 나름대로 잘 정착된 곳으로 평가받던 모범 지역이었다가 퇴행하는 곳이 되었다.

그보다 앞서 말리에서는 그동안 서아프리카에서 과거 유물로 여겨진 쿠데타가 그해 8월 발생해 군부 인사들이 내각에서 주요 장관직을 차지한 사실상 '준準군사정부'가 과도정부로서 구성되었다. 서아프리카에서 또 문제가 된 나라는 아프리카 최대 인구 대국 나이지리아다. 흑인 생명도 소중하다BLM 운동을 연상시키는 경찰 가혹행위 항의 시위가 10월 초부터 나이지리아 전역에서 젊은 층을 중심으로 벌어졌다. 그러나 경제중심 라고스의 레키 톨게이트에서 비무장 평화 시위대에 대해 군에 의한 것으로 보이는 무차별 발포로 최소 12명이 숨지는 등 시위 와중에 69명이 사망했다.

이후 군부 출신인 무함마두 부하리 대통령은 군 책임론을 언급조차 하지 않고 어물쩍 넘어갔다. 부하리 대통령의 경찰 개혁 약속 등에도 이후 도리어 시위대 자금줄을 조사하는 반동적 행태도 불거졌다.

서아프리카 맞은편 '아프리카의 뿔The Horn of Africa' 지역에서는 나이지리아에 이어서 제2의 인구 대국인 에티오피아가 문제다. 숙적 에리트레아와 평화협정 체결, 반체제 인사 석방 등 일련의 정치개혁 등으로 2019년 노벨평화상을 타고 아프리카 최연소 지도자가 되었던 아비 아머드 알리 총리는 중앙정부와 대립한 티그라이 주정부에 대한 진압 군사작전을 2020년 11월 초부터 벌였다.

그는 한 달 가까운 교전 끝에 승리를 선언했지만, 티그라이 반군에 의한 장기 게릴라전의 그림자가 드리웠다. 앞서 아프리카 주변국과 유럽 국가는 물론이고 상을 주었던 노벨위원회까지 이례적으로 휴전과 평화협상을 촉구했다. 하지만 그는 '내정 문제'라면서 아랑곳하지 않았다. 에티오피아는 우리나라가 아프리카 개발원조 대상 국가 중에서 가장 많은 원조를 하는 '대륙의 전략적 동반자 국가'이다.

아프리카 민주주의의 퇴행은 이른바 지난 '트럼프 시대'의 국수주의 발흥, 중국과 러시아 지도자의 종신 집권 획책 등 세계적 추세를 반영한 것일 수도 있다. 한편, 대륙 본토와 달리 동아프리카 인도양 섬나라 세이셸에서는 최근 43년 만에 평화적 정권교체의 본을 보였다. 당시 미국이 도널드 트럼프 대통령의 대선 불복 사태로 제 코가 석 자인 상황에서, 더 이상 서구식 민주주의 모델에 의존하지 말고 아프리카에 제대로 작동하는 민주주의를 모색해야 한다는 목소리도 현지 매체에서 나왔다.

조금 다른 각도이지만 슬라보이 지제크(슬로베니아 류블랴나대·경희대 석좌교수)는 수단 내전 등을 두고 아프리카인들이 원시적이어서 아직 민주주의를 받아들이지 못했다고 결론 내려서는 안 된다고 지적한다.[2] 진짜 문제는 서구, 중국, 러시아, 부유한 아랍 국가들이 지속적으로 아프리카를 경제적으로 식민지화하면서 내전 등을 방조하고 있다는 것이다.

BLM 운동은 남아공 운동선수들에게도 영향을 미쳤다. 남아공 유명 크리켓 선수가 2021년 10월 경기 시작 전 BLM을 지지하는 한쪽 무릎 꿇기 제스처를 한때 거부했다가 결국 사과했다. 남아공 크리켓 국가대표팀 선수인 퀸톤 드 코크는 아랍에미리트UAE 두바이에서 열린 T20 월드컵대회에서 서아프카제도 팀과 경기 시작 전 무릎 꿇기를 거부했다. 그는 이 경기에 출전하지도 않았다.

앞서 남아공 크리켓협회는 경기에서 일부 소속 선수는 무릎을 꿇고 드 코크를 포함한 일부 선수는 서 있자 전부 일괄적으로 무릎을 꿇으라고 지시했다. 그러나 드 코크는 이를 거부하면서 크리켓 운동계뿐만 아니라 남아공 국내적으로 큰 논란을 일으켰다.

남아공은 1994년 흑백차별정책인 아파르트헤이트를 종식했지만, 아직도 인종차별주의는 민감한 이슈이다. 일부에서는 크리켓협회가 모든

2020년 7월 남아공 프리토리아에서
한 크리켓 선수가 경기 도중에
BLM 운동 지지를 표시하고 있다.
(EPA 〈연합뉴스〉 자료사진)

선수에게 강제로 무릎을 꿇린 것은 너무하다는 지적도 나왔다. 크리켓협
회는 팀 주장 출신인 그가 다시는 남아공 국가대표 선수로 뛸 수 없게 징
계하겠다는 방침을 시사하기도 했다. 나중에 드 코크는 성명에서 "내 행
동으로 말미암아 상처 입은 사람들이 있다면 용서를 구한다"고 말했다.

그는 자신이 인종차별주의자라서 그런 것이 아니라 모두에게 선택의
자유가 있는데 일률적으로 강제했기 때문에 반발한 것이라고 해명했
다. 그러면서 경기 시작 전 버스를 타고 경기장으로 가는데 무릎 꿇기
지시가 내려와 자신의 선택지가 사라진 것 같았고 다른 선수들도 불편
해했다고 말했다. 그러나 사건 다음 날 저녁 크리켓 협회 측과 선수들
간 허심탄회한 대화를 통해 서로 오해를 풀었다고 덧붙였다.

드 코크는 "BLM 캠페인이 있기 전부터 내 삶은 BLM과 연관됐다"면
서 자신의 의붓어머니가 흑인이고 한쪽 부모만 같은 누이들도 혼혈이

라고 밝혔다. 그러면서 "무릎 꿇기가 교육 목적으로 유효하고 다른 사람들의 삶을 낫게 한다면 나도 기꺼이 무릎을 꿇겠다"면서 "남아공 국가대표로 뛰는 건 무엇보다 자랑스럽다"고 덧붙였다.

협회 측은 그의 사과를 수용하기로 했다. 남아공 크리켓 팀은 소속 선수가 모두 계속해서 무릎 꿇기를 하기로 했다. 현재 남아공 크리켓 팀 주장은 처음으로 흑인 선수가 맡고 있다.

팬데믹 이후 한국 교민들이 중국인으로 오해받아 억울한 일을 당하기도 했다. 중국을 생각하면 싫든 좋든 복잡한 감정이 앞선다. 2021년 4월 당시 남아공 한인회장이 골프장에서 한 백인에게 "중국 X"라는 욕설과 함께 "코로나바이러스와 함께 너희 나라로 꺼져 버려"라는 말을 듣는 봉변을 당했다.

미국에서 아시아계 혐오 및 증오로 폭력 사건이 빈발하는 와중에 일어난 사건이었다. 언뜻 보기에 미국보다 강도는 덜하지만 엄연한 인종차별이고 코로나19 상황에서 위협적인 것은 마찬가지다. 아프리카와 미국에서 벌어진 이런 사건은 아시아라는 공통점이 있고 좀 더 자세히 들여다보면 중국이라는 요소가 있다. 반중 정서가 그 밑에 깔려 벌어진 일이다.

잘 알다시피 미국은 중국을 심각한 패권 도전 국가로 인식하고 있다. 첨단기술을 중심으로 치열한 경쟁을 벌일 뿐만 니라 남중국해에서 군사적 대결 분위기까지 조성되고 있다. 미국에서 벌어진 한인 슈퍼마켓 난동과 잇단 폭행 등에는 한국 사람을 중국 사람으로 오해하고 역시 코로나바이러스를 언급하는 대목이 있다.

이번 사건은 우리나라 사람이 외국에 살거나 방문할 때 싫든 좋든 같은 동양계로 비슷한 외모를 가진 중국과 엮일 수밖에 없다는 사실을 새삼 깨우쳐 주었다.

실제로 한인회장 인종차별 사건을 계기로 다른 교민들도 비슷한 경험담을 쏟아냈다. 한 교민은 고속도로에 진입하면서부터 백인이 모는 차량이 계속 따라오면서 '차를 멈추라'고 해 멈췄더니 다짜고짜 주먹으로 폭행하고 도망쳤다는 황당한 얘기를 했다. 다른 중년 여성 교민도 몇 년 전 자신이 골프장에서 운동하는 그린으로 백인 할아버지가 볼을 대놓고 치고도 일절 사과하지 않아 크게 항의했으나, 상대방에 대한 제재가 제대로 이루어지지 않았다는 경험담을 털어놓았다. 이 밖에도 크고 작은 무시와 무례, 모욕 등 교민과 자녀들이 남아공 현지에서 외국인으로 살아가면서 당하는 일들은 비일비재하다고 한다. "헤이, 차이나(중국) 비켜", "칭챙총3", "너희 나라로 돌아가라, 차이나" 등이 대표적인 예다.

한 교민사회 관계자는 "코로나 사태 이후로 이 문제는 더욱 심각해졌다"면서 "남편이 단지 안에서 산책 중인데 골프 카트를 타고 지나가던 백인이 '코로나바이러스!'라고 외치며 도망가서 당황한 경험이 있다"고 말했다. 이어 "나도 역시 쇼핑 중에 그곳 직원들이 코로나바이러스라며 손가락질하고, 매장에 들어오던 손님이 나를 보고는 '코로나'라고 외치며 일행과 황급히 도망 나간 경우도 있었다"고 말했다.

나도 개인적으로 남아공 특파원으로 부임했을 때 주변에서 중국인으로 오해할까 봐 좀 우려했다. 이후 중국에 이어 대한민국에서도 코로나 확진자가 증가하다가 점차 세계적 방역 모범국으로 올라서면서 떳떳이 한국인이라고 말할 수 있었다. 현지인이 "니하오"라면서 아는 척하면 처음에는 "나는 코리안"이라고 일일이 밝혔지만, 시간이 흐르면서 일일이 응대하기가 귀찮아 그냥 듣고 넘긴 적도 많았다.

어쨌든 최근 동양인에 대한 인종차별 발언과 이유 없는 폭행 사건이 증가하는 것은 팬데믹으로 경기가 더 안 좋아진 데 따른 분풀이일 수 있다는 해석도 나온다. 이렇듯 미국 내 아시아계 인종차별은 강 건너 불구경할 수 없을 정도로 사안이 점차 심각해지는 만큼 대응 방법을 논의하고 대책을 마련해야 한다.

해외에서 중국과 같은 아시아 국가로 공동 대처할 것은 하되 중국과 차별화된 한국인으로서 정체성을 좀 더 알리고, 국내에서도 아프리카계 등 외국인 노동자 처우를 개선할 때 우리가 바깥에서 좀 더 당당할 수 있다.

무엇보다 아프리카 대륙에서 중국을 잘 활용할 필요가 있다. 중국이 우리나라보다 훨씬 더 이른 시기부터 아프리카 대륙에 진출하여 여러 분야에서 교류해왔기 때문이다. 중국 의사들은 케냐나 에티오피아에서 목숨을 바치면서까지 현지 의료에 기여했다는 것이 중국 측의 설명이다. 우리가 중국을 잘 활용하기 위해서는 중국이 아프리카 대륙에 어떤 방식으로 진출하여 어떤 식으로 관계를 형성했으며 현재 어떤 상황에 놓여 있는지 들여다보는 일이 우선시되어야 한다. 그 역할을 하는 것이 내가 현지에서 세운 목표 중 하나였다.

한편, 나는 아프리카 대륙과 중국 간의 관계만큼 북한과의 관계에도 흥미를 느꼈다. 한때 북한의 주요 사안들을 기사로 다뤘던 경험이 아프리카 대륙에서 북한의 흔적을 찾는 데 어느 정도 작용하기도 했다. 북한은 냉전시대에 우리나라보다 먼저 아프리카 대륙에 진출했다. 탈냉전

후 북한이 국제사회에서 위축되면서 현재는 아프리카 국가와 주고받은 축전 정도가 공식 자료로 소개된다. 하지만 그 안에 흥미로운 이야깃거리가 많이 숨어 있으리라 짐작했다.

또 내가 아프리카 대륙을 북한과 연결하여 들여다보고 싶은 이유는 남아공이 핵무기를 포기한 역사가 있기 때문이다. 남아공은 민주화 체제로 전환하며 비핵화를 선언했다. 북한과 남아공이 처한 상황은 다르지만, 남아공이 핵을 포기한 과정이 한반도의 진정한 평화를 이루는 데 좋은 참고 사례가 될 수 있으리라고 본다. 나는 남아공의 비핵화와 관련해 좀 더 깊이 있게 취재해 볼 계획이었으나 아쉽게도 많은 진척을 이루지는 못했다. 그래도 남아공 핵개발 관련 건물을 수도 프리토리아 근교에서 멀리서나마 지켜볼 수 있었다. 혹시 아는가. 우리가 남아공을 비롯해 아프리카 개발을 원조한 경험이 나중에 북한과 사이가 좋아졌을 때 북한을 개발하고 돕는 데 큰 도움이 될는지.

북한에서도 특히 지방 주민들은 아프리카와 같이 열악한 처지에 있다. 그 세기적 궁핍함은 김정은 북한 국무위원장도 인정한 바 있다. "지방 인민들에게 기초식품과 식료품, 소비품을 비롯한 초보적인 생활필수품조차 원만히 제공하지 못하는 것은 오늘날 우리 당과 정부에 있어서 도저히 외면할 수 없는 심각한 정치적 문제"라고 그는 말했다.[4]

북한과 아프리카의 비슷한 점은 아득히 먼 곳에 있다는 것이다. 물론 북한은 가까이 있지만 우리가 갈 수 없는 곳이다. 아프리카는 갈 수는 있으나 너무 멀리 있다. 그러나 결정적으로 다른 점은 북한 주민은 자유가 없고, 아프리카 사람들은 못살긴 해도 자유가 있다는 것이다.

범죄사회의 그늘

남아공의 범죄는 주로 강력범죄가 많다. 생계형 범죄 위주라 할 수 있다. 간혹 총기난사 사건도 있지만 미국만큼 잦지는 않다. 전반적 치안이 워낙 안 좋다 보니 그럴지도 모른다. 한국에서도 2023년 7월과 8월 신림역, 분당백화점 칼부림 사건이 있었다. 만약 우리나라도 미국처럼 총기소유가 합법화된다면 미국보다 더한 총기난사 사건이 벌어질지도 모른다는 불길한 예감을 주는 사건이었다. 그만큼 우리 사회도 미국과 마찬가지로 사회적 불만이 팽배해 있다는 예후일 수 있다.

미국 시카고는 남아공보다 사정이 더하면 더했지 못하지 않은 듯하다. 시카고에서 공부한 장덕진 서울대 사회학과 교수의 신문 칼럼[5]에 따르면, 시카고에서 2022년 총에 맞아 숨진 사람은 750명이었다고 한다. 미국 대도시 대학은 대부분 범죄의 위협 속에서 살아가며, 30년 전 박사과정으로 유학했을 때 살던 아파트 바로 옆에서 하루가 멀다 하고 총기사고가 일어나는 것을 매주 확인했다고 한다. 운이 좋아 자신이 그 대상이 되는 것을 피했을 뿐, 목숨을 위협하는 범죄는 늘 바로 옆에 있었다는 것이다.

인구 300만의 도시에서 어느 해인가 1년에 총 맞아 사망한 사람이 1,000명을 넘었고, 그해 마지막 날 지역신문의 헤드라인은 '킬링필드'였다고 한다. 인구 935만여 명의 서울로 치면 연간 3,000명 이상이 총 맞아 죽는다는 얘기다. 이쯤 되면 전쟁 중이나 다름없다. 밤거리에는 되도록 나가지 않았지만, 어쩔 수 없이 나가야 할 때면 거리에서 사람을 마주칠 때마다 입술이 바짝 말랐다고 한다. 이런 점에서 미국과 남아공은 오십 보 백 보인 듯하다.

그동안 우리나라가 남아공과 비교해 가장 좋은 점 중 하나가 밤에도 마음 놓고 돌아다닐 수 있다는 것이었다. 이른바 치안강국 대한민국이었다. 그러나 최근 신림동과 분당 서현역에서 백주 대낮에 묻지마 흉기 살인 사건이 일어나면서 안심하고 밖에 돌아다닐 수 있는 사회가 아닌 것 같다는 의구심이 든다. 특히 분당 서현역 칼부림 사건 이후 세계 최고로 안전하다고 자부했던 한국에서 최초로 특별치안활동이 발령되었다.

장덕진 교수가 진단하기를, 그동안 일어난 묻지마 살인 사건들을 관통하는 열쇳말은 좌절과 사회적 고립이라고 했다. 이것은 한국뿐만 아니라 미국이나 일본 등 세계 여러 나라의 비슷한 사건들에서도 일관되게 나타나는 특징이다. 남아공에서 소득 양극화가 범죄의 주요 배경으로 지목되는 가운데 한국도 상대적 소득 박탈감과 사회 안전망 부족이 심각한 수준이 아닌지 되돌아볼 필요가 있다. 특히 지금처럼 자영업자의 빚이 기하급수적으로 치솟는 것은 사회 안정성 측면에서 불안 요인으로 작용할 것으로 우려된다.

한국은 세계 제1의 자살국가군에 속한다. 박래군 인권재단 상임이사에 따르면 대한민국 산업현장에서 1년에 2,000명 이상이 죽어 나가고, 생활전선에서는 1만 5,000명이 극단적 선택으로 죽어 나가도 법과 제도와 정책을 바꾸지 않는다. 매년 대형참사로 사람이 죽어 나가도 말로만 예방하다가 참사가 나고 나서야 허둥대는 짓을 반복한다.

이러니 낸시 프레이저Nancy Fraser가 말한 '식인 자본주의'라는 비판을 들어도 할 말이 없다. 과연 우리가 이룬 경제적 성과라는 것이 무엇을 위한 것인지 심각하게 검토해야 하는 지점이다. 선진국에 진입했지만 과연 우리 사회가 살 만한 곳인지 의문을 들게 하는 대목이 바로 이 지점이다. 세계 최고의 저출산 국가로 손꼽히는 나라가 과연 미래의 희망이 있는 곳인지 되묻지 않을 수 없다.

따라서 우리는 함부로 남아공 등 아프리카 국가를 재단할 수 없다. 정도만 덜했지 그 근본 이유는 비슷할 수 있기 때문이다.

위험사회의 두 얼굴

남아공 치안이 안 좋다는 것은 익히 알려진 사실이다. 특히 우리나라와 비교해 볼 때 남아공은 마음 놓고 돌아다니기 힘든 위험사회이다. 그러나 그게 전부일까. 대한민국은 표면적으로 범죄 발생률, 특히 강력범죄에 있어 남아공보다 훨씬 낮은 치안 안전 국가이다. 외국의 관광객들도 안심하고 돌아다닐 수 있는 나라로 한국을 꼽는다. 하지만 그 이면을 들춰 보면 다시 생각해 볼 대목이 있다.

총기사고야 남아공이 훨씬 더 많지만, 대한민국의 자살자까지 포함해서 양국을 비교한다면 얘기가 달라질 공산이 크다. 대한민국 청년층 사망 원인 1위가 극단적 선택이라는 점이 단적으로 한국 사회의 절망적 상황을 보여 준다. 청년은 미래 세대의 꿈나무인데 많은 이가 스스로 목숨을 끊는다는 것이 다름 아닌 최악의 상황인 것이다.

대한민국이 겉으로는 질서 있고 깨끗한 거리를 자랑하지만 그 이면은 남아공보다 더 심각한 상황이라고 한다면 과장일까. 사회적 부조리와 양극화 문제가 남아공보다 더 낫다고 과연 자신 있게 말할 수 있을까. 비교할 것을 가지고 비교해야지 하며 강하게 반발하는 독자도 있을 것이다. 우리는 한 나라를 바라볼 때 표면적 수치만 갖고 비교할 것이 아니라 종합적으로 봐야 한다고 나는 생각한다.

남아공 성산업의 한 단면은 요하네스버그 도심을 방문했을 때 볼 수 있었다. 세계 어느 대도시나 '거리의 여자들'이 있겠지만 요하네스버그도 예외는 아니었다. 문제는 이들이 코로나19로 말미암아 생계의 위협을 받고 온라인으로 성착취에 시달린다는 것이다. 이 때문에 이들은 팬데믹 기간 시위를 벌이기도 했다. 사회적으로 소외된 이들에 대한 인권 문제를 다시 생각하게 만든 대목이었다.

아이들이 춤추면서 그대로 죽었다

남아공에서 아이들이 춤추면서 집단으로 사망하는 엽기적 사건이 일어났다. 잠시 그 스토리를 들여다보자.

2022년 6월에 남아공 동남부 항구도시 이스트런던의 한 술집에서 21명이 집단으로 사망했다. 사망자는 14~20세로 10대가 대부분이었다. 소셜미디어에 올라온 관련 영상에는 술집 바닥에 사망자들이 여기저기 쓰러져 있고, 소파와 테이블에도 희생자들이 움직이지 않은 채 엎어져 있는 모습 등이 나왔다. 이들이 무언가를 먹거나 마시고 혹은 연기 같은 것을 들이마셔서 사망한 것이 아니냐는 추측이 나왔다. 독극물 중독에 의한 사망 가능성도 제기되었다.

남아공에서 18세 미만 음주는 금지되어 있는데도 버젓이 이들이 술집에 출입한 것 자체가 문제가 되었다. 사건 당시 현장에 있던 16세 청소년은 익명으로 BBC 방송에서 "공짜 술을 나눠 주고 연령 제한도 없이 자유롭게 출입할 수 있었다"며 "우리도 (술을) 마시기 시작하고 다른 사람들과 함께 즐겼다"고 말했다. 이어 "그들이 픽픽 쓰러지기에 폭음해서 그런 것 아닌가 처음엔 생각했다"면서 "(놀란) 나를 포함해 다른 많은 사람이 창문으로 도망쳤다. 내 친구들이 죽어서 우리 모두 엄청난 충격을 받았다"고 덧붙였다.

당시 사람들로 가득 찬 술집에서는 학교 시험이 끝난 것을 기념해서 10대들이 모여 파티를 했다. DJ 생일 파티 모임도 있었다는 진술도 나왔다. 당시 코로나19 관련 마스크 쓰기 등 방역규제가 전면 해제된 것을 자축하는 분위기도 어우러진 것으로 전해졌다. 에뇨베니라는 이름의 술집은 이스트런던 흑인 타운십에 자리 잡고 있다.

라마포사 남아공 대통령은 18세 미만 금주인데도 이 같은 행태가 벌어진 것에 개탄했다. 남아공 주류협회는 10대에게 주류를 판매하는 것은 형사 기소 대상이라고 밝혔다. 폭음 문화가 있는 남아공에서는 음주 사고가 드문 편은 아니지만 이번엔 대형 참사라 사회적 충격이 컸다.

베헤키 첼레 경찰장관은 "그들은 문자 그대로 춤추면서 죽었다"고 말했다. 순차적인 사망 추정 시간은 일요일 새벽 2시 13분부터 4시라고 첼레 장관은 말했다. 한마디로 밤새 춤추다가 숨진 것이다. 첼레 장관은 "그들은 춤추고 쓰러져 죽었다"면서 "다른 사람들은 어지럼증을 느끼고 소파에서 잠자면서 죽었다"고 말했다. 이어 "그들은 모두 아이들이었다. 누군가가 주목했어야 했다"면서 일부가 쓰러지면 다른 사람들이 이들을 한쪽에 밀쳐놓고 계속 춤췄다고 설명했다.

의문사한 10대 등 21명의 시신에서 모두 공업용 독성 알코올인 메탄

올이 검출되었다고 현지 매체들이 전했다. 이스턴케이프 주정부는 예비 독성 조사 보고서에서 메탄올 중독이 사인일 가능성이 있다고 밝혔다. 솔벤트(용해제), 살충제 등으로 쓰이는 메탄올은 소량을 마시더라도 시력 장애 등을 일으키는 유독 물질이다. 다만 사망자들의 혈중 알코올 농도는 치명적 수준은 아니었다. 사건 발생 초기 일각에서 제시된 압사나 일산화탄소 중독도 사망 원인에서 배제되었다.

사건 발생 직후 문제의 술집은 폐쇄되었으며 주인과 직원 2명이 미성년자에게 술을 판매한 혐의로 체포되었다. 그러나 유족들은 당국이 정확한 사인이 무엇인지 얘기하지 않는다고 불만을 터뜨렸다. 실제로 이들에게는 조사 결과 보고서도 제대로 배포되지 않았다. 이후 제대로 된 사건 책임자 기소와 구조적 문제가 해결되었다는 보도는 찾아보기 힘들다. 에뇨베니 사건 조사를 위한 재판 절차도 사건 발생 1년 반이 지나도록 지연과 연기를 거듭하는 것으로 파악되었다. 세월호 침몰과 이태원 참사가 터졌어도 체계적 조사와 더불어 당국자를 제대로 처벌하거나 책임을 물었다고 보기 힘든 한국의 상황과 맞물린다.

2019년 WHO 자료에 따르면, 남아공은 연간 1인당 음주량이 28.9L로 세계에서 다섯 번째로 높았다. 공중보건 의료전문가인 수전 골드스타인 교수는 남아공 인구의 절반 이하는 알코올을 마시지 않기 때문에 음주자의 경우 중독이 될 정도로 폭음을 한다고 지적했다. 그러나 팬데믹 기간 동안 가장 강력한 봉쇄령 속에 주류 판매도 금지되었다. 골드스타인 교수는 당시 병원 외상센터는 입원자가 훨씬 줄었고 일부는 텅텅 비기도 했다고 묘사했다. 그러면서 술집 출입이 금지된 10대까지 새벽녘까지 술을 마시고 춤추는 상황은 통제해야 한다고 강조했다.

성탄절은 '8월의 크리스마스'?

남아공의 휴가는 주로 크리스마스 시즌에 몰린다. 새해 정초, 1월 중순까지 이어진다. 이때는 별일을 못 하므로 미리 일 처리를 해 놓는 것이 마음이 편하다.

남아공을 생각할 때 잊지 말아야 할 것이 바로 계절이 우리와 반대라는 사실이다. 호주처럼 남반구에 위치하다 보니 '8월의 크리스마스'가 우리가 생각하는 크리스마스라고 보면 된다. 8월이 크리스마스라는 것이 아니라 무더운 때 크리스마스를 즐긴다는 의미다.

그럼에도 이웃 페드로와 크리스티나는 집 앞 장식을 눈 오는 크리스마스로 꾸며 놓았던 것이 떠오른다. 친구 아티네 집에 크리스마스 즈음에 초대받아 식사를 대접받은 것도 기억난다. 남아공의 크리스마스는 호주나 뉴질랜드와 같은 남반구의 크리스마스이다. 남반구의 생활양식은 북반구의 우리가 느끼기에 생소한 면이 있다. 남아공에서는 하얀 눈을 보기가 힘들었다. 겨울에 어느 산악 지역에 모처럼 눈이 내렸다는 현지 보도로만 접하는 경우가 많았다.

그러다 3년여 만에 한국에서 다시 눈을 보게 되었다. 2023년의 마무리를 이틀 남긴 날도 눈이 펑펑 내렸다. 그 며칠 전에도 모처럼 많은 눈이 내렸다. 그런데 왜 어린 시절처럼 신나지 않을까. 나이를 먹어서일까. 초등학교 1학년 조카가 우리 집에 놀러 와서 돋보기를 안 가져와 눈 결정을 못 보게 돼서 아쉽다고 말했다. 그랬다. 세상을 향한 동심의 마음은 탐구요, 격물치지의 마음이다.

모기 그리고 말라리아

아프리카 하면 모기다. 다행히 남아공에서 생활할 때 말라리아 걱정은 크게 없었다. 동북쪽 크루거국립공원 정도가 말라리아 위험이 있는 것을 빼고는 말라리아 감염 위험이 크지 않았기 때문이다.

그래도 모기나 벌레에 물리면 가렵기 짝이 없었다. 그럴 때 크게 도움이 된 것이 벌레 물린 데 바르는 국산 약이었다. 바르면 한결 나았다. 남아공에서나 여름철 한국에서나 유용한 제품이다. 남아공 여행 등을 하려면 꼭 챙겨갈 것을 추천한다. 한국에 돌아와서도 모기에 물리면 그 제품을 쓴다. 여전히 모기는 싫다.

특파원 생활 동안 그래서 말라리아에 대한 기사를 관심을 갖고 썼다. 말라리아 퇴치에 대한 전망도 살펴봤다. WHO는 2023년 10월 초 두 번째 말라리아 백신 'R21/매트릭스-M'의 사용 권고를 승인했다. R21은 세 차례 접종을 마치면 감염을 75% 감소시키는 것으로 파악되었다. 가격은 1회 접종 시 2~4달러다. WHO는 앞서 글락소스미스클라인GSK의 'RTS,S'도 승인한 바 있다.

말라리아는 아프리카 등 저개발 지역을 중심으로 매년 60여만 명의 사망자를 발생시킨다. 이 가운데 어린이 사망자가 50만 명에 가까워 대응이 시급하다고 WHO는 강조했다. 모기는 최근 독성이 강해져 10월 이후에도 대한민국에 출몰해 사람들을 괴롭히고 있다. 이는 전 세계적으로 나타나는 현상이다.

국산 말라리아 치료제 피라맥스가 아프리카에서 현지 여건에 맞춰 판매되고 있다. 식전·식후 시간에 맞춰 약을 먹어야 하는 기존 치료제와 달리 매일 같은 시간에 한 알씩만 복용하면 된다. 피라맥스를 만드는 신풍제약은 또 장시간 보관해도 변질되지 않게 알루미늄 포일로 겹겹이 쌌다. 현장에서 환자 몸무게에 따라 복용량을 조절할 수 있도록 개발하는 등 아프리카 대륙 환경에 맞춘 마케팅 전략을 추구했다. 말라리아에 걸리면 열이 나고 아파 식욕이 현저히 떨어진다. 그런데 피라맥스를 복용한 사람들은 다른 치료제에 비해 더 빨리 식욕을 되찾는다고 한다.

신풍제약의 피라맥스 성공담과 관련해 참고할 만한 대목이 있다. 오수미 신풍제약 해외사업본부 상무는 아프리카 국가의 관계자들이 우리나라가 1980년대에 기생충을 어떻게 박멸했는지 이야기를 들으면 도움이 될 수 있겠다고 생각했다. 아프리카도 여전히 기생충 박멸이 필요한 상황에서 신풍제약 측은 아프리카에서 보건복지부 장관 등 관계자들이 방한할 때마다 기생충박물관 방문을 주선했다. 또 질병관리청과 세미나를 마련해 국내 말라리아 관리 시스템 및 기생충 박멸 사례를 공유했다. 그는 현지 관계자들의 뜨거운 반응을 보면서 "약만 가져가서 홍보하고 영업하는 일에 국한하지 않고 좋은 경험을 나누며 신의를 두텁게 쌓는 일이 얼마나 중요한지 깨달았다."[6]

이런 노력 덕분인지 '메이드 인 코리아' 신약인 피라맥스가 중국 제품에 앞서 WHO의 말라리아 표준치료지침에 등재되어 말라리아 치료제 최대 시장인 아프리카 대륙에서 판매되고 있다.

말라리아도 더 이상 먼 나라 얘기가 아니다. 국내에서도 말라리아 환자가 발생하고 있다. 그런가 하면 일찍이 퇴치한 것으로 알았던 빈대가 2023년 하반기 프랑스에서 출몰한 데 이어 한국에서도 몇십 년 만에 나타났다. 기본적으로 해외여행 증가로 인해 국내에 유입된 측면이 크다고 한다. 2024년 8월 현재 빈대 탐지견이 공항에 동원되기도 했다. 앞서 국내 쪽방촌, 고시원 등 취약계층이 빈대에 시달렸다.

살균 소독을 철저히 하고 고시원 등 열악한 주거 조건을 개선해야 한다. 우리는 다 함께 사는 존재다. 지하철과 버스 등에서 또 식당에서 우리는 서로 접촉하는 공간에서 살고 있다. 이러한 문제를 힘을 모아 대처하지 않으면 안 된다. 그러나 우리만 잘한다고 해결될 문제가 아니다. 이 또한 글로벌 문제이기 때문이다.

코로나19가 2024년 8월 중순에 국내와 아시아에서 다시 급증했다. 일부 변이 바이러스가 남아공 등 아프리카에서 기원한 것으로 추정되었다. 남의 나라 얘기로만 치부해서는 지구촌 공동의 문제들을 우리 혼자 힘만으로 해결할 수 없다. 미국 보건 전문가 파우치 박사는 앞으로 기후변화와 맞물려 더 심각한 팬데믹이 돌 수도 있다고 경고했다.

코로나 팬데믹 이후 아프리카 등 개도국을 중심으로 공교육 예산이 3분의 2 삭감되었다는 얘기가 들렸다. 아프리카에서 교육 공백이 생기면 큰 문제다. 교육 사다리를 통한 빈곤 탈출이 그만큼 요원해지기 때문이다. 어린이 한 명을 잘 가르치는 것이 얼마나 중요한지는 두말할 나위 없다. 우리 모두가 어린이에서 출발해 지금의 우리 한 사람, 한 사람으로 성장했기 때문이다. 팬데믹과 교육 격차도 역시 상관있는 문제다.

아프리카를 쉽게 갖다 붙이지 말자

기후변화에 따른 찜통 무더위로 대구를 아프리카에 빗대 '대프리카'로 부른다. 최근에는 한반도를 대입해 '한프리카'라고도 한다. 과연 아프리카가 찜통더위의 대명사일까. 적도 일대 아프리카 국가들에서 일부 찜통더위가 있다. 그러나 대부분 아프리카 국가는 사바나 기후에 따른 반건조성 기후가 많다. 한국처럼 습도가 높은 무더위가 아닌 것이다. 남아공만 해도 그늘로만 피하면 30도를 넘는 날씨에도 그다지 덥게 느껴지지 않는다.

안 좋은 것에 아프리카를 쉽게 갖다 붙이는 경향이 있다. 아프리카돼지열병ASF이 그 예다. 연예 프로그램 등에서 아프리카를 비하하는 표현이 나오는 것은 다반사다. 거꾸로 서구에서 대한민국을 걸핏하면 비하한다고 하면 기분이 좋을 리가 없을 것이다. 다시 한번 얘기하지만 아프리카는 미국과 중국, 인도를 합친 것보다 훨씬 더 넓은 대륙이다. 지나치게 단순화해서 보면 곤란하다.

아프리카 하면 빈곤과 굶주림을 떠올리기 쉽다. TV 광고에 나온 구호기관들의 영상은 대부분 비참한 아프리카 사람들의 빈곤상을 내용으로 다룬다. 그러나 '빈곤 포르노'라고 불리는 영상처럼 아프리카 전부가 그런 모습만 있는 것은 아니다. 아프리카는 세계에서 가장 빠르게 성장하는 시장 중 하나이다.

아직도 남아공을 비롯한 아프리카를 반군과 연결지어 생각하는 사람도 있다. 무리가 아니다. 아프리카는 그만큼 멀리 떨어져 있고 줄곧 그런 뉴스들이 나오기 때문이다. 그러나 실제로는 아프리카에서 그런 나라는 극히 일부다. 단, 모잠비크나 나이지리아, 소말리아 등은 반군 문제가 심심찮게 떠오른다.

남아공 병원 체험기

남아공 개인병원은 왜 1층이 많을까? 한국은 보통 도심 상가에서 고층 건물에 개인병원들이 자리하는 경우가 많다. 남아공은 좀 다르다. 경제 중심 도시 요하네스버그나 남단 휴양도시 케이프타운의 도심 같은 경우 한국과 비슷하다. 하지만 행정수도 프리토리아처럼 오래된 도시들의 경우 높은 건물보다 단독 주택이 많고, 병원도 단층 형태나 단독 주택을 개조해 모여 있는 경우가 많다. 한국의 도시 건물이 수직형태라면 남아공은 수평형태가 더 많아서라고 할까.

2020년 11월 당시 가족 치료 문제로 현지 병원들을 찾았다. 외국에 살면 가급적이면 병원 가는 일이 없어야겠지만 사람 사는 일이 마음대로 되지 않는다. 프리토리아 시내에 있는 G 종합병원의 응급실을 찾았다. 처음 우리를 맞이한 의사가 육안 검사를 확실히 하기 위해 X-레이 촬영실로 보냈다. 한국과 달리 일괄 계산을 하지 않고 가서 X-레이 검사비를 따로 냈다. 미국처럼 건건이 진료비를 내는 것이었다.

한국에서 여행자 보험을 들고 왔지만, 남아공에서는 받아주지 않아 할 수 없이 또 현지 보험을 들어야 했다. 그렇지 않으면 막대한 현찰을 주어야 하고, 심할 경우 비상시 입원 자체가 거부될 수 있기 때문이다. 이전에 가톨릭계 병원이던 이곳은 병원 복도에 작은 그림들이 걸려 있어서 아늑한 느낌을 주었다. 응급실 옆에 있는 대기 의자도 컬러풀했다.

중급 이상 보험을 들었으니 웬만하면 보험으로 다 커버되겠거니 생각하니 병원을 이용하는 데 큰 부담이 없었다. 현지 보험을 들어서 처음으로 활용하니 미리 잘 들었다는 생각도 들었다. 이어 약 처방을 받아 인근 약국도 가서 정산하려고 하자 보험으로 다 처리된다고 해서 기분이 좋았다. 이 병원에서 진료를 안 하는 과목에 대해서는 다른 병원 의사를 소개해 주었다.

다음 날 해당 병원을 찾아가 진료를 받는데 1층 넓은 단독 주택 가운데 여러 진료 담당 개업의들이 모여 있었다. 공통 현관의 리셉션을 지나 해당 진료 과목 의사를 찾아가는 방식이었다. 당초에 잘한다고 소개를 받은 의사가 아닌 다른 의사가 진료해서 조금 아쉬웠지만 치료를 잘해 주었다. 한국에서도 우리가 알고 있던 치료법을 소개해 주고 다른 치료법도 제시하면서 환자가 선택하도록 했다. 3주 후 치료 결과를 보니 이상이 없어 만족스러웠다.

그러나 보험은 결과적으로 만족스럽지 못했다. 당초 내 기대수준이 너무 높았던 탓일 수도 있다. 보험에 한국과 달리 저축 계정 savings account 이 있는데 그 잔액이 부족하다고 해서 다시 내 돈으로 물어야 했다. 보험사에서 청구서 내역이 메일로 날아왔는데 복잡해서 해독하기가 어려웠다. 게다가 종합병원 측에서 실수로 진료 날짜를 잘못 기입하고 똑같은 비용 청구를 두 차례나 해서 방문에다 전화까지 여러 차례 해도 실제로 환급받는 데 한 달 가까이 걸렸다.

이런저런 생소한 보험 용어도 당혹스럽고, 전화로 물어도 상담원의 말을 잘 알아듣기 힘들었다. 현지에서 오래 생활한 교민도 보험이 복잡해서 공부를 많이 해야 한다고 조언해 주었다. 우리나라의 국민건강보험 의료제도가 참 간편하고 보탬이 많이 된다는 생각이 들었다.

현장에서 본 남아공 병원들도 코로나19 확산을 막기 위한 강력한 봉쇄령의 영향을 받고 있었다. 진료를 받은 J병원의 접수 담당자는 자기네 병원이 록다운 5단계에서 4단계로 완화되었을 때부터 진료를 조금씩 재개했다고 말했다. 자신도 병원이 문을 닫은 동안 실업보조기금 도움을 받았다고 말했다. 그러면서 "아직 진료 환자 규모가 전년 대비 60% 수준"이라면서 "코로나19로 인한 재정적 타격 때문에 환자들도 가계 금융을 벌충할 시간이 필요할 것"이라고 말했다. 이날도 내가 먼저 신용 카드로 진료비를 내고 보험사에 청구하도록 했다. 그는 왜 보험 절차가 번거롭냐고 하자 사립병원이라 어쩔 수 없다면서도 "공립병원에 가면 진료비가 거의 무료이긴 해도 진료 결과를 장담할 수 없다"고 덧붙였다.

김맹환 당시 남아공 한인회장은 남아공 일반의GP들은 통상 환자 가족들의 진료 이력을 어려서부터 쭉 갖고 있어서 거의 가정 주치의와 마찬가지로 환자 상태를 잘 알고 있다고 말했다. 다른 교민은 앞서 "진료를 받을 때 의료 용어가 어려워 사전을 찾아보며 설명을 들어야 했다"면서 "말이 잘 안 통하긴 해도 남아공 의사들은 '걱정 마라, 잘될 거다'라며 훨씬 인간적인 면도 있다"고 말하기도 했다.

우리나라는 최근 K-치과라 할 만큼 세계적으로도 그 기술을 인정받고 있다. 남아공은 어떨까. 개인적으로 서울에서 치과 위생사의 능숙한 손길을 남아공에서 경험할 수 있을까 회의적이었는데 그게 아니었다. 물론 비용이 좀 들긴 하지만 전문 스케일링 담당 위생사가 있어서 참 편하게 시술을 받았다. 보험이 적용된 걸로 기억하는데 돈이 아깝지 않게 따로 마련된 공간에서 혼자만 스케일링을 받으니 특별 대접을 받듯이 기분이 좋았다.

1층 일반 주택가 혹은 상가에 위치한 치과였다. 남아공은 주로 높은 건물이 많지 않다 보니 병원과 마찬가지로 치과도 이런 집 같은 곳에 위치해 있다. 드나드는 것은 전기펜스 담장에 예약제로 운영된다. 의사와 마찬가지로 따뜻한 분위기의 백인 치위생사가 처치해 준다.

흑인들을 보면 제때 치과치료를 받지 못해 일부 치아가 빠진 상태인 경우가 있다. 그렇다고 흑인들이 치아 관리를 잘 안 하느냐면 그것도 아니다. 저마다 처한 조건에서 하기 나름인 것 같다. 그러나 치과도 분명 비싼 만큼 계층적으로 다른 수혜가 있는 것은 부인할 수 없는 사실이다. 재밌는 건 미국 CNN 방송에 나오는 기자들이나 출연자들은 치아를 표백해 하얀 것을 볼 수 있다. 치아 관리도 부의 한 표현이다.

귀국해서 그동안 가던 서울의 치과가 흔적도 없이 사라져 의아했다. 심지어 온라인에서도 검색이 안 돼 황당했다. 내가 유령 치과를 다녔나 싶을 정도였다. 다른 치과에 가서 간호사에게 물어보니 폐업해서 그럴 수 있다고 했다. 어떻게 온라인에 흔적도 안 남길 정도로 깨끗이 정리가 되었는지 의문이다. 의료사고가 생겨 그랬을 수 있다는 얘기도 들었다.

최근 새로 간 동네 치과는 남아공보다 훨씬 적극적으로 치아 사진과 X-레이를 찍어 주고 세심하게 칫솔질 지도를 해 줘서 역시 대한민국이라는 생각이 내심 들기도 했다. 결론적으로 우리나라는 역시 남다른 면이 있다. 물론 아쉬운 점도 있다.

골프 천국의 조건

남아공이 골프의 천국인 것은 맞다. 골프장 개수는 400개 정도로 우리나라와 비슷하다. 그런데 골프 치는 데 드는 비용이 한국보다 저렴하다. 남아공에서는 200~300랜드, 즉 2~3만 원도 안 주고 쳤다. 참고로 이집트 카이로는 남아공보다 더 싸다고 한다. 다만 이집트는 전국적으로 골프장이 산재한 남아공에 비해서는 골프장 개수가 더 많지는 않을 것으로 보인다.

한국 여주의 한 골프장에서 쳤을 때 캐디피 15만 원을 세 명이 나눠 내는 것 외에 인당 총 30만 원이 넘었다. 남아공의 10배 정도 되는 가격이다. 대신에 한국에서는 남아공에 없는 캐디 서비스, 잘 갖춰진 라커룸, 사우나, 신발털이, 그늘막 식사 등이 인상 깊었다. 개인 서비스를 해 주는 대신 가격을 높게 받는 것이다. 한국 골프장은 그 나름의 특장이 있다.

남아공도 한국처럼 아침에 치려면 새벽부터 준비해야 하지만, 한국처럼 일찍 서두를 필요는 없다. 대체적으로 주거지와 가까운 곳에 골프장이 있어서다.

우리나라도 좁은 땅덩이는 아니다. 조금만 교외로 나가면 웅장한 산세를 볼 수 있다. 이런 곳에 골프장이 대중화되어 누구나 부담 없이 치는 날이 빨리 오길 바란다. 일장일단이 있지만, 한국의 골프 문화도 접근성이 더 나아졌으면 좋겠다. 적어도 캐디를 꼭 대동하지 않더라도 편하게 카트를 끌고 공을 칠 수 있는 정도가 돼야 하지 않을까.

남아공에서는 코로나19에 따른 록다운으로 수개월간 미술관 구경을 하지 못했다. 그러던 차에 2020년 12월 남아공 관광부가 주관한 자선 골프대회를 취재했다. 행사의 일환으로 기금 마련을 위해 경매용으로 전시된 미술작품들을 둘러보게 되었다. 경제중심 도시 요하네스버그의 114년 된 골프클럽 CCJ의 클럽하우스 베란다에서 열린 전시회는 뉴에 이지 젊은 흑인세대의 작품들을 다양하게 선보였다.

주로 미술관에서만 보던 그림과 조각을 푸른 골프장을 배경으로 감상하면서 큐레이터의 친절한 작품 설명을 들었다. 귀에 더 쏙쏙 들어왔다. 음마트하우스Mmarthouse의 큐레이터 부시 은톰벨라는 〈농촌과 타운십 개발: 단체 아트 전시회〉라는 제목의 브로슈어와 함께 여러 청년 작가들의 작품과 사진, 조각을 맛보기로 보여 주었다.

작품 속에는 소웨토에서 플라스틱 병을 수집하는 여인의 꿋꿋이 선 모습과 록다운 4단계에서 외롭게 산책하는 남성의 사진이 있었다. 코로나19 상황에서 건설현장 캐빈을 통해 사회적 거리두기를 표현한 그림도 있었다. 멋진 스텔렌보스 자연을 배경으로 빈민촌 양철집 지붕이 환하게 희망으로 빛나는 모습을 그린 것도 눈에 띄었다.

남아공에 이주민으로 많이 오는 짐바브웨 출신 작가가 그렸다는 작품을 봤다. 밑에는 지폐 프린트를 배경으로 하단에는 '이주 딜레마'라는 글씨가 씌어 있어 돈에 찌들어 삶의 터전을 옮긴 그들의 고뇌를 짐작케 했다. 무언가 힘들게 끄는 흑인 남성의 브론즈 조각상은 역동적이면서 분투하는 삶을 그린 듯했다.

비록 당시 코로나19 상황에서 실제 타운십과 농촌지역 사람들을 직접 한 명 한 명 만나기 힘들어도, 고단하지만 투쟁하는 생의 현장을 간접적으로 느끼게 해 주는 창의적 작품들이었다. 작품 기법은 르네상스 시대와 비슷하면서도 이를 재창조해 식민지, 노예, 인권, 불의를 부각하는 흑인 피규어를 사용했다는 설명에 고개가 끄덕여졌다.

레보강 모타웅이라는 여성 작가의 경우 헤어드레서 출신으로 가발 등 합성 헤어를 주요 소재로 한 작품 활동을 해오다가 코로나19 봉쇄령 이후 재료조차 구할 수 없게 되자 그림으로 전업했다고 한다. 은톰벨라 큐레이터는 "흑인 여성의 머리에 대해 '크라운crown'(왕관)이란 정의와 표현을 통해 어떤 것도 될 수 있다는 자부심을 표현했다"고 소개했다.

그런가 하면 이날 자선골프 대회에는 키즈 골프 챔피언인 흑인 샘 타이거(9세)와 백인 자키(8세)가 나란히 참석해 드라이버샷을 선보였다. 발음상 타이거 우즈와 이름이 겹치는 샘은 미국까지 가서 네 번이나 챔피언을 했고, 라마포사 남아공 대통령과도 라운딩했다고 한다. 이들 골프 신동은 서너 살 때부터 골프를 배우기 시작해서 그런지 폼이 당차고 스윙이 꼬마답지 않게 매서웠다.

같이 티오프를 한 음마몰로코 쿠바이-은구바네 관광장관은 멀리건까지 써서 두 번째 드라이버샷을 쳤다. 하지만 꼬마들의 샷과 달리 공이 데구루루 앞에 굴러가는 것과 함께 익살스런 포즈로 좌중에 웃음을 안겼다.

남아공은 '골프의 천국'이라 불린다. 이렇게 어려서부터 골프를 익히면 잘할 수밖에 없지 않을까 하는 생각이 들었다.

실제로 클럽하우스에서 만난 스티븐 반 질이라는 백인 남성은 22세 아들 손이 대회에 나가서는 1번 드라이버샷으로 441m, 그냥 데모로 선보이는 자리에서는 475m까지 날리는 세계 최장타자라고 자랑했다.

단 아들은 제대로 된 스폰서를 구하지 못해 미국프로골프PGA 등에서 아직 빛을 많이 못 봤다고 했다. 기업 스폰서를 잘 구해야 호텔, 항공편 등 제반 경기 경비를 감당할 수 있는데 그렇지 못했다는 것이다.

그는 자신은 2012년 강도 사건으로 다리 등에 총상을 세 번이나 입어 현재 골프를 칠 수 없다고 했다. 하지만 현 흑인 정권하의 남아공이 미래가 있다고 보느냐는 질문에 그렇다고 답했다. 이어 "우리는 아직도 세계에 줄 게 있다"고 덧붙였다.

린든이라는 다른 백인 남자도 11학년(고등학교 2학년) 아들이 당일 친구들과 골프를 치는데 이를 위해 조그만 트로피를 만들어 왔다면서 "미국으로 골프 유학을 시킬 예정"이라고 말했다. 그는 자신도 수십 년간 골프를 즐겨왔다면서 "많이 치는 것보다 제대로 하나하나 배워가는 것이 골프를 오래 즐길 수 있는 비결"이라고 귀띔했다. 남아공에서는 아직도 CCJ 같은 유서 깊은 골프장에서 플레이하는 사람은 백인이 압도적으로 많지만 흑인들도 상당히 많이 치고 있다. 이날 행사가 그 단적인 예였다.

순환단전에서 살아남기

남아공에 살면서 번개와 천둥을 신경 쓰지 않을 수 없다. 아내의 표현을 빌리면, 밤에는 천지가 무너지듯 무섭게 번개와 벼락이 치곤 했다. 돌이켜 보면 자연의 강력한 위엄을 느끼게끔 해 주는 시간이었다. 최근 TV 여행 프로그램에서 기안84가 마다가스카르의 번개에 압도되는 장면을 보면서 불현듯 '그래, 남아공에서 나도 그랬지'라면서 추억이 되살아났다.

그런데 남아공 살이에서 정작 생존을 위해 이겨내야 할 것은 천둥번개보다 순환단전이라 할 수 있다.

핸드폰, 노트북, 태블릿, 라디오는 전기를 이용할 수 있으면 항상 최대한 충전해 놓아야 한다. 자동차는 항상 연료탱크에 기름을 채워 놓아야 한다. 전기가 나가면 대부분의 주유소에서 연료 펌프를 작동할 수 없기 때문이다.

남아공의 일간지 〈프리토리아 뉴스〉(2021. 6. 7)에 실린 "순환단전에서 살아남기 가이드"라는 기사에 나온 몇 가지 팁 가운데 일부다. 신문은 국영 전력회사 에스콤이 고객들에게 앞으로 닷새간 순환단전을 예상할 수 있다고 발표하자 생활면에 이 같은 기사를 실었다. 한국인이 보기에는 상당히 이국적인 면이 아닐 수 없다.

남아공 겨울철은 한국의 여름이다. 순환단전은 기본적으로 전력 공급 부족 상황에서 발전소 과부하로 전력망 가동이 중단되지 않도록 지역별로 돌아가며 정전해 부하를 덜어 준다는, 다소 순화된 뜻으로 남아공에서 쓰는 용어다. 쉽게 말하면, 전국적으로 지역에 따라 시간대별로 정전되는 것이다.

따라서 남아공에서는 전기 공급이 중단된 세상에서 나름대로 살아가는 법을 배운다. 아프리카 대륙의 남쪽 끝 나라에서 살면서 터득한 생활의 지혜이다. 무슨 말인고 하니 남아공은 일찍이 2005년부터 순환단전이 19년째 지속되고 있는 나라이기 때문이다. 흔히 아프리카 오지라고하면 '전기도 잘 안 들어오겠지'라고 생각하기 쉽다. 그런 점에서는 대륙에서 경제가 가장 선진화한 남아공에서도 '아프리카에 온 게 맞긴 맞구나'라는 생각을 든다. 하지만 정전은 남아공만의 문제가 아니다. 아시아권에서도 미얀마 양곤의 경우 하루 4시간씩 정전된다는 현지 주민의 얘기가 들린다.

한국살이에서 당연하다고 생각한 것이 남아공에서는 결코 당연한 것이 아니라는 점도 배운다. 한국에서는 태풍을 포함한 자연재해로 인해 끊기는 것이 아니면 전기 공급이 중단 없이 이어진다는 것은 너무 당연한 소리다. 간헐적으로 전기요금 인상 여부가 뉴스가 되기도 한다. 그러나 남아공은 시시때때로 전기가 끊기지 않는 세상을 언제 맞을 수 있느냐는 것이 문제다.

그렇다고 남아공이 전기 후진국이라고 생각하면 오산이다. 남아공 발전회사인 에스콤은 1923년 설립되어 100년이 넘는 역사를 지녔다. 문제는 노후한 석탄 발전설비 등의 관리가 제대로 안 되는 것이다. 게다가 제이컵 주마 전 대통령(2009~2018년 재임) 시절 인도계 재벌 굽타 가문 형제들의 국정농단으로 에스콤 등 국유기업이 부패에 물들어 현 상태에 이르렀다는 것이 대체적인 진단이다. 남아공의 순환단전은 나라의 부패 문제가 전기 문제에까지 영향을 미친다는 것을 실증한다.

남아공의 전력 사정은 치안 문제와 더불어 양대 현안이다. 떠나올 때까지 하루 최장 6시간의 순환단전을 요하네스버그에서 경험했다. 남아공 국영전력회사 에스콤의 문제는 수시로 기사를 써야 했다. 그럼에도 개선되기는커녕 갈수록 악화하는 양상이었다. 많은 교민들은 남아공의 만성적인 전력난에 익숙해져서 거의 체념상태에 가까웠다. 다행히 최근에는 사정이 좀 나아졌다고 현지 교민회장이 전했다.

그동안 전력난으로 남아공 경제가 중국이나 인도처럼 개도국다운 고도성장을 예외적으로 못 누렸다는 분석도 있다. 공장을 돌리려 해도 전기가 없는데 무슨 수로 돌린단 말인가. 코로나 팬데믹이 닥치기 전부터 침체하던 남아공 경제는 봉쇄령까지 내려져 엎친 데 덮친 격이 되었다. 여기에 고질적 순환단전이 그럭저럭 버텨온 경제 회생의 발목을 잡았다.

2021년 6월 라마포사 대통령은 회사들이 면허 없이 자체적으로 발전할 수 있는 용량을 1MW에서 100MW로 깜짝 상향하는 조치를 발표했다. 남아공 전력 공급의 95%를 감당하는 에스콤이 제 기능을 못하니 기업들이 알아서 발전할 수 있도록 숨통을 터 준 것이다.

다시 신문에서 제시한 순환단전 생존법으로 돌아가 보자. "일부 현찰(비상금)을 지참하고 있어라. 현금자동입출금기ATM는 전기 없이 작동할 수 없기 때문이다." 정리하면, 전기가 나가면 통신, 수송, 현금 등 생활 수단을 제대로 활용할 수 없기 때문에 이에 미리 대비하라는 것이다.

전기가 나가면 먹는 것도 문제다. 밥을 하려 해도 가스 불을 켤 수 없다. 전기로 타닥타닥 튀겨 가스 불에 점화해야 하는데 그것이 안 되기 때문이다.

남아공의 경제 중심지 요하네스버그 호튼에서 만델라 전 대통령이 만년을 보낸 저택을 방문했을 때 정문 도어락이 안 열려 우회한 적이 있다. 인근 만델라기념재단도 전기가 안 들어와 만델라 집무실을 못 볼 뻔했다. 다행히 비상 발전기가 있어서 관람이 가능했다. 만델라 이후 남아공이 직면한 현실을 단적으로 보여 주는 사례이다.

작금의 팬데믹 상황에서는 코로나19 백신을 냉장 보관해야 한다. 화이자Pfizer의 경우 초저온 설비에 저장하는데, 전기가 가끔 끊어지면 백신 변질을 야기할 수 있다.

도로에서 운전할 때도 전기가 안 들어오면 무엇보다 신호등이 제대로 작동하지 않는 것이 문제다. 사거리에서는 먼저 온 순서대로 돌아가며 차례로 운행해야 한다. 남아공 운전자들은 대체적으로 이를 질서 있게 잘 해낸다. 순환단전에서도 나름 적응하며 살아가는 것이다.

그 밖에 여러 순환단전 생존 팁들이 있지만, 핵심을 요약하자면 '전기를 아껴라. 유비무환의 자세로 살아라'이다. 사실 이건 우리가 저렴한 전기를 풍족하게 쓰고 있지만 유념할 대목이다.

우리나라에서는 한나절만 정전되어도 뉴스가 된다. 우리가 이처럼 전기의 혜택을 누리고 사는 것은 감사한 일이다. 한전이 전기요금을 현실화하는 것은 일리 있는 지적이다. 다만 취약계층의 전기요금은 낮추어서 에너지 복지에도 신경 써야 할 것이다.

팬데믹 당시 먹고살기 힘든 상황에서 전선 절도는 남아공에서 사회 문제가 되었다. 남아공과 같은 남반구에 위치한 남미 베네수엘라의 전선 절도도 비슷하다. "케이블 도둑이 동, 구리를 탈취해 암시장에서 거래하는 일은 하이퍼인플레이션을 직면한 이들의 고육지책인 셈"이다.7 우리나라도 생활고가 심했던 1998년 국제통화기금IMF 외환위기 당시 이른바 IMF형 전선 절도 사건이 곳곳에서 기승을 부렸다. 남아공에서는 전화가 잘 안 되면 절도 사건일 가능성을 한 번쯤 생각해 볼 만큼 전선 절도가 비일비재했다.

그만큼 남아공 밑바닥 생계가 한층 더 절박하다는 의미다. 동네 어귀에 쌓여 있는 쓰레기, 쓰레기 더미를 뒤지는 아이들은 모두 나의 유년 시절에 익숙했던 풍경이다. 아프리카는 우리와 그리 멀리 있지 않다. 거기서 우리는 우리 자신의 과거를 본다. 아니 우리가 걸어온 길을 본다. 남아공도 충분히 스스로 일어설 수 있다.

남아공에서는 식당을 가더라도 종업원이나 주인이 손님을 존중하는 분위기가 있다고 현지 영사를 했던 경찰이 평가했다. 한국에서는 주인이 빨리 먹고 나가라는 눈치를 주기 때문에 손님이 여유 있게 음식을 먹으며 대화할 수 없다고 했다. 이는 주인에게 손님이 단지 돈벌이 수단으로 전락했기 때문이지 않을까.

주재원의 평가 가운데 남아공은 민주화를 이룬 것이라기보다는 독립을 뒤늦게 이룬 것이라는 말이 다가왔다. 그랬다. 남아공은 후발 독립국인 셈이다. 백인이 수는 적지만 여전히 많은 경제권을 쥐고 있다. 다수의 흑인도 당당하고 활발한 경제적 주체가 될 때 남아공 경제는 더욱 역동적으로 변화할 것이다.

베네수엘라 얘기가 나왔으니 말인데, 정전 면에서는 베네수엘라는 블랙아웃이 되므로 순환단전을 하는 남아공보다 더 심한 것 같다는 생각이 들었다. 일대일로 단순하게 비교할 수 없지만, 급수가 되지 않아 아파트 꼭대기까지 물통을 지고 올라가야 한다고 하니 단수 문제도 마찬가지인 듯하다. 남아공이나 베네수엘라나 있는 사람들은 자가발전기를 통해 자체 전력을 공급해 공공 서비스의 빈틈을 메운다.

남아공과 베네수엘라를 나중에 한번 본격적으로 비교해 보는 것도 흥미로운 주제가 될 것이다. 개인적으로 보기에, 남아공 정치인들은 적어도 베네수엘라 정치인들보다는 덜 부패한 것 같다.

에티오피아는 한국의 기적을 배우고 싶다

2020년은 한국전쟁 발발 70주년이었다. 한국전쟁에 참전한 16개국 중에는 아프리카 대륙도 두 국가가 있다. 바로 에티오피아와 남아공이다. 특히 에티오피아의 '칵뉴^{Kagnew}부대'는 황실 근위대에 소속된 최정예 부대로 한반도의 평화를 위해 사력을 다해 싸웠으며 참여하는 전투마다 무패의 대기록을 세웠다. 흐르는 세월 속에 그 활약상은 많은 부분 잊혔지만 에티오피아한국전참전기념관이 소재한 춘천과 경북 칠곡군 등이 칵뉴부대 참전용사들과 꾸준히 교류하며 그들의 희생과 헌신을 기리고 있다.

2020년 코로나19로 취소된 에티오피아 한국전쟁 참전용사 출정 70주년 기념식이 이듬해 4월 에티오피아의 수도 아디스아바바^{Addis Ababa}에서 열렸다. 코로나19의 매서운 확산세에 직접 취재할 수 없었던 만큼 처음에는 여타의 단신 기사 정도로 대수롭지 않게 여겼다. 그런데 지속적으로 교류해온 지자체가 있어서인지 기념식 기사에 대한 기대감과 반응이 심상치 않았다. 많은 사람이 댓글로 에티오피아 참전용사에게 감사한 마음을 전했다. 생각해 보면 대단한 것 아닌가. 대한민국과 아프리카의 인연이. 아프리카 사람들이 한반도까지 건너와서 전쟁을 했다는 사실이 말이다.

2020년 6월 12일 멜레세 테세마 당시 에티오피아 한국전참전용사협회 회장을 단독으로 화상 인터뷰해 보도한 적이 있다. 이는 그가 2021년 4월 별세하기 전 마지막 한국 언론과 인터뷰가 되었다.

테세마 회장이 에티오피아 아디스아바바
사무실에서 〈연합뉴스〉와 화상 인터뷰 중이다.
(줌 화상회의 장면 캡처. 재판매 및 DB 금지)

"에티오피아도 이탈리아의 침공을 받았기 때문에 한국전쟁은 남의 전쟁이 아닌 우리의 전쟁이라 생각해 참전했습니다. 지금 한국의 발전은 기적 그 자체입니다. 그 비밀을 에티오피아에 제발 알려 주길 바랍니다."

당시 90세이던 테세마 회장은 〈연합뉴스〉와 인터뷰에서 한국의 신종 코로나19 방역 성공 경험도 적극적으로 나눠 주길 바란다면서 이같이 말했다.

그는 대부분 90세 전후인 생존 참전용사 138명에게 한국에서 마스크를 지원해 준 데 거듭 감사를 표했다. 그러면서 참전용사들이 후손들과 함께 대가족으로 살고 있고 물가가 너무 올라 생활이 대체로 어려운 편이라고 소개했다.

테세마 회장은 한국전쟁 발발 70주년을 맞아 한반도 평화를 이루기 위해 가장 필요한 것은 남북 두 당사자가 머리를 맞대고 깊이 논의하는 것이라고 말했다. 이어 자신의 마지막 큰 꿈이 있다면 남북이 통일되어 유엔군 옆에서 에티오피아 국기를 들 수 있는 날이 오는 것이라고 강조했다.

테세마 회장과의 일문일답

가족을 소개해 주세요.

아내와 결혼한 지 55년이 됐다. 나이 차가 16살이다. 뒤늦게 36살에 결혼했지만, 자녀 여섯 명을 두었다. 하나님이 축복해 주셔서 자녀가 다 잘 지내고 있고, 손자와 손녀가 10명 있다. 아내와의 관계도 어제 결혼한 것처럼 사랑이 넘친다. 이렇게 행복한 덕분에 지금까지 살아 있는 것 같다.

한국전쟁에 관한 감회는 어떻습니까?

한국전쟁은 한국만의 전쟁이 아닌 국제적 전쟁이자 에티오피아의 전쟁이기도 했다. 두 나라의 대의인 자유를 위해 싸웠다. 군인으로서 다른 사람의 자유를 위해 싸울 수 있다는 것, 희생할 수 있다는 것보다 큰 행복은 없다.

한국전쟁에서 가장 힘든 점은 무엇이었나요?

한국에 가자마자 겨울이라 힘들었다. 그런 추위는 이곳에서 상상할 수 없다.

전투에서 패한 적 없고 포로 한 명 없던 용맹한 칵뉴부대의 비결이 있습니까?

칵뉴부대원 모두가 한국인과 같은 아픔과 마음을 갖고 싸운 덕분이라 생각한다. 포로가 없었던 것은 전투에서 내 앞과 뒤에 있는 전우들을 다 알고 있어서 누가 다치면 책임지고 후송하는 시스템을 갖추고 있어서였다.

참전용사들이 한국전쟁 고아들을 위해 보화고아원도 세웠다고 들었습니다.

전쟁 통에 부모 잃은 아이들이 길거리에 다니고 우는 모습을 보면서 가슴이 아팠다. 당시 길거리 아이들을 캠프 안에 데려와서 키우고 교육도 받게 했다. 그때 7살이던 아이가 지난 60주년 행사 때 우리를 방문하기도 했다.

(그는 보은의 인사를 한 전쟁고아 사진을 보여 주었다.)

한국에 2010년과 2016년 두 차례 방문했는데요, 가장 기억에 남는 것이 있다면 무엇인가요?

참전용사 입장에서는 지금의 한국의 발전 자체가 그 옛날 역사가 아니라 우리 삶에서 벌어진 기적이다. 내가 한국 사람들에게 물어보고 싶은 것은 과연 그 기적의 비밀이 무엇인가이다. 우리에게 알려 주면 에티오피아도 짧은 시간 안에 발전할 수 있을 것이다.

한국이 코로나19 방역 모범국으로서 에티오피아에도 많이 알려졌나요?

이곳 현지의 뉴스에도 자주 나오고 있다. 한국이 코로나바이러스를 잘 잡을 수 있었던 노하우를 에티오피아와도 공유한다면 우리도 잘 이겨 낼 수 있지 않을까 생각한다.

한국전쟁 노병 입장에서, 핵을 가진 북한 김정은 정권과 어떻게 하면 평화와 통일을 이룰 수 있다고 생각하시나요?

북한과 대한민국 모두 통일의 마음을 가져야 하고 다른 정치를 생각하지 말아야 한다. 같은 언어를 가진 민족으로서 또 피를 흘린 상대로서 정치적으로 다른 나라가 중간에 끼지 않고 남북 간에 서로 깊이 이야기한다면 통일도 앞당길 수 있지 않을까 생각한다.

나의 마지막 큰 꿈이 있다면 한국이 북한과 통일되어 유엔군 옆에서 에티오피아 국기를 들 수 있는 그날이 오는 것이다.

* 이 인터뷰는 참전용사 후손으로 '은희'라는 한국 이름을 가진 라헬 솔로몬 양(22세, 메켈레대학 법학과 4학년)의 암하릭어 통역과 주에티오피아 한국 대사관 김선혜 실무관의 진행 도움으로 화상 앱 줌 등을 이용해 이루어졌음을 밝힌다.

266

에티오피아 부녀의 대 이은 한반도 인연

에티오피아 한국전쟁 참전용사의 막내딸이 어엿한 외교관이 되어 유엔에서 북핵 문제와 씨름했다. 부녀가 대를 이어 한반도 평화 문제에 관여한 셈이라 화제가 되었다.

주인공은 에티오피아 외교부 국제법률국장 야니트 아베라 합테마리암이다. 야니트 국장의 선친이자 한국전쟁 참전용사인 아베라는 일찍이 1991년 작고했다. 그의 딸 4명 중 막내인 야니트 국장은 2017∼2018년 에티오피아가 유엔 안전보장이사회 비상임이사국이던 당시 제네바와 뉴욕에서 안보리 산하 대북제재위원회(1718 위원회) 전문가로 일하면서 한반도와 인연을 맺었다.

야니트 국장은 2020년 6월 22일 한국 언론과는 처음으로 〈연합뉴스〉와 화상 인터뷰를 했다. 그는 당시 "아버지는 생전에 말씀은 많이 안 하셨지만 용맹한 칵뉴부대의 일원으로 한국전쟁에 참전해 한반도 평화에 기여한 데 자랑스러워하셨다"고 말했다. 자신이 외교관이 된 것도 아무래도 나라를 위해 머나먼 이국땅 한국에까지 간 아버지의 애국심 영향도 있을 것이라고 말했다.

그는 에티오피아가 유엔 초기인 1950년대부터 유엔 헌장에 따라 평화유지군으로 한국전쟁 참전을 비롯해 아시아와 아프리카 등에 파병, 집단안보에 기초한 평화체제 기반 구축에 앞장선 데 대해 특히 참전용사의 후손으로서 큰 자부심을 보였다.

야니트 국장은 짐마대학에서 법률을 공부하고 코피 아난^{Kofi Annan} 전 유엔사무총장이 동문인 제네바국제연구대학원^{IHEID}에서 국제경제법 전공 법학석사LLM를 획득했다. 2008년 에티오피아 외교부에 들어가 나중에 법률국장에 올랐다. 참전용사 후손 2세대 중 에티오피아 정부 최고 위급 인사라고 할 수 있다.

그는 특히 "유엔 안보리에서 북핵 문제를 다룰 때 동료들이 내 아버지가 한국전쟁 참전용사였다는 사실을 알게 되자 부녀가 대를 이어서 한반도 문제로 씨름하고 있다며 재미있어 했다"고 말했다. 그래서 자신도 한국 역사와 한반도 메커니즘에 더 흥미롭게 인식하게 되었다는 것이다. 그는 최근 북한의 개성공단 남북연락사부소 폭파 사건도 알고 있다며 "북한의 비핵화를 위해서는 당사국 간 대화를 계속할 수 있도록 올바른 신호를 보낼 필요가 있다고 본다"고 말했다. 그러면서 국제사회가 유엔 안보리의 대북 결의를 전면적으로 이행하는 것이 중요하되, 제재는 하나의 수단이지 목적 자체는 아니라고 덧붙였다.

야니트 국장은 "맏언니 조카가 17살인데 외할아버지가 참전한 한국에 대해 자주 얘기한다"면서 BTS 등 한류를 좋아하고 한국을 방문하고 싶어한다고 말했다. 야니트 국장은 아직 방한한 적이 없다면서 기회가 되면 선친이 싸웠던 나라를 찾고 싶다고 말했다.

한국의 에티오피아 개발원조와 인도주의 지원에 관해서는 "환상적fantastic"이라면서 "한국 투자자들이 많이 와서 에티오피아를 비롯해 아프리카의 여러 산업 부문에 투자해 주었으면 좋겠다"고 말했다. 이어 한국이 코로나19 대처에서 모범적이라며 한국의 방역 지원에도 사의를 표했다. 에티오피아도 한국으로부터 교훈을 얻을 수 있을 것이라고 덧붙였다.

한국전쟁 당시 하일레 셀라시에 에티오피아 황제는 유엔 참전국의 일원으로 황실 정예부대 1개 대대(훈련·대기 병력 포함 연인원 6,037명) 파병을 결정했다. 이에 따라 총 5회에 걸쳐 파견된 에티오피아 칵뉴부대는 1951~1953년 총 3,518명이 주로 강원도 지역(산양리, 화천, 문등리, 금화 등) 전투에 참가했다.

이 가운데 전사자 121명, 부상자 536명이 발생했다. 칵뉴부대는 특히 자국 출신 포로의 경우 끝까지 추적·구출한 결과 적진에 남은 포로가 단 한 명도 없었다. 전사자도 모두 시신을 수습해 본국으로 이송했다. 일부 참전용사는 1953년 경기도 동두천에 '보화고아원'을 설립했다. 이 고아원은 1965년까지 운영되었다.

한국과 에티오피아가 가까워지려면 이제 석양빛 너머로 사라져 가는 참전용사뿐만 아니라 그 후손을 비롯한 에티오피아 청년세대와 한국이 친선관계를 넓힐 때 세대를 뛰어넘는 우호 관계가 형성될 것이다.

한편 특파원 임기 내 벌어진 에티오피아 티그라이 내전의 시작은 이렇다. 당초 아비 아머드 총리는 이웃나라 에리트레아와 1990년대 벌어진 국경분쟁을 수습하는 평화조약을 체결하면서 노벨평화상을 2019년 수상했다. 그러나 그는 노벨평화상의 정신을 배반했다는 사건에 직면하게 된다. 그가 총리로서 재선에 나서면서 이전에 정치적 동맹이었던 티그라이 지방세력을 부패 척결이라는 명목으로 중앙정계에서 몰아내면서 비극의 발단이 시작되었다. 지나 놓고 보면 차라리 그때 정치적 타협을 해서 같이 갔으면 유혈사태를 피했을 것이라는 생각이 든다. 그러나 당사자들 입장에서는 또 다른 얘기일 것이다.

아비 총리는 2년을 끈 내전 동안 한때 티그라이 지역 주도를 점령하면서 승기를 잡는 듯했으나 이내 구 게릴라 부대 출신인 티그라이 반군 세력에 밀려났다. 도리어 반군은 한때 에티오피아 수도 아디스아바바로 한달음에 달려올 수 있는 요충지까지 진격하면서 정부 측에 위기감을 고조시켰다. 아비 총리는 직접 전선으로 뛰어가 반격을 격려하고 튀르키예에서 지원받은 드론을 이용한 공격으로 전세를 다시 역전시키는 데 성공한다. 그러나 티그라이 반군의 저항도 만만치 않아 전선은 교착되고 양측은 결국 내전 발발 약 2년 만에 휴전 합의에 돌입한다. 그때 아프리카연합^AU의 중재 속에 휴전 협상이 열린 나라가 바로 남아공이었다.

남아공은 앞서 얘기했지만 자기 나라 문제로 씨름하느라 바쁠 텐데도 외교적 대국의 역량을 발휘할 때가 가끔 있다. 대한민국도 남아공의 외교력을 본받을 필요가 있다. 남아공은 자국의 해묵은 흑백갈등을 불완전하나마 스스로 풀었다는 자부심을 갖고 대외 이슈에도 적극적인 목소리를 내는 것으로 풀이된다. 아비 정부는 그러나 어제의 동맹을 오늘의 적으로 삼아 암하라족과 사실상 또 다른 내전 상태에 들어가게 되었다. 아이러니가 아닐 수 없다.

남아공을 배우며 한층 선명해지는 시선

팬데믹 당시 남아공에서 델타변이 3차 감염 파동 때는 우리나라보다 훨씬 심각한 상황이었다. 그런데 어쩐지 국내에 있는 한국인들보다 남아공 사람들이 더 여유로워 보였다.

앞서 나는 남아공에서 한국보다 비교적 빨리 화이자 백신을 접종했다. 남아공 정부는 내외국인 가리지 않고 자국 내 거주하는 사람이라면 누구나 백신을 맞을 기회를 제공했다. 타지에 나와 있는 입장에서 심각한 재난을 맞닥뜨리면 고국에 있을 때보다 더 두렵고 무서운 마음이 들기 마련이다. 그런데 외국인에게도 백신을 맞을 수 있도록 기회를 준 남아공 정부와 사람들에게 감사한 마음이 들었다.

동시에 비록 외국인이라도 이웃을 아껴 주는 그들의 너그러운 마음을 알 수 있었다. 그 밖에도 남아공에서 삶의 자세를 배우는 순간은 여럿 존재했다. 남아공은 정전이 자주 일어나는데 그럴 때면 해당 지역 가구뿐만 아니라 신호등이 꺼지는 등 교통체계에도 문제가 생긴다. 정전이라는 예상치 못한 상황 속에서도 남아공 사람들은 마치 오랫동안 연습이라도 한 듯, 자연스럽게 질서를 유지하는 모습을 보여 주었다. 마치 갑작스러운 비가 내려도 당황하지 않고 우산을 펼치는 듯한, 그러한 유연한 자세였다.

그 와중에 특파원 부임 1년이 넘어서야 비로소 남아공의 대표적 관광도시인 케이프타운에 다녀왔다. 나는 케이프타운의 빼어난 자연 경관을 보며 마음이 한결 편안해지는 것을 느꼈다.[8] 내가 경험한 이 특별한 감정을 국내에 있는 독자들에게도 느끼게 해 주고 싶어서 영상을 촬영하여 올릴 계획을 세웠다. 그런데 당시 감지되는 국내 분위기가 너무 엄중하여 결국 TV에 방영할 수 없었다.

나는 당시와 같은 상황에서 국내에 있었다면 어땠을지 가끔 상상해 본다. 상대적으로 코로나19 바이러스로부터 자유로웠을지언정 마음만은 더 여유가 없고 예민했을 것 같다. 비록 아프리카에서 기대하고 상상한 것처럼 자유롭게 현장을 누빌 수는 없었지만, 한곳에 지긋이 자리 잡고 있으면서 사하라 이남 아프리카를 좀 더 여유 있게 바라볼 수 있었다.

남아공 특파원을 갔다 와서 자신감이 생겼다. 아프리카도 갔다 왔는데 못할 일이 뭐가 있느냐는 것이다. 땅끝에도 다녀왔는데 어떠한 처지에도 일어설 수 있다는 생각이 든다. 인생을 대하는 데 있어 중요한 자산이라고 생각한다. 또 하나, 내 손으로 직접 해보는 데 대해 주저함이 많이 사라졌다는 것이다. 안 돼도 그만이고 일단 스스로 해결해 보려는 마음가짐을 갖게 되었다. 물론 남에게 의존하는 타성이 어느 정도 남아 있기는 하다.

아프리카에서 만난 한국 원격의료

남아공 검사소에서 코로나 검사를 받은 것은 내게 아프리카의 검역 방역 의료체계와의 첫 만남이었다. 한국에 있었더라도 맞닥뜨릴 일이긴 했다. 남아공 의료체계도 조금 차이는 있었어도 신뢰할 만했다.

멀리 아프리카의 재외국민 가운데서도 팬데믹 당시 한국 원격의료의 혜택을 본 경우가 처음으로 나왔다. 2021년 4월 남아공에서 2명의 재외국민이 원격 의료상담을 진행했다. 아프리카에서는 최초로 한국과 원격의료가 이루어진 셈이다. 주재원 A씨의 경우 자녀가 희귀질환으로 고통받는 상황에서 항공편으로 귀국해 치료하기가 어려워 인하대병원 국제진료센터의 의료상담을 이용한 것이다. 다른 재외국민 한 명은 피부과 상담을 이용한 것으로 전해졌다.

A씨는 〈연합뉴스〉와 통화에서 "초기에 현지 병원에서도 희귀질환 병명을 정확히 짚어 내는 게 어려웠는데 한국 의사와 원격 상담이 병명을 제대로 파악하고 약을 쓰는 데 도움을 주었다"고 말했다. 그러면서 "남아공 현지 의료진도 한국 의료진에 높은 신뢰도를 보여 병증을 역추적하는 데 상담 결과를 잘 참고했다"면서 "개인적으로도 해외에서 한국 의사와 진료 상담을 하면서 심리적으로 위로와 위안이 됐다"고 말했다. A씨의 자녀는 이후 현지 대학병원에서 수술을 잘 받아 통원 치료로 전환했다.

재외국민 대상 비대면 진료는 2020년 6월 산업부의 '규제완화 샌드박스' 대상에 선정되어 A씨처럼 재외국민을 대상으로 그해 9월부터 사업이 본격화되었다. 이후 8개월 만에 전 세계적으로 100명 이상의 재외국민이 혜택을 봤으며 가장 많은 대상지는 중국으로 절반에 육박했다. 중동의 경우 5건 정도 원격 의료가 이루어졌다.

특히 팬데믹 상황에서 코로나19 확진을 받은 재외국민이 입원도 못하고 자가격리를 하는데 어떻게 자신을 관리해야 하는지에 관한 상담이 여러 건 이루어졌다고 한다. 또 주재국에서 백신 접종 후 이상 반응이나 부작용이 발생했는데 어떻게 해야 하느냐는 문의도 있었다. 국제진료센터 관계자는 "코로나 관련 상담은 전체의 20% 정도 된다"고 말했다.

팬데믹 이전 해외로 나간 국민이 매년 약 3,000만 명에 달한 것으로 알려졌다. 이들 중 현지 보험이 없어 병원 접근이 배제되거나 언어 문제로 의료서비스 이용에 애로를 겪는 국민이 많다. 또 아프리카처럼 의료환경이 열악한 국가에서는 제대로 된 치료를 받지 못할 수 있다. 해외 원격의료는 우선 2년 시한으로 진행되었다.

주재원 A씨는 한국 원격진료 혜택을 받기는 했으면서도 기본적으로 남아공 현지 의사들이 굉장히 과학적으로 치료에 임했다고 얘기했다. 먼저 큰 테두리에서 병을 파악하려고 시도하면서 점차 범위를 좁혀 나갔다고 한다. 국내에서 비대면 진료는 누적 건수가 1,000만 건을 넘어섰으며, 고혈압 등 만성질환자들에게 큰 도움을 주고 있다. 인공지능[AI] 혁명을 맞아 비대면 진료를 산업적으로 육성하고 제도화해야 한다는 목소리가 나오고 있다.[9]

남아프리카가 오미크론 발원지?

남아공을 비롯한 남아프리카는 팬데믹 시기에 세계를 휩쓴 주요 변이인 오미크론Omicron의 발원지로 알려져 있다. 오미크론은 2021년 11월 보츠와나와 남아공에서 처음 검출된 후 특히 남아공에서 기하급수적으로 확산한 데 이어 세계 다른 나라들에서 비슷한 패턴으로 출현했다. 당초 오미크론이 남아프리카에서 먼저 보고되자 역내 국가들을 대상으로 전 세계적인 여행 제한 조치가 발동되어 경제적 타격을 주었다.

오미크론의 출현에 전 세계가 바짝 긴장했다. 불행 중 다행으로 비교적 초기에 발견되어 학계가 대응할 시간을 벌었다는 평가가 나오기도 했다. 인도발 델타 변이 발견 때와 달리 남아공 보건 당국이 오미크론의 존재를 비교적으로 빨리 발견해 보고했다는 점에서 호평을 받았다.

당시 외신에 따르면, 과학계에서는 남아공 보건 당국이 자국 내 코로나19 새 변이에 대한 신속한 대응을 높이 평가하는 목소리가 나왔다. 오미크론은 남아공에서 바이러스의 스파이크 단백질에 32가지 유전자 변이를 일으킨 새로운 변이가 발견되었다고 처음으로 WHO에 보고하면서 알려졌다.

CNN은 "남아공 당국이 자국 내 확진자가 급증하자 검체 염기서열 분석에 주력해 변이를 신속하게 파악할 수 있었다"고 보도했다. 샤론 피콕 영국 케임브리지대 공중보건·미생물학 교수는 CNN과 인터뷰에서 남아공 보건부와 과학자들은 오미크론 대응과 전 세계에 경종을 울린 것에 박수 받을 만하다고 말했다. 또 이런 과정이 염기서열 분석 능력을 갖추고 다른 이들과 전문지식을 공유하는 게 얼마나 중요한지 보여 주는 것이라 설명했다.

남아공 연구진은 전년도 남아공에서 유래한 베타 변이도 자력으로 확인해 영국에 알려 줄 정도로 실력을 인정받고 있다. 남아공은 대규모 HIV와 결핵 전염병에 직면해왔기 때문에 유전자 시퀀싱에서 세계적으로 앞서 있는 편이다.[10]

어찌됐든 남아공은 세계 주요 변이 중 두 개나 사실상 발원지 역할을 한 것으로 인식됐다. 그 하위 변이까지도 남아공을 휩쓸고 다녔다. 백인 도 그 칼날을 비켜 가지 못했다. 사실 이런 거 저런 거 미리 알고 있었다 면 남아공 다녀올 엄두를 내지 못했을 것이다.

그런데 정작 특파원을 다녀와서 한국에 정착한 지 7개월 만에 코로 나19에 걸렸다. 아이러니가 아닐 수 없다. 남아공에서도 안 걸렸는데 운 나쁘게 끝물에 걸린 것이다. 사실 요즘 코로나에 걸렸다고 하면 조 금 귀찮고 번거로울 뿐이지 이전만큼 행동에 큰 제약이 가해지는 것은 아니다.

한국은 2023년 6월부터 엔데믹에 접어들었다. 팬데믹 초기에 가장 강력하게 대처하다가 마스크 쓰기를 의무에서 권고로 전환한 데 이어 격리 의무도 해제했다. 남아공은 한국보다 더 강력한 록다운을 실시한 나라다.

희망의 콩쿠르로 새해를 열다

"2022년 새해 들어 다른 국제음악콩쿠르는 코로나19 오미크론 유행 때문에 다 취소되었지만, 오히려 그 첫 진원지였던 남아공에서 유일하게 열려 음악계에 희망을 주었습니다."

유네스코 산하 국제음악콩쿠르세계연맹^{WFIMC} 플로리안 리엠 사무총장은 2022년 2월 남아프리카대학^{UNISA} 국제컴피티션(음악 콩쿠르)에 참석한 자리에서 저자와 만나 이번 대회 의의를 이같이 말했다. 수도 프리토리아에 위치한 국립 방송통신대학인 UNISA는 넬슨 만델라 전 남아공 대통령이 학사과정을 이수한 곳으로, 만델라 사진이 걸려 있었던 걸로 기억한다. 만델라는 평소 교육에 대해 여러 얘기를 남겼다.

그해 40주년을 맞은 UNISA 컴피티션은 유네스코 인증을 받은 전 세계 120여 개 국제콩쿠르 가운데 하나로 아프리카에서는 유일하다. 2010년 명망 있는 UNISA 컴피티션에서는 바이올리니스트 이유라 씨가 우승하고, 2012년 이 대회 피아노 콩쿠르에서 김희재 씨가 2위를 한 바 있다. 이번 콩쿠르 일부 참가자는 팬데믹 여행 규제와 비자 문제 등으로 오지 못했다. 본 행사도 사회적 거리두기 좌석 배치를 한 가운데 진행되었다.

이번 대회에서 독일 뤼벡음대에서 유학 중인 이영광 씨(26세)가 첼로 연주로, 역시 독일 바이마르음대에서 유학 중인 김지수 양(19세)도 첼로 연주로 각각 2등상과 특별상을 받았다. 상금 14만 랜드(약 1,000만 원)를 타게 된 이 씨는 수상 소감으로 "콩쿠르를 준비하느라 좀 힘들었지만 배운 게 많은 시간이었다. 아주 행복하고 개인적으로 힐링의 과정이 됐다"

고 말했다. 그 전달 20일 남아공에 도착했다는 그는 또 오미크론 대응에
서 독일은 교회도 온라인 예배로 드리는데 남아공은 와 보니 두려운 분
위기가 없었다고 말했다. 이들은 하나같이 프리토리아의 음악인 호스트
부모들이 개방한 집에서 보름을 지냈는데 참 잘해 주었다고 덧붙였다.
김 양은 어머니와 함께 왔다.

대회 실무 책임자인 카렌드라 데브루프 교수는 남아공에서 방문 음악
인에게 가정을 개방해 숙식을 제공하는 호스트 부모들의 역사가 30년이
됐다면서 팬데믹 상황에서도 용기를 내 이같이 뮤지션들에게 환대를 베
푼 데 대해 각별히 사의를 표했다.

대회는 UNISA 총장인 타보 음베키 전 남아공 대통령이 주관 대표를
맡았다. 음베키 전 대통령은 "팬데믹 상황에서도 콩쿠르에 참가한 이들
에게 감사를 드린다. 결과에 상관없이 모두가 승자"라고 말했다.

이번 대회에 미국, 네덜란드, 러시아, 베네수엘라 등에서 온 10인의
국제 심사위원 중에는 한국 출신으로 독일 베를린음대 교수인 문서영
씨도 있었다. 또 스위스 제네바에 본부가 있는 WFIMC의 홍보 매니저
인 김진영 씨도 와서 직접 스마트폰으로 촬영하면서 행사 진행을 함께
했다. 이번 UNISA 콩쿠르는 대회 역사상 처음으로 독일 클래식 스트리
밍 플랫폼 아이다지오Idagio에 실시간 중계되었다.

에필로그

팬데믹을 거쳐 우리는 모두 각자의 삶 속에서 희망봉을 찾아 떠나는 여정을 하고 있다. 독자 여러분의 희망봉은 어디인가?

아프리카에서의 삶은 나에게 단순한 경험을 넘어, 인생의 새로운 장을 열어 주었다. 다양한 사람들과의 만남, 예상치 못한 어려움, 그리고 값진 성장을 통해 나는 더욱 성숙한 사람으로 변화할 수 있었다.

결실의 계절인 가을에 그동안 갈무리해 둔 기사들을 책으로 내기 위해 다듬어 쓰면서 특파원 시절의 기억이 하나하나 새록새록 떠올랐다. 기록의 중요성을 새삼 느낄 수 있었다. 특파원 생활 이후에 하루하루 틈틈이 단상을 한두 줄씩 정리해 둔 것도 도움이 되었다.

졸저나마 특파원 생활을 책으로 정리해 기쁘다. 책 내용이 다소 두서가 없음에도 불구하고 세상에 내놓는 이유는 개인적으로 특파원 생활을 책으로 정리하는 것이 지식인의 책무라 여겼기 때문이다. 희망의 대륙 아프리카와 대한민국의 가교 역할을 할 수 있기를 소망한다.

이 책을 통해 독자 여러분이 아프리카의 매력을 느끼고, 삶에 대한 새로운 시각을 얻을 수 있기를 바란다.

책이 나오기까지 많은 분의 도움을 받았다. 우선 전임자로서 따뜻하게 격려해 준 류일형 선배와, 아프리카 특파원 생활의 보람을 일깨워 준 전욱, 믿음의 벗 방영균, 유대성에게 감사한다. 윤영욱 남아공 선교사께 깊은 감사 인사를 드린다. 저자와 가족의 현지 정착을 물심양면으로 도와주셨다.

특파원 부임 전 한 선배는 남아공 쓰레기 수거 같은 일상생활도 틈틈이 기사로 잘 써 보라고 조언해 줬다. 덕분에 매주 쓴 '샵샵 아프리카'는 총 70회 연재했고, 이 책의 바탕이 됐다. 초대 요하네스버그 특파원으로 기사 데스킹을 봐준 김민철 전 유럽총국장을 비롯해 팬데믹 동안 데스킹 당번과 당직 근무를 번갈아 하며 함께 고생한 유럽 총국 특파원 동료들께 고마움을 전한다. 책 출간을 북돋아 준 (황대일 사장 등) 회사 선후배들의 응원도 힘이 됐다.

현지 취재에 도움을 주고 교민들과 교류의 장을 마련해 준 전소영 남아공 한인회장, 김한기 에스와티니 한인회장 등께 감사드린다. 남아공 현지 이웃으로 환대해 준 아티네에게도 감사를 전한다. 지면 제약상 일일이 거명하지 못하지만, 취재 편의를 제공해 준 주남아공 한국대사관, 한국문화원, 코트라, 한국무역보험공사, 기타 아프리카 공관 관계자 및 회사 주재원, 요하네스버그 한인교회 여러분께도 심심한 사의를 표한다.

추천사를 흔쾌히 써 주신 멘토 김회권 숭실대 교목실장과 박철주 전 주남아공대사께 크게 감사드린다. 책을 출간하는 마지막까지 일정을 너그럽게 배려하며 저술을 지원해 준 방일영문화재단 관계자들께 고마움을 전한다. 나남출판사 조상호 회장을 비롯해 박해현 주필, 신윤섭 편집상무, 이자영 차장과 디자인실 분들께도 저자로서 고마움의 인사를 드린다.

마지막으로 철없는 남편을 따라 땅끝까지 와서 뒷바라지를 해준 아내 유영희와 딸 시내, 아들 시경에게 따뜻한 사랑의 마음을 전한다.

미 주

프롤로그

1 아프리카 최남단 희망봉은 1488년 포르투갈 항해가 바르톨로메우 디아스가 발견하고 귀환한 곳이다(기획집단 MOIM, 2023, 《아프리카 쟁탈전: 지도를 바꿔버린 유럽의 식민지 전쟁》, 그림씨, 24쪽).
2 만델라, 프레데리크 데클레르크, 데즈먼드 투투, 앨버트 루툴리 등은 남아공이 배출한 노벨평화상 수상자 4명이다.
3 유발 하라리, 2015, 《사피엔스》, 김영사, 114~115쪽.
4 송재윤, "외계인에 들려주는 지구인의 세계사 2", 〈아시아투데이〉, 2024. 7. 22.
5 김태균 서울대 국제대학원 교수, "글로벌사우스의 부상과 아프리카의 위치권력", 〈아프리카 위클리〉, 43호, 2024. 9. 27.

1부 기회의 땅, 아프리카

1 Africa is the world's last great harbor("The Global Economy's Future Depends on Africa", *Foreign Affairs*, 2023. 5. 1).
2 〈중앙일보〉, 2024. 6. 5.
3 〈국민일보〉, 2023. 8. 10.
4 김광수, "부상하는 아프리카의 지정학적 중요성과 새로운 대아프리카 전략 수립의 필요성", 〈아프리카 위클리〉, 22호, 2024. 5. 22.
5 〈한국경제〉, 2024. 9. 3.
6 〈경향신문〉, 2024. 9. 4.
7 조원빈 성균관대 정치외교학과 교수의 분석이다(〈한국일보〉, 2024. 9. 12).

8 〈동아일보〉, 2023. 12. 20.

9 〈한국경제신문〉, 2024. 1. 26.

10 〈연합뉴스〉, 2024. 6. 5.

11 박종대 연세대 객원교수, "2024 한-아프리카 정상회의 결산: 성과, 교훈 그리고 과제", 〈아프리카 위클리〉, 30호, 2024. 6. 28.

12 김수원 한국외대 국제지역대학원 교수, "아프리카에서 누가 한국을 매력적으로 보는가?", 〈아프리카 위클리〉, 25호, 2024. 5. 29.

13 김광수 한국외대 교수, "부상하는 아프리카의 지정학적 중요성과 새로운 대아프리카 전략 수립의 필요성", 〈아프리카 위클리〉, 22호, 2024. 5. 22.

14 〈한국경제〉, 2024. 10. 14.

15 〈연합뉴스〉, 2024. 8. 18.

16 〈한국경제〉, 2024. 10. 8.

17 〈한국경제〉, 2024. 10. 14.

18 외교부 보도자료, 2024. 10. 25.

19 〈중앙일보〉, 2024. 9. 5.

20 "African grains could be the next Quinoa", *The New York Times*, 2024. 10. 1.

21 〈연합뉴스〉, 2024. 9. 5.

22 〈블룸버그〉, 2024. 9. 3.

23 〈한국경제〉, 2024. 9. 2.

24 "석탄발전소 하청 노동자들, 아이스크림 공장 가라고요?", 〈경향신문〉, 2024. 9. 6.

25 〈문화일보〉, 2024. 8. 23.

26 남아공에는 브루클린같이 미국식 지명을 딴 이름뿐만 아니라 베를린 등 유럽식 지명을 본뜬 이름도 많이 있다.

27 〈중앙일보〉, 2024. 6. 5.

28 〈중앙일보〉, 2024. 6. 5.

29 "남아공 자동차 산업 동향: 2023년 자동차 판매 및 수출 통계 등", 주남아프리카공화국 대한민국 대사관 홈페이지.

30 〈연합뉴스〉, 2022. 12. 1.

31 〈동아일보〉, 2024. 3. 22.

32 〈에너지경제〉, 2024. 3. 10.

33 한-아프리카재단, 2021,《한국과 아프리카를 잇-다: 세 번째 이야기》, 145~151쪽.

34 위의 책, 145~151쪽.

35 김태균 서울대 국제대학원 교수, "글로벌사우스의 부상과 아프리카의 위치권력", 〈아프리카 위클리〉, 43호, 2024. 9. 27.

36 Jakkie Cilliers, 2020, *Africa First: Igniting a Growth Revolution*, Jonathan Ball Publishers Kindle edition, p.64.

2부 역동하는 아프리카 속으로

1 〈뉴스1〉, 2023. 10. 30.

2 〈중앙일보〉, 2012. 9. 1.

3 정수일, 2018,《문명의 요람 아프리카를 가다 2》, 창비, 268쪽.

4 위의 책, 269쪽.

5 〈경향신문〉, 2024. 8. 13.

6 정수일, 2018,《문명의 요람 아프리카를 가다 2》, 창비, 226쪽.

7 최상혁, 2016,《당신이 남아공에 꼭 가야만 하는 이유》, 북랩출판사, 70쪽.

8 이하 내용은 〈연합뉴스〉, 2024. 3. 31 참고.

3부 남아공과 아프리카 민주주의

1 〈연합뉴스〉, 2021. 1. 9.

2 〈연합뉴스〉, 2021. 1. 9.

3 이하 넷째 문단까지 〈연합뉴스〉, 2021. 12. 27 참고.

4 Harvard Business School Press, 2011, *Harvard Business Review on Leadership*, pp.188~189.

5 "How South Africa's apartheid shaped the MAGA mindset", *Financial Times*, 2024. 9. 21/22

6 〈연합뉴스〉, 2024. 6. 1.

7 〈YTN〉, 2024. 7. 1.

8 〈뉴시스〉, 2024. 6. 14.

9 〈코트라 해외시장뉴스〉, 2024. 7. 1.

10 김회권·최준호, "남아프리카공화국의 아파르트헤이트 배후에 있는 개신교신학 전통 고찰", 〈장신논단〉, 53권 5호.

11 개인적으로 미국 연수 때 애틀랜타에 있는 루터 킹 목사의 교회를 방문한 적이 있다. 아프리카에 가 보니 흑인 민권운동과 아프리카 대륙의 연결성을 새삼 느끼게 됐다.

12 기획집단 MOIM, 2023, 《아프리카 쟁탈전: 지도를 바꿔버린 유럽의 식민지 전쟁》, 그림씨, 66쪽
13 〈연합뉴스〉, 2024. 7. 10.

4부 아프리카 코로나 리포트

1 다음 내용은 한-아프리카 재단이 2021년 발간한 책자 《한국과 아프리카를 잇-다: 세 번째 이야기》에 게재한 글을 포함해 재편집한 것이다.
2 "수단 내전과 글로벌 자본주의", 〈한겨레〉, 2024. 9. 30.
3 중국인들의 대화가 서양인 입장에서 '칭챙총' 따위로 들려서 생긴 단어이다. 특히 동아시아인을 비하하는 말로 쓰인다.
4 "김정은 '지방에 생필품조차 제공 못해 당정에 심각한 정치적 문제'", 〈연합뉴스〉, 2024. 1. 25.
5 〈경향신문〉, 2023. 8. 8.
6 한-아프리카재단, 2021, 《한국과 아프리카를 잇-다: 세 번째 이야기》, 76~78쪽.
7 서정, 2024, 《카라카스 수업의 장면들: 베네수엘라가 여기에》, 난다, 29~30쪽
8 2021년 아카데미 시상식의 다큐멘터리 부문에서 상을 받은 〈나의 문어 선생님〉은 케이프타운이 속한 웨스턴케이프 앞바다를 배경으로 한다. 문어의 서식지이기도 한 바닷속 다시마 숲이 인상적이다.
9 〈연합뉴스〉, 2024. 9. 30.
10 남아공 하면 속된 말로 후진 나라라고 생각하기 쉬우나 천만의 말씀이다. 남아공은 노벨상 수상자를 여러 명 배출한 나라이다.